# 智慧健康养老产业

## 高质量发展的现状与路径

Current Situation and Path for the High-Quality Industry Development of the Smart Health Care for the Elderly

韦 艳 尚保卫◎著

中国经济出版社
CHINA ECONOMIC PUBLISHING HOUSE
·北 京·

**图书在版编目（CIP）数据**

智慧健康养老产业高质量发展现状与路径／韦艳，尚保卫著．-- 北京：中国经济出版社，2022.3（2023.8 重印）

ISBN 978-7-5136-6843-9

Ⅰ.①智… Ⅱ.①韦… ②尚… Ⅲ.①养老-服务业-产业发展-研究-中国 Ⅳ.①F726.99

**中国版本图书馆 CIP 数据核字（2022）第 041501 号**

责任编辑　郭国玺
责任印制　巢新强
封面设计　任燕飞工作室

**出版发行**　中国经济出版社
**印 刷 者**　北京建宏印刷有限公司
**经 销 者**　各地新华书店
**开　　本**　710mm×1000mm　1/16
**印　　张**　17.25
**字　　数**　253 千字
**版　　次**　2022 年 3 月第 1 版
**印　　次**　2023 年 8 月第 3 次
**定　　价**　88.00 元
**广告经营许可证**　京西工商广字第 8179 号

**中国经济出版社** **网址** www.economyph.com **社址** 北京市东城区安定门外大街 58 号 **邮编** 100011

本版图书如存在印装质量问题，请与本社销售中心联系调换（联系电话：010-57512564）

# 前　言

党的十九届五中全会发布的《中共中央关于制定国民经济和社会发展第十四个五年规划和二〇三五年远景目标的建议》强调我国要实施积极应对人口老龄化战略，提出新发展阶段要以推动高质量发展为主题，加快发展现代养老服务业，为实现产业高质量发展提供根本保证。早在2017年，由工业和信息化部、民政部、国家卫生计生委三部委联合制定的《智慧健康养老产业发展行动计划（2017—2020年）》就将发展智慧健康养老产业上升到国家战略层面。随着我国老龄化程度的加深，家庭结构趋于核心化，老年人需求逐渐多元化，传统养老功能将面临极大挑战。智慧健康养老产业高质量发展作为应对日益加深的人口老龄化的有力举措，有利于缓解基础养老资源不足、保障产业链供应链安全稳定和满足多样化的养老需求。

本书主要内容包括十二章，基于“立足陕西、面向全国”视角，首先，分析智慧健康养老产业发展沿革、现状和高质量发展战略和路径。从全国的宏观政策和国内外发展经验入手，通过研究国内外先进的产业发展经验，同时运用SWOT-PEST分析法梳理智慧健康产业发展现状，勾勒出我国智慧健康养老产业发展的现状和困境。其次，基于陕西省微观调查和发展实践，剖析陕西该产业发展的现状、困境与政策建议，运用政策分析法分析了产业发展的沿革和政策维度，并对智慧健康养老产业发展水平进行测度，同时从供给侧和需求侧分析发展和需求差异情况，并进行产业发展的影响因素分析。再次，基于陕西省的实践经验，梳理了产业发展的基础设施、平台技术及代表性的智慧健康养老产品和服务，并对国家级试点示范单位的创建内容和创新性进行分析。最后，提出了我国智慧健康养老产业高质量发展的“5+1+1”推进思路、“五侧十化”战略规划和“234”整体性实施路径。

本书旨在深入剖析智慧健康养老产业发展现状，进行政策评价和水平测度，同时梳理国内外经典的产业模式，并分析国家级试点示范单位创建内容和创新性，为复制和推广提供经验借鉴，发挥试点示范突破带动作用，并提出智慧健康养老产业高质量发展的推进思路和实施路径。本书的研究对实现智慧健康养老产业发展供给侧与需求侧有效精准对接，合理配置智慧健康养老资源，有效提高老年人的养老生活质量和增强其幸福感及获得感，推动健康中国建设和促进智慧健康养老产业高质量发展具有重要意义。同时，也能为相关政府部门制定相关政策、高校和研究机构人员全面了解智慧健康养老产业高质量发展内涵和路径、企业和机构拓展智慧健康养老产业相关领域等提供理论依据和实践参考。

在本书的写作过程中，作者得到了许多支持和帮助。在此特别感谢西安财经大学统计学“一流学科”建设项目、陕西省工业和信息化厅2021年度项目、陕西高校人文社会科学青年英才支持计划、西安财经大学“青年英才发展支持计划”以及陕西省民政厅养老服务处、陕西省卫健委老龄健康处在研究中的全力支持，还要感谢西安财经大学统计学院智慧健康养老课题组全体成员的辛勤劳动。参加本书撰写工作的还有研究生徐赟、王欣宇、李美琪、杨婧、赛玲玉、郭歆宇、杨丽红、高瑞，在此一并表示感谢！

由于水平有限，书中不妥之处在所难免，恳请广大读者批评指正。

作者

2021年9月

# 目　录


绪　论 …… 1

第一节　研究背景 …… 1

第二节　研究目的和意义 …… 3

一、研究目的 …… 3

二、研究意义 …… 3

第三节　数据来源与研究方法 …… 4

一、数据来源 …… 4

二、研究方法 …… 6

第四节　研究内容和框架 …… 7

一、研究内容 …… 7

二、研究框架 …… 8

第一章　文献回顾 …… 11

第一节　理论支持 …… 11

一、需求层次理论 …… 11

二、政策工具理论 …… 12

三、供求关系理论 …… 12

四、产业链整合理论 …… 13

第二节　相关研究回顾与述评 …… 13

一、智慧健康养老研究 …… 13
二、智慧健康养老产业发展状况研究 …… 14
三、智慧健康养老产业发展水平测度研究 …… 17
四、智慧健康养老产业发展影响因素研究 …… 18
五、智慧健康养老产业高质量发展研究 …… 20

**第二章　国内外智慧健康养老产业发展经验借鉴** …… 22
第一节　国外产业发展经验 …… 22
一、德国：开展“多代屋”项目，建立社区养老机构 …… 22
二、美国：养老模式多样化，服务内容个性化 …… 23
三、英国：以社区照护为主，形成医疗照护服务体系 …… 24
四、日本：实行介护保险制度，注重产品适老化设计 …… 25
五、新加坡：倡导“乐龄”养老，坚持以家庭为中心的养老模式 …… 26
第二节　国内产业发展经验 …… 27
一、浙江：推进省级平台建设，发挥政府引导作用 …… 27
二、上海：构建智慧健康养老新范式，促进信息互联互通 …… 28
三、山东：推动医康养融合发展，发挥应用试点示范作用 …… 29
四、安徽：鼓励运营模式多样化，完善服务标准建设 …… 30
五、四川：整合线上线下资源，实现三位一体融合发展 …… 31
第三节　借鉴与启示 …… 32
一、强化政府引导的作用，扩大市场的作用空间 …… 32
二、建立主体间的认同感，加强协作提高效率 …… 32
三、提升产品服务品质，满足老年人多样化需求 …… 32
四、推动医养深度结合，推进养老模式多元化发展 …… 33

# 目　录

绪　论 …………………………………………………………… 1
第一节　研究背景 …………………………………………………… 1
第二节　研究目的和意义 …………………………………………… 3
一、研究目的 …………………………………………………… 3
二、研究意义 …………………………………………………… 3
第三节　数据来源与研究方法 ……………………………………… 4
一、数据来源 …………………………………………………… 4
二、研究方法 …………………………………………………… 6
第四节　研究内容和框架 …………………………………………… 7
一、研究内容 …………………………………………………… 7
二、研究框架 …………………………………………………… 8

第一章　文献回顾 ………………………………………………… 11
第一节　理论支持 ………………………………………………… 11
一、需求层次理论 …………………………………………… 11
二、政策工具理论 …………………………………………… 12
三、供求关系理论 …………………………………………… 12
四、产业链整合理论 ………………………………………… 13
第二节　相关研究回顾与述评 …………………………………… 13

一、智慧健康养老研究 …… 13
二、智慧健康养老产业发展状况研究 …… 14
三、智慧健康养老产业发展水平测度研究 …… 17
四、智慧健康养老产业发展影响因素研究 …… 18
五、智慧健康养老产业高质量发展研究 …… 20

**第二章　国内外智慧健康养老产业发展经验借鉴** …… 22
第一节　国外产业发展经验 …… 22
一、德国：开展“多代屋”项目，建立社区养老机构 …… 22
二、美国：养老模式多样化，服务内容个性化 …… 23
三、英国：以社区照护为主，形成医疗照护服务体系 …… 24
四、日本：实行介护保险制度，注重产品适老化设计 …… 25
五、新加坡：倡导“乐龄”养老，坚持以家庭为中心的养老模式 …… 26
第二节　国内产业发展经验 …… 27
一、浙江：推进省级平台建设，发挥政府引导作用 …… 27
二、上海：构建智慧健康养老新范式，促进信息互联互通 …… 28
三、山东：推动医康养融合发展，发挥应用试点示范作用 …… 29
四、安徽：鼓励运营模式多样化，完善服务标准建设 …… 30
五、四川：整合线上线下资源，实现三位一体融合发展 …… 31
第三节　借鉴与启示 …… 32
一、强化政府引导的作用，扩大市场的作用空间 …… 32
二、建立主体间的认同感，加强协作提高效率 …… 32
三、提升产品服务品质，满足老年人多样化需求 …… 32
四、推动医养深度结合，推进养老模式多元化发展 …… 33

**第三章　我国智慧健康养老产业发展现状分析** …………………… 34
第一节　优势分析 ………………………………………………………… 35
一、政治方面（P） ………………………………………………… 35
二、经济方面（E） ………………………………………………… 36
三、社会方面（S） ………………………………………………… 37
四、技术方面（T） ………………………………………………… 38
第二节　劣势分析 ………………………………………………………… 39
一、政治方面（P） ………………………………………………… 39
二、经济方面（E） ………………………………………………… 39
三、社会方面（S） ………………………………………………… 40
四、技术方面（T） ………………………………………………… 41
第三节　机遇分析 ………………………………………………………… 42
一、政治方面（P） ………………………………………………… 42
二、经济方面（E） ………………………………………………… 42
三、社会方面（S） ………………………………………………… 43
四、技术方面（T） ………………………………………………… 43
第四节　威胁分析 ………………………………………………………… 44
一、政治方面（P） ………………………………………………… 44
二、经济方面（E） ………………………………………………… 44
三、社会方面（S） ………………………………………………… 45
四、技术方面（T） ………………………………………………… 46

**第四章　陕西省智慧健康养老产业发展现状分析** ………………… 47
第一节　产业发展现状分析 ……………………………………………… 47
一、积极出台各项政策 ………………………………………………… 47
二、产业格局初步形成 ………………………………………………… 48

三、各地纷呈智慧养老信息平台 …… 48
四、智能制造研发优势凸显 …… 49
五、资源禀赋优势明显 …… 49
第二节　产业发展困境分析 …… 50
一、政治环境 …… 51
二、经济环境 …… 51
三、社会环境 …… 52
四、技术环境 …… 53
第三节　产业发展政策建议 …… 53
一、加大产业应用指导，建立统筹协调机制 …… 54
二、打造梯级人才培育格局，突破关键核心技术 …… 54
三、加快构建省级平台，促进科技成果转化 …… 55
四、提高老年群体消费，培育银龄产业市场 …… 55
五、统筹布局产业发展，引导区域产业集聚 …… 56
第四节　本章小结 …… 57

**第五章　陕西省智慧健康养老产业政策分析 …… 58**
第一节　政策分析方法 …… 58
一、X 维度：Rothwell 和 Zegveld 政策工具模型 …… 59
二、Y 维度：智慧健康养老产业部分 …… 59
三、Z 维度：智慧健康养老产业政策的发展时间线 …… 59
第二节　产业政策分析 …… 60
一、智慧健康养老产业政策词频分析 …… 60
二、智慧健康养老产业政策工具维度分析 …… 64
三、智慧健康养老产业发展历程分析 …… 66
第三节　本章小结 …… 68

**第六章　陕西省智慧健康养老产业发展水平测度** …………………… 70
第一节　测度方法 …………………………………………………… 71
一、主成分分析法 …………………………………………………… 71
二、TOPSIS 方法 …………………………………………………… 73
第二节　产业发展水平指标体系构建原则 ……………………………… 74
一、目的性 …………………………………………………………… 74
二、客观性 …………………………………………………………… 75
三、科学性 …………………………………………………………… 75
四、可操作性 ………………………………………………………… 75
第三节　产业发展水平指标说明与赋权 ………………………………… 75
一、供给侧 …………………………………………………………… 76
二、需求侧 …………………………………………………………… 77
三、产业及社会经济发展水平 ………………………………………… 78
第四节　产业发展水平综合评价 ………………………………………… 80
第五节　本章小结 …………………………………………………… 81

**第七章　陕西省智慧健康养老产业供需现状微观分析** ……………… 83
第一节　老年人及其家庭基本信息 ……………………………………… 83
一、老年人基本信息 ………………………………………………… 83
二、老年人健康和经济状况 …………………………………………… 85
三、常联系子女基本信息 ……………………………………………… 87
第二节　智慧健康养老产品和服务感知情况 ……………………………… 89
一、老年人对智慧健康养老产品和服务的了解和使用情况 ……………… 89
二、老年人对智慧健康养老产品和服务的学习意愿和期望 ……………… 92
三、老年人对智慧健康养老产品和服务的需求及满意度 ………………… 94
四、子女对智慧健康养老感知情况 ……………………………………… 97

第三节 社区供给情况 …… 98
一、社区基本情况 …… 98
二、社区智慧健康养老企业情况 …… 102
三、社区智慧健康养老推广方式 …… 103
四、社区智慧健康养老产品和服务供给情况 …… 104
第四节 本章小结 …… 105

第八章 陕西省产业发展影响因素分析 …… 107
第一节 测度方法 …… 107
第二节 变量说明 …… 108
一、内生潜在变量 …… 108
二、外生潜在变量 …… 108
第三节 信效度检验和探索性因子分析 …… 110
一、效度检验 …… 111
二、信度检验 …… 111
三、探索性因子分析 …… 112
第四节 模型构建与检验 …… 114
一、模型构建与模型修正 …… 114
二、模型适配度检验指标 …… 115
三、模型检验结果 …… 116
第五节 本章小结 …… 118

第九章 陕西省智慧健康养老产业发展基础性保障 …… 119
第一节 基础设施 …… 119
一、基础硬件 …… 120
二、终端设备 …… 120

三、软件产品 …… 121
四、系统集成 …… 122
第二节 平台技术 …… 122
一、新一代信息技术 …… 122
二、智慧健康养老平台 …… 127

**第十章 陕西省智慧健康养老产品与服务** …… 132
第一节 智慧健康养老产品 …… 132
一、健康管理类可穿戴设备 …… 132
二、便携式健康监测设备 …… 133
三、自助式健康检测设备 …… 134
四、智能养老监护设备 …… 135
五、家庭服务机器人 …… 136
第二节 智慧健康养老服务 …… 138
一、慢性病管理 …… 138
二、居家健康养老 …… 138
三、个性化健康管理 …… 139
四、互联网健康咨询 …… 140
五、生活照护 …… 141
六、养老机构信息化 …… 141

**第十一章 陕西省智慧健康养老产业示范推广** …… 143
第一节 智慧健康养老产业示范基地 …… 143
一、全产业链模式：西安市碑林区 …… 143
二、多维综合模式：咸阳市渭城区 …… 147
三、全域养老模式：西安市莲湖区 …… 149

第二节　智慧健康养老产业示范街道 …… 152
一、陕北塞上明珠的“智慧爱老”：榆林市靖边县张家畔镇 …… 152
二、关中咸阳古渡的“智慧亲老”：咸阳市渭城区文汇路街道 …… 156
三、关中长安古都的“智慧敬老”：西安市新城区解放门街道 …… 158
四、关中炎帝故里的“智慧助老”：宝鸡市金台区中山西路街道 …… 161
五、陕南汉水之滨的“智慧为老”：汉中市汉台区老君镇 …… 164
六、陕南秦巴北麓的“智慧孝老”：安康市岚皋县城关镇 …… 167
第三节　智慧健康养老产业示范企业 …… 171
一、系统集成：秦云公司 …… 171
二、科技赋能：航天恒星 …… 174
三、国企引领：全乐养老 …… 176
四、房企转型：荣华养老 …… 179
五、社会资本：瑞泉养老 …… 182
六、综合解决：麦邦智航 …… 185
七、体贴入微：中星测控 …… 188

**第十二章　智慧健康养老产业高质量发展策略 …… 191**
第一节　“5+1+1”推进思路 …… 193
一、“5 个战略”指导发展全局 …… 193
二、“1 条主线”明确发展脉络 …… 195
三、“1 个目标”指明发展方向 …… 195
第二节　“五侧十化”战略规划 …… 195
一、政策制度体现科学化与系统化 …… 196
二、基础要素突出高级化与专业化 …… 196
三、技术平台注重精准化与智能化 …… 196

四、产品服务凸显个性化与适老化 …………………………… 197
五、模式布局实现规模化与合理化 …………………………… 197
第三节 “234”整体性实施路径 …………………………………… 197
一、2 个方向：智慧健康养老产业高质量发展的导向与结构……… 198
二、3 个场景：智慧健康养老产业高质量发展的实践与反馈……… 199
三、4 个保障：智慧健康养老产业高质量发展的抓手与支撑……… 201

**参考文献** ……………………………………………………………… 204

**附 录** ………………………………………………………………… 213
附录 1 智慧健康养老产品及服务推广目录名单………………… 213
附录 2 全国智慧健康养老应用试点示范名单…………………… 230
附录 3 调研方案……………………………………………………… 250
附录 4 问卷…………………………………………………………… 254
附录 5 访谈提纲……………………………………………………… 258

# 绪　论

## 第一节　研究背景

党的十九届五中全会发布的《中共中央关于制定国民经济和社会发展第十四个五年规划和二〇三五年远景目标的建议》强调我国要实施积极应对人口老龄化战略，提出新发展阶段要以推动高质量发展为主题，要加快构建现代产业体系，提升产业链供应链现代化水平，加快发展现代养老服务业，为实现产业高质量发展提供根本保证。2017 年，由工业和信息化部、民政部、国家卫生计生委三部委联合制定的《智慧健康养老产业发展行动计划（2017—2020 年）》将发展智慧健康养老产业上升到国家战略层面。

截至 2020 年底，我国 60 岁及以上的老年人口已达 2.64 亿人，占总人口的 18.7%。其中，65 岁及以上的老年人口为 1.91 亿人，占总人口的 13.5%（国家统计局，2021a），预计"十四五"时期这一比重将超过 14%，这意味着我国将进入中度老龄化社会（杜鹏，2021）。随着老龄化程度的加深，家庭结构趋于核心化，老年人需求逐渐多元化，传统养老功能将面临极大挑战。政府要缓解人口老龄化以及供需失衡现状，就要推动养老产业智慧化转型，实现养老产品与服务供给智慧化升级。而智慧健康养老产业高质量发展作为应对日益加深的人口老龄化的有力举措，有利于缓解基础养老资源不足、保障产业链供应链安全稳定以及满足多样化的养老需求。因此，在新发展阶段促进智慧健康养老产业高质量发展具有重要的意义。

陕西省老龄化呈现出基数大和增速快的态势。截至 2020 年底，陕西省 60 岁以上的老年人口已达 760 万人，占全省总人口的 19.2%，高于全国 0.5 个百分点，而65岁以上人口占全省常住人口总量的13.3%，人口老龄化程度与全国平均水平基本持平（国家统计局，2021b）。从结构看，老龄化程度不断加深。十年来，陕西省60岁及以上人口的比重提高了6.35个百分点，增幅高于全国0.91个百分点，其中，65岁及以上人口的比重提高了4.79个百分点。分地区看，7个市（区）65岁及以上老年人口比重超过全省平均水平，其中，汉中、宝鸡、渭南、咸阳等地的65岁及以上老年人口比重超过15.0%，即已进入中度老龄化社会。同时陕西省2020年实现生产总值26181.86亿元，同比增长2.2%，居全国第14位，处于全国中等水平。因此，陕西省智慧健康养老产业的数据能较合理地反映出当前该产业的发展情况，且具有一定的代表性。

政策制度的保障、信息技术的发展和养老需求的升级等因素都为产业高质量发展提供了有力保证。近年来，智慧健康养老产业市场规模不断扩大。一方面，产品与服务种类日渐丰富。由工业和信息化部、民政部、国家卫生计生委三部委联合制定的《智慧健康养老产业发展行动计划（2017—2020年）》将现有智慧健康养老产品分成五类，包括健康管理类可穿戴设备、便携式健康监测设备、自助式健康检测设备、智能养老监护设备、家庭服务机器人；将智慧健康养老服务分成六类，包括慢性病管理、居家健康养老、个性化健康管理、互联网健康咨询、生活照护、养老机构信息化。另一方面，产业不断与新一代信息技术深度融合，推动新型消费领域生成，如医养结合、远程康护、智慧养老、互助式养老等。同时，为消除老年人的“数字鸿沟”，国务院办公厅于2020年底出台了《关于切实解决老年人运用智能技术困难实施方案的通知》（国办发〔2020〕45号），提出要扩大适老化智能终端产品供给，力争为老年人提供更周全、更贴心的智慧健康养老服务与产品。

目前，我国智慧健康养老产业已由国家及地方初探的起步阶段发展到顶层设计及技术试点的探索阶段，再到应用试点示范的建设阶段（黄剑锋和章晓懿，2020）。但从政策方面来看，仍存在重供给轻需求、价值创新链方面的产业发展布局尚不成熟等问题（李晓娣等，2021）；在产业基础性保障、技术与平台开发、产业模式推广以及产品和服务研发等方面的发展也存在差异

（黄剑锋和章晓懿，2020）。可见，智慧健康养老产业高质量发展在重点领域、关键环节的改革任务依然艰巨。

## 第二节 研究目的和意义

### 一、研究目的

本书的研究目的是“立足陕西，面向全国”，分析智慧健康养老产业发展沿革、内涵、现状和高质量发展战略与路径。基于全国视角，本书从宏观数据和微观专项调查入手，通过研究分析国内外的产业发展经验，从供给侧和需求侧层面剖析非均衡发展的原因。利用2020年在陕西省开展的“智慧健康养老产业发展”专项调查数据，旨在了解智慧健康养老产业发展现状，探究老年人与子女的基本信息情况、健康状况、对智慧健康养老产品和服务的满意度及需求度等方面的差异，分析社区基本环境、智慧健康养老开展等方面的情况，探讨智慧健康养老产业在实施过程中存在的问题。基于宏微观大数据挖掘和分析，通过研究梳理我国智慧健康养老产业发展现状及进行陕西省智慧健康养老产业发展水平测度与影响因素研究，以期提出促进智慧健康养老产业高质量发展的战略与路径。

### 二、研究意义

从目前智慧健康养老产业的相关研究来看，智慧健康养老产业的理论发展落后于实践，本书针对智慧健康养老产业发展进行分析与评价，同时，将宏微观两方面的数据相结合，精准测度智慧健康养老产业发展水平。

#### （一）理论意义

单从需求侧或供给侧进行分析，均很难准确测度智慧健康养老产业发展情况。已有研究整体上偏重智慧健康养老服务而忽视产业整体发展，同时，还存在研究视角、研究对象和研究方法单一的问题。本书力求弥补已有研究的不足，将立足陕西省智慧健康养老产业，面向全国智慧健康养老产业高质量发展，从供需两侧出发，从宏微观两方面探讨不同地区、不同群体对智慧健康养老的影响和感知，从而丰富需求侧对产业引导的影响研究；从产业的不同环节出发，对产业政策体系、供给情况与发展水平进行测度与梳理，从而为探索产业高质量发展策略提供理论依据，并为社会学、人口学、统计学、公共管理学等多学科交叉融合提供一定的参考。

### （二）实践意义

智慧健康养老产业高质量发展有利于解决老年人养老问题，也是发展高质量养老服务的重要手段和解决养老产业失衡的有效办法。本书将基于宏微观角度对智慧健康养老产业的供给和需求进行分析，深入剖析产业发展现状，对有效提高老年人的养老生活质量、满足老年人日益增长的美好生活需求以及推动健康中国建设有着积极的影响；通过政策评价、水平测度与影响因素分析，精准测度和评价产业发展水平与市场需求，对深度挖掘数据、促进供需精准对接与资源合理配置具有重要意义；同时，智慧健康养老产业不仅包括老年人的日常用品、基础设施设备、生活照护服务和信息管理平台等方面，还涉及医疗、康复、养老、旅游、地产等多个领域，基于陕西省的实证分析以及对示范单位创建内容和创新性的分析，对处于产业链不同环节的企业发展、拉动就业、加快产业融合以及推动产业高质量发展有很强的指导意义和实践意义。

## 第三节　数据来源与研究方法

### 一、数据来源

#### （一）政策文件

政策工具包括陕西省于2011—2020年出台的关于智慧健康养老、养老产业、服务业等方面的政策文本，共19条文本数据。数据的选取标准：由于

2010 年之前国家没有提出智慧健康养老相关内容和概念，对产业发展没有产生直接的影响，故将 2011—2020 年陕西省智慧健康养老产业的相关政策文本作为量化分析的数据。

**（二）宏观数据**

宏观数据来自《陕西统计年鉴》《中国工业统计年鉴》《陕西省国民经济和社会发展统计公报》、国家统计局、陕西省统计局等统计年鉴和网站。数据的选取标准：在 2010 年前智慧健康养老产业还未形成规模，但之前的养老产业是智慧健康养老产业的发展基础，所以往前回溯了 5 年的数据，以此来分析和了解智慧健康养老产业发展基础和发展水平。

**（三）专项调查数据**

调查数据来自 2020 年 1—12 月在陕西省开展的“智慧健康养老产业发展”专项调查。由于疫情的影响，本项调查共进行了两次，分别于 1—5 月和 10—12 月进行，调查选取的地区是陕西省城市地区，基本覆盖陕西省各地市。共招募了西安财经大学的 57 名调查员，由于智慧健康养老目前所推广的地区主要是城镇地区，所以在招募时要求调查员都是城市户口，为保证调查员能够更好地了解问卷内容和调查方式，由课题组成员对其进行问卷调研培训，调查时间主要安排在寒假期间和节假日回家期间。同时，为保证问卷质量，课题组成员在问卷调查过程中进行了监督，对部分问卷进行了回访，还在数据录入之后对数据进行了清洗，以确保问卷数据的质量。本项微观调查的对象是城市地区 60 岁及以上的老年人及其子女。同时，课题组还进行了质性访谈，对各地政府部门与相关企业进行一对一访谈，涉及产业发展的经验做法、存在问题和建议等。本项调查最终回收有效问卷 739 份，剔除存在严重缺失值的变量，最终纳入模型进行分析的数据样本是 623 份，其中西安市问卷较多，占比达到 31. 1%，其余各市的比例基本持平。

具体数据来源和内容及在各章节的分布如表 0-1 所示。

表 0-1 数据来源和内容及在各章节的分布

| 数据类型 | 内容 | 主要使用章节 |
|---|---|---|
| 文本数据 | 智慧健康养老或养老产业相关的政策文本，以及相关的产业、人才培养、医药等政策文本 | 第五章 |
| 宏观数据 | GDP，GDP 增长率，第二产业增加值增长率，第三产业增加值增长率，第三产业占 GDP 比重，65 岁及以上人口占比，老年人口抚养比，人均 GDP，人均消费，人均可支配收入，计算机、通信和其他电子设备制造业企业工业销售产值，专利申请受理量，研究与开发机构 R&D 从业人员数，高等学校 R&D 从业人员数，R&D 全时当量，普通高等学校在校学生数，电话普及率，互联网普及率，R&D 投入强度，信息传输、计算机服务和软件业固定资产投资，每千人口卫生技术人员数 | 第六章 |
| 微观数据 | 老年人基本信息及家庭情况（包括老年人及子女性别、出生年月、民族、受教育程度、婚姻状况、职业；老年人身体情况、收入来源、月收入；老年人是否有经济支持、商业保险以及是否可以完成吃饭、洗澡等行为）、老年人及子女对智慧健康养老产品与服务的感知情况（包括是否使用过智慧健康养老产品或服务及对智慧健康养老产品或服务的满意度、需求度以及要求等）、社区基本信息（包括社区总人口数、老年人口数、养老机构类型、数量与距离、社区文体活动与休闲健身设施的配备情况等）、社区养老情况（包括社区“八助”服务供给、与相关企业合作情况、智慧健康养老产品与服务应用情况等） | 第七、八章 |

## 二、研究方法

本书运用多学科交叉的研究方法，采取社会学、人口学、统计学、公共管理学等学科中的多种研究手段，通过宏观研究与微观研究相结合、定性研究与定量研究相结合、理论研究与政策研究相结合的方式，为我国智慧健康养老产业高质量发展提供理论依据和推进策略。具体的研究方法如下：

### （一）文献研究法

在研究过程中，对国内外相关文献进行梳理和总结，了解当前研究的现状、趋势和不足，为本书的研究奠定基础。

### （二）现状分析法

PEST 分析法在现代管理学中用于分析事物外部环境，SWOT 分析法能有效识别自身优势与劣势、判别机会与威胁，并根据分析结果制定更系统的战略决策。

本书综合利用这两种方法分别从陕西省智慧健康养老产业的政治、经济、社会和技术层面进行分析并且对全国智慧健康养老产业高质量发展的优势、劣势、机遇与挑战进行梳理。

**（三）描述统计分析法**

对调查样本的基本情况以及问卷中关键问题进行描述统计分析。主要运用交叉列表、卡方检验、T 检验、F 检验等方法。

**（四）产业测度方法**

通过宏微观数据对智慧健康养老产业进行测度与分析，利用因子分析、层次分析（AHP）或 PC-LP 耦合模型等方法建立智慧健康养老指标体系，并进行权重分配和综合评价。

**（五）结构方程模型**

利用问卷得到的数据，通过 SEM 模型对不同健康状况、不同年龄的老年人分组构建不同的路径，观测不同层次的老年人或子女对智慧健康养老产品和服务的需求度、满意度。

**（六）现状分析方法**

利用小组访谈和个人深访材料，结合收集的智慧健康养老产业发展相关的政策文件，采用质性研究并利用个案分析和比较分析等方法，深入分析家庭和社区的智慧健康养老服务与产品的现状特征，剖析智慧健康养老服务和产品供需差异的深层原因。

## 第四节　研究内容和框架

### 一、研究内容

本书“立足陕西，面向全国”，分析智慧健康养老产业发展沿革、现状和高质量发展战略与路径。本书首先从全国角度出发，从宏观数据和微观专项调查入手，通过研究分析国内外的产业发展经验，为我国智慧健康养老产业发展提供借鉴，同时从供给侧和需求侧层面剖析非均衡发展的原因，以期促进产业高质量发展。其次基于陕西省调查和实践，分析智慧健康养老产业供需两侧的发展情况，对比不同人群、不同区域的使用情况、了解意愿等，针对智慧健康养老产业发展进行分析与评价，提出有利于产业高质量发展的路径，旨在了解产业发展现状，实现供给侧与需求侧有效精准对接，合理配置资源，缓解家庭养老压力并构建高质量养老的社会环境。同时本书详尽分析了陕西省入选国家级试点示范单位的情况和创新性，总结模式经验，为产业发展提供理论指导和实践指南。

## 二、研究框架

本书研究框架如图 0-1 所示，整体研究思路如下：

### （一）相关文献回顾

对智慧健康养老产业发展情况、养老服务及产业需求等方面文献进行回顾与分析，了解研究智慧健康养老产业的相关理论、研究内容和研究方法等，为本书提供一定的研究基础。

### （二）基本理论梳理

对需求理论和政策工具理论进行回顾和梳理，进一步了解智慧健康养老产业的内涵，整理出产业发展的相关理论，为本书测度智慧健康养老产业发展水平提供方法和理论基础。

### （三）智慧健康养老产业的发展现状

运用 SWOT 分析方法，从优势、劣势、机遇、威胁四个角度分析我国智慧健康养老产业的发展现状。运用 PEST 分析方法，从政治、经济、社会、技术四个角度分析陕西省智慧健康养老产业的发展现状，为测度产业发展水平提供一定的基础。

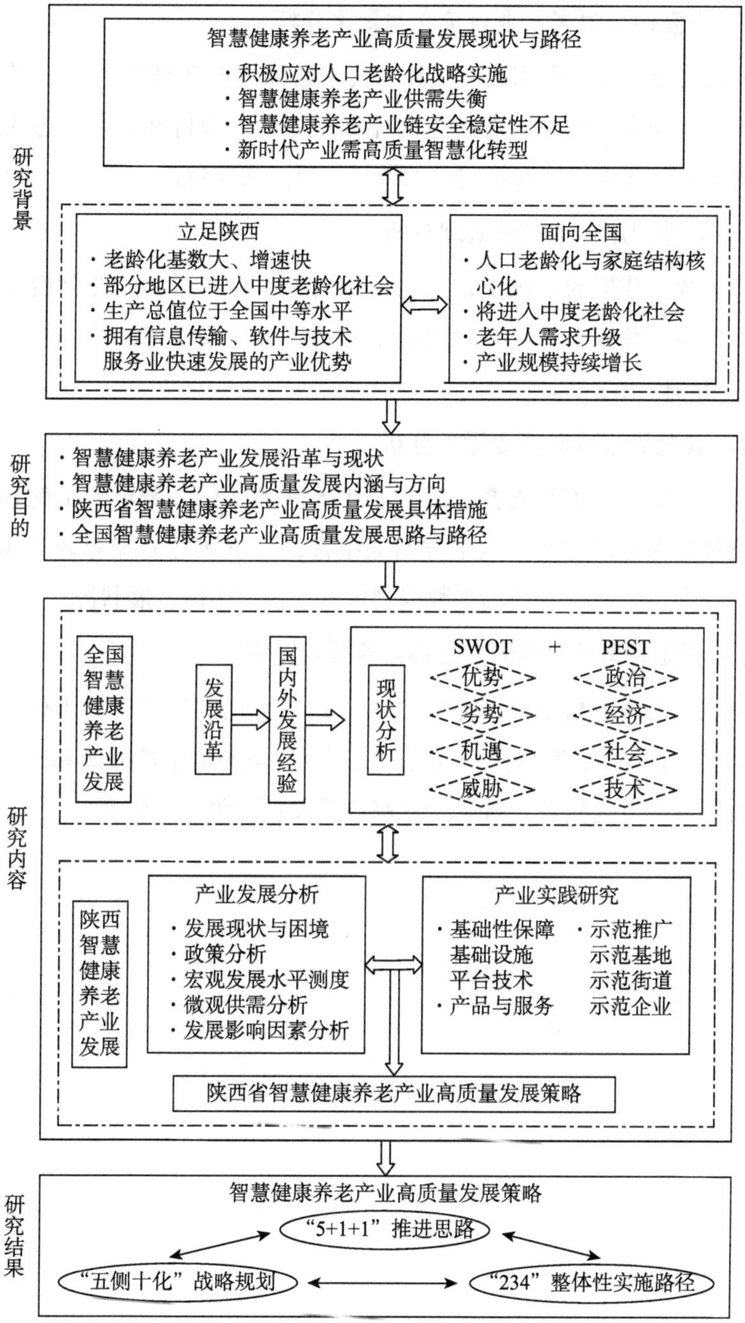
研究背景
智慧健康养老产业高质量发展现状与路径
·积极应对人口老龄化战略实施
·智慧健康养老产业供需失衡
·智慧健康养老产业链安全稳定性不足
·新时代产业需高质量智慧化转型
立足陕西
·老龄化基数大、增速快
·部分地区已进入中度老龄化社会
·生产总值位于全国中等水平
·拥有信息传输、软件与技术服务业快速发展的产业优势
面向全国
·人口老龄化与家庭结构核心化
·将进入中度老龄化社会
·老年人需求升级
·产业规模持续增长
研究目的
·智慧健康养老产业发展沿革与现状
·智慧健康养老产业高质量发展内涵与方向
·陕西省智慧健康养老产业高质量发展具体措施
·全国智慧健康养老产业高质量发展思路与路径
研究内容
全国智慧健康养老产业发展
发展沿革
国内外发展经验
现状分析
SWOT + PEST
优势
劣势
机遇
威胁
政治
经济
社会
技术
陕西智慧健康养老产业发展
产业发展分析
·发展现状与困境
·政策分析
·宏观发展水平测度
·微观供需分析
·发展影响因素分析
产业实践研究
·基础性保障
基础设施
平台技术
·产品与服务
·示范推广
示范基地
示范街道
示范企业
陕西省智慧健康养老产业高质量发展策略
研究结果
智慧健康养老产业高质量发展策略
"5+1+1"推进思路
"五侧十化"战略规划
"234"整体性实施路径

**图 0-1　本书研究框架**

**（四）智慧健康养老产业政策文本量化分析**

从顶层设计出发，利用政策工具和技术路径（P-TRM）模型，将出台的相关政策文本分成供给型、需求型和环境型三种，分析其对智慧健康养老产业发展的支持，深入研究政策实施的效果，以此来探讨产业的发展水平。

**（五）智慧健康养老产业宏观分析**

在产业政策分析的基础上，从供给侧出发，参考相关产业发展情况，构建出能够反映智慧健康养老产业发展水平的指标体系，并以此分析产业的发展基础和市场供给水平。

**（六）智慧健康养老产业微观分析**

构建市场潜力、子女支持力度、老年人需求结构、老年人了解程度、老年人健康状况和推广程度等六个方面的指标，分析智慧健康养老产业发展水平的影响因素，并基于专项调查数据剖析产业供需两侧发展状况。

**（七）提出智慧健康养老产业高质量发展策略**

根据本书所有分析结论，提出“5+1+1”推进思路、“五侧十化”战略规划与“234”整体性实施路径，以期为实现供给侧与需求侧有效精准对接、合理配置智慧健康养老资源、推动产业高质量发展提供理论依据。

# 第一章　文献回顾

## 第一节　理论支持

### 一、需求层次理论

马斯洛需求层次理论是由美国心理学家亚伯拉罕·马斯洛（Abraham Maslow）在1943年发表的论文《人类激励理论》中提出来的。它将人类需求分成五级，由低到高分别是：生理需求、安全需求、社交需求、尊重需求和自我实现。马斯洛认为，在大多数情况下，需求是从第一层向第五层逐步进行实现的，当低层次得到满足时，人们才会去实现更高层次的需求（Maslow，1943）。智慧健康养老产业以满足老年人多元化需求为核心，故应从老年人角度出发，结合马斯洛需求理论，分析产业需要为老年人提供怎样的产品和服务。第一层是老年人的生理需求，包括衣、食、住、行等日常生活层面的照顾和帮助。第二层是安全需求，智能产品可对老年人进行定位和保护，如智能监护床、定位式电子腕表等，都对老年人的安全提供了一定保障。第三层是社交需求，老年人渴望与人交流，希望能得到归属感和爱。具有远程陪伴、在线娱乐等功能的智能产品可以让老年人体会到社会的关爱以及在社会集体中的归属感。第四层是尊重需求，老年人需要来自子女、家庭、社会等方面的尊重。智慧健康养老产业在提供智能产品的同时，也提供智慧服务，如精神慰藉和心理安慰等方面的服务可以改善老年人心理亚健康状态。第五层是老年人的自我实现，目前社会较少接纳老年人参加社会活动，但是智慧健康养老产业可提供一些简单的工作给老年人，比如志愿者和互助式养老等，帮助老年人实现自我价值。

## 二、政策工具理论

政策工具理论是指依据不同的标准将政策工具划分为不同的类型，进而更好地体现政策环境和实现政策目标。Rothwell 和 Zegveld（1984）将政策工具分为供给型、环境型和需求型三种；McDonnell 和 Elmore（1987）则将政策工具分为命令型、报酬型、职能拓展型、权威重组型和劝告型五种；Woolthuis 等（2005）将政策工具分为自愿性、强制性和混合性三种；Hood 和 Margetts（2007）将政策工具分为权威型、信息型、财政型和组织型四种。对于产业政策和养老政策来说，使用 Rothwell 和 Zegveld 的政策工具模型来进行分析的较多，如 LED 产业政策研究（翁银娇等，2018）、智慧养老政策研究（黄剑锋，2020）等。所以，本书运用 Rothwell 和 Zegveld 的政策工具模型对陕西省智慧健康养老产业政策进行分类，并考察智慧健康养老产业政策对产业发展的影响。

## 三、供求关系理论

供给与需求存在着对立统一的辩证关系。二者既彼此对立，又互相联系。供给由需求来实现，需求又由供给来满足，供求双方都要求对方与自己相适应（温孝卿，2002）。供给和需求的关系是市场经济的基本关系，供求理论也是市场经济理论的重要组成部分，市场的资源配置功能主要是通过供求机制来实现的。在经济学中，产品或服务的价格由供给和需求共同决定，而价格的形成又不断影响供给和需求，进而在市场调节中形成均衡价格（刘树杰和彭苏颖，2016）。在这个动态均衡的过程中，供求之间也相互影响。需求的增加必然引起更多的供给，而供给量加大、价格降低时，可能产生更多的需求。对智慧健康养老产业的研究也离不开市场供求理论，智慧健康养老产业形成后，可以为市场创造供给，并与现有的需求相互影响，最终形成稳定的价格调节机制，政府在推动智慧健康养老产业高质量发展中也应注意构建供给与需求的动态平衡机制。

### 四、产业链整合理论

产业链整合是研究产业发展最重要的理论工具之一，它是在对产业链整体的每个环节进行综合分析的基础上进行协调和优化的过程（廖喜生等，2019）。产业链整合思想的核心是产业针对从初期的产品设计、原料采购，到生产制造，再到物流配送，以及最后的批发与零售的整个产品生命周期做垂直整合，完善成为“全产业链”。产业链整合可分为横向整合、纵向整合和混合整合三种模式，也有很多具体的整合模型。具体使用何种整合，要根据不同的本质、特点、环节侧重点来确定（沈玉宝，2016）。产业链中供需链、价值链、技术链、产品链和空间链的任何要素发生逻辑结构的变化都可认为发生了产业整合现象（郑大庆等，2011）。而促进产业链整合的因素主要有生产要素、技术创新、产业管制和相关支持性产业的发展等。对于智慧健康养老产业来说，其产业链包含价值链、企业链、技术链、产品链和空间链五个维度，主要可以通过智能信息产品的精细化、专业化和规模化的开发、生产和销售来有机整合养老产业和相关产业（张新生等，2015）。

## 第二节　相关研究回顾与述评

### 一、智慧健康养老研究

智慧健康养老相关概念最早来自英国生命信托基金提出的“智慧养老”，当时更偏重于“智能”。而后在 IBM 提出“智慧地球”与“智慧城市”理念的背景下，才进一步从“智能”发展为“智慧”（左美云，2014）。而智慧养老研究在我国刚刚兴起，我国学者普遍认为，智慧健康养老是一种利用物联网、大数据、云计算、人工智能等新一代信息技术，对接健康养老资源，向老年人提供个性化、精准化养老服务的养老模式。具体来说，就是利用新技术与智能终端设备，依托线上、线下相结合的方式，形成老年人与家庭、社区、机构之间的新型互动机制，并在精准分析老年人需求基础上提供个性化产品及服务。

在智能时代发展智能养老是养老产业发展的新机会、新动能，有助于更好地实现“老有所养”（高传胜，2019）。同时，智慧健康养老产业发展前景广阔，能够为老年人提供定制的服务，缓解社会养老困境（杨武，2019）。智慧健康养老产业是围绕智慧健康养老产品和服务开展的经济活动集合，是融合新一代信息技术孕育出的新兴产业集合（中国电子科技集团公司第三研究所产业研究中心，2018），它是由智能信息产品和智慧服务构成的，能够合理配置养老资源，推广智慧化养老服务模式，促进产生更好的智慧健康养老服务。从产业链角度出发，产业链是以产品或服务为核心，以承担不同价值创造功能的组织或企业为纽带，相互联结形成的链条式关系形态。产业链中大量存在着上下游关系和相互价值的交换，包含价值链、企业链、供需链和空间链四个维度（吴金明和邵昶，2006），对于智慧健康养老产业来说，供需链又包含技术链与产品链。智慧健康养老产业链是基于老年人基本生活需求、医疗卫生需求、娱乐享受需求、理财规划需求等之间的关联，为其提供智能信息产品和智慧服务，并依据特定的时空布局关系形成的链网式关联形态。培养有自主创新能力的人才，产学研协同改善产业创新环境，可使“低成本优势”变为“品牌优势”，形成产业集聚效应，提升产业核心竞争力。拉长产业长板、补齐产业短板，可打造自主可控、安全稳定的产业链与供应链。如阿里健康联合欧姆龙、三诺等数十家医疗设备厂商，共同推出智能健康管理计划，借助信息技术自动形成健康趋势报告，并传至医疗服务商获得远程诊断，为用户提供个性化的全健康管理服务（吴琼等，2020）。

## 二、智慧健康养老产业发展状况研究

### （一）产业发展环节研究

智慧健康养老产业发展环节可细化为四部分：产业基础性保障、技术与平台开发、产品与服务研发、产业模式推广（黄剑锋和章晓懿，2020）。

（1）从产业基础性保障来看，调动全社会应对人口老龄化的积极性，可让更多家庭成员承担起养老的责任，让社会组织与机构加强对老年人基础需求的关注。但当前政策制定缺乏从如何发现和扩大老年人的需求以及减少产业发展的市场障碍等角度的考虑，导致顶层设计未能很好地支持产业市场实现供需平衡（左美云等，2021）。

（2）从技术与平台开发来看，提高设施设备智能化水平，可以节约人力成本，弥补人力资源不足的缺陷，如智能手环可远程定位并监测老年人健康，实现远程照护，提升服务效率，打破家庭养老界限。以信息技术统一管理整合信息平台，可以加强上下游的交流，优化资源配置，提供更多差异化产品和服务，吸引更多的线上、线下用户。提高整体养老环境的智慧化程度，可满足老年人多样化的需求，缓解智慧照护资源不足的问题。

（3）从产品与服务研发来看，目前智慧健康养老服务与产品能提供就医用药指导、健康监测的功能，便于及时监控自身健康状况，并能远程就医解决看病难问题，以及自动报警提供及时救助等（温晓君等，2020）。但对于老年人需求的满足仍处于生理和安全阶段，缺少对高层次需求的满足。这可能是因为需求市场细分不够，老年人的需求往往由于阅历、职业、年龄、地域等的不同而有很大差异，比如，农业劳动者的自我实现需求水平低于干部、技术人员及工人的需求水平；已婚老年人的认同需求高于其他婚姻状况的老年人（傅双喜等，2011）。多样化的老年人需求蕴藏着巨大的发展潜力（杨武，2021），并且和供给能力有较强的内在关联性（郑吉友和李兆友，2017）。

（4）从产业模式推广来看，根据场景不同，智慧养老划分为居家模式、社区模式、机构模式、虚拟模式等类型（左美云，2018）。“互联网+”与居家养老服务的结合可以弥补传统养老方式的不足（睢党臣和彭庆超，2016）。虚拟养老院依托信息化平台整合养老资源，可实现科技与传统的跨界融合、医疗与养老的整体性治理，成为打破传统养老局限的新型智慧健康养老模式（杜孝珍和孙婧娜，2020）。大数据驱动的新型养老模式能够有效实现精准化养老（贾妍等，2020）。

### （二）产业运营模式研究

从产业运营模式来看，我国从事智慧健康养老的企业逐渐增多，这些企业的运营模式也多种多样，主要包括以下几种。

1. 转型升级

传统产业积累了房地产、旅游、教育、保险、金融、互联网等行业的丰富资源，本身已有一定的综合实力，与养老产业融合后的市场更易拓展、转型更易实现。它们用资金撬动资源，用资产撬动服务，能快速找到市场定位与发展方向。比如，云南城投（后更名为“云南康旅”）充分利用地区资源和旅游资源，发展成为云南省内领先的养老服务提供商。部分新兴产业凭借自身优势，运用信息化技术，与养老服务产业高效融合，快速实现了升级。比如，陕西金宝美养老有限公司旗下的“莲湖区虚拟养老院”项目，为老年人提供了实时、快捷、高效、低成本的物联化互联化智能化养老服务。

2. 战略联盟

一是企业本身分布于养老产业链各环节，其基本的市场格局已经形成，具有先天业务优势，可彼此互补短板，高效利用已有资源，开展全方位深度合作，全面推动养老产业发展。比如，国药集团三大企业的战略联动，完美覆盖了从养老设施、养老机构到养老服务的三个环节。二是大企业本身拥有丰富的闲置或低附加值的资产，能够整合区域内优质的养老资源，而小规模优质企业也可借助存量资产与资金优势进行扩张，在养老产业发展的进程中实现双赢。比如，缺乏养老机构运营经验和转型方式的广州越秀收购了缺乏资金支持和丰富资源的朗高养老，以互补达到了共赢。

3. 深化创新

养老产业巨头实力雄厚，具备丰富的资产资源，引领产业发展，在扩大规模的同时，优化产业布局与资源配置，不断拓展业务范畴，着力推动产业高质量发展。比如，泰康高品质养老社区——泰康之家·瓯园于2020年正式落地浙江温州，与已有康养网络一起组成长三角最大规模的医养大健康产业生态体系。

## 三、智慧健康养老产业发展水平测度研究

### （一）主要测度方法

目前，产业发展水平测度的主要流程为确定被评价对象、构建评价指标体系并利用各指标进行测度。已有文献主要采用以下几种方法。

1. DEA 数据包络分析法

DEA 数据包络分析法是一种多输入多输出的数量分析方法，表示为投入与产出之间的相对效率。它具有不需要对生产函数结构做先验假定、不需要对参数进行估计、允许无效率行为存在、能对 TFP 变动进行分解等优点（杨清可和段学军，2014）。它摒弃了传统主观的赋权方法，具体运用方法包括 DEA-Malmquist 模型、DEA-BCC 模型、超效率 DEA 方法等。

2. 熵权法

熵权法，有时会和 TOPSIS 法结合使用。通过分析指标之间的相关度和信息来决定指标的权重，能在一定程度上避免主观影响带来的偏差（程莉和孔芳霞，2020）。利用熵权法得到各指标的权重后，可利用 TOPSIS 法比较评价对象与最优方案之间的相近程度，并依次进行排序（袁渊和于凡，2020）。

3. 因子分析法

因子分析法是一种适合处理指标关联性的客观赋权法。可通过分解原始变量，从中归纳出潜在“类别”，将相关性较强指标归为一类，每一类变量代表一个共同因子，而不同类变量之间的相关性较小（邱灵和方创琳，2010）。常见用法有三次加权因子分析法、动态因子分析法等。

4. 主观权重法与客观权重法

可采用客观数据作为测度指标，采用主观的专家确定法和平均赋值法确定权重（孙理军等，2020）。

### （二）不同产业高质量发展水平测度

测度方式的具体构建应根据研究角度的不同来做出合理抉择，因此每个产业的发展水平测度方式各有不同。从文化产业来看，主要有基于 Poter 的“钻石模型”对产业竞争力进行评价、基于数据包络分析法（DEA）对产业效

率进行评估、基于多指标评价方法对产业发展水平进行测度等方式（袁渊和于凡，2020）；从旅游产业来看，可从产品与服务、基础设施、效率、环保、结构、贡献等方面构建指标体系，利用熵权法确定其权重并测度产业发展水平（徐杰等，2021）；从新兴产业来看，可运用信息熵指数法对不同城市战略性新兴产业的盈利能力、收益质量、偿债能力、成长能力等指标进行拟合，得到产业发展质量指数并据此将各城市划分为高、中高、中低、低质量区（王卉彤等，2019）；从养老产业来看，目前国内对于养老产业发展水平的测度研究较少，仅有的几篇聚焦于测度养老产业与其他产业融合水平。

## 四、智慧健康养老产业发展影响因素研究

### （一）主要研究方法

目前，针对产业发展水平影响因素的研究，很少从整个产业的视角出发并单独直接进行分析。已有文献大多是在产业发展水平测度中对其有所体现，或是从个别因素出发研究其对产业某发展环节的影响。主要采用以下几种研究方法。

1. GMM 动态面板模型

它克服了普通面板回归模型中可能的内生性问题，同时，可通过增加滞后期对可能遗漏的重要变量予以补充，比较适合具有内生性、时间序列较短的面板数据（李健等，2021）。

2. 有序 Probit 模型

当被解释变量属于离散数据，且因变量存在一定的顺序时，可选择该模型来进行实证研究（曹兴和罗会华，2021）。

3. 结构方程模型

它可用于具有变量间因果关系复杂、测量误差大、因变量有两个及以上等特征的影响因素分析（郭立伟和叶峥，2020）。

4. 主成分分析法

它能较好地反映原指标的信息，并可以根据变量之间相关性的大小对变量进行客观分组和归类，以此对指标进行降维处理（杜焱，2014）。

### （二）影响产业发展的因素研究

“十四五”时期，加快构建现代产业体系的重要性被不断强调。已有文献对产业发展影响因素的研究大多是从产业集聚水平、产业转型升级、产业结构、产业耦合度等角度出发进行产业测度，而涉及产业整体发展水平的影响因素的研究较少。可以发现，影响产业转型升级发展的因素可能有要素禀赋、有为政府、有效市场、网络信息化、公共基础设施、区位条件等（彭仕兰等，2021）。影响产业集聚水平的因素可能有市场规模、产业专业化程度、本地市场效应、数字素养等（杨路明和施礼，2021）。影响产业融合发展水平的因素可能有消费需求、技术进步、基础设施、人力资源等（程莉和孔芳霞，2020）。影响产业结构高级化的因素中社会需求的显著性最高，消费需求的推动作用最大，且制度安排存在显著的负影响（高远东等，2015）。

虽然对于智慧健康养老产业的文献较少，但也为本书提供了有益的借鉴。智慧健康养老产业发展影响因素涉及很多方面，且对产业规模、供给水平的影响具有复杂和多元化的特点，而生产投入、发展潜力、发展规模、老龄化程度等都会对智慧健康养老产业的发展水平产生影响。对于智慧产业发展水平来说，构建综合评价指标体系主要是从规模、投入、产出和潜力四个方面进行（刘鸿雁和雷磊，2017）。智慧健康养老产业作为新兴产业，需要有一定的自主发展水平。新兴产业自主发展水平的影响因素包括科学与技术、产业与市场、政策与环境三个方面，应据此提出相应的发展策略与政策建议（孙理军等，2020）。

智慧健康养老产业的发展离不开智慧产业、信息化产业、文化产业、健康产业以及旅游业等相关产业的配合。从文化产业来看，文化单位数量、文化市场潜力、文化产业基础设施和人力资本等因素共同作用会对中国文化产业效率产生正向显著的影响（王家庭和梁栋，2021）。从旅游业来看，产业政策因素、区位条件、科技进步以及发展环境均能从外部对产业结构优化产生有利影响；有效的人力资源、因素禀赋、需求总量与需求结构以及投资总额均能从内部产生有利影响（雷石标和徐佳，2021）。

## 五、智慧健康养老产业高质量发展研究

### （一）高质量发展策略

在“十四五”时期，高质量发展已经是热议的话题，相关文献提出高质量发展要提高体系质量，以供给侧改革为主线推动高质量发展，重塑供给侧动力（任保平，2020a）。高质量谋划需聚焦以下重点主题：以实现人民美好生活需要为战略目标、以现代化经济体系为核心内容、以供给侧结构性改革为工作主线、以培育经济发展新动能为关键抓手、以高水准的市场经济为制度保障（任保平，2020b）。同时，要提升要素配置，加大数字经济新动能，以期有效推动经济高质量发展（宁朝山，2021）。

不同的产业有各自独特的发展特征，且产业高质量发展策略有所不同，发展现状、模式和路径等也存在差异，如物流业、旅游业、体育产业、新兴产业等（张晓磊，2021；李育全，2020）。养老产业高质量发展提出要发挥治理现代化的优势，统筹整合多元主体协作，营造良好的发展环境，共同推动养老服务高质量发展（陈功等，2021）。要以系统化、品牌化、项目化、智能化、精细化高质量推进康养产业赶超发展（黄清峰，2020），并通过加强科技支撑引领、加强协同机制建设、加强基础设施建设、加强长效保障机制建设等，形成内涵丰富、结构合理、覆盖全生命周期的养老产业体系（刘飞等，2020）。

### （二）智慧健康养老产业高质量发展

智慧健康养老产业发展离不开产品与服务在社区、家庭、街道等场景的应用，要促进其高质量发展，需以供给主导需求为主线，以需求创造供给为保障。

首先，从智慧健康养老服务来看，总体上存在供给总量不足和供需结构性矛盾的问题，需要从全局性最优协同的视角，构建全局协同的智慧健康养老服务模式（廖楚晖，2019）。依据服务供需结构之间的关系，构建资源配置协同支持模型，并加强顶层设计、建立科学化管理模式、树立国家治理理念等（杜春林和臧璐衡，2020）。此外，还可运用大数据技术为产业各组织间建

立起有效的联系，使智慧服务供给从“碎片化运作”迈向“整体性治理”（窦金花和覃京燕，2021）。

其次，从智慧健康养老产品来看，鉴于产品的用户主要是老年人，因此更应注重适老化设计，具体可以从数字服务内容、外观形态、人机交互界面等方面来考虑（廖楚晖和周全林，2020）。同时，老年人的月收入、年龄上的差异也会影响其对产品的使用意愿，如月收入低、高龄的老年人对产品的使用意愿较低（杨秋红和冯缨，2020）。

最后，对于智慧健康养老产业高质量发展来说，已有研究主要针对养老新业态的发展来分析，指出国家要强化科技支撑引领，要加强协同协作机制建设、智能基础设施建设以及长效保障机制建设（高传胜，2019），要增强自主发展能力、健全分工协同治理机制、完善财政金融支持与激励政策等（廖楚晖，2020）。

综上所述，已有文献对智慧健康养老现状与具体产业的高质量发展策略或多或少有些涉及，虽进行了有益的讨论，但鲜有针对智慧健康养老产业高质量发展的研究，并且还存在一些不足之处：①重供给侧研究，轻供需融合研究。多数文献针对的是供给侧结构性改革研究，包括技术改进、信息技术赋能、产品与服务研发等，很少研究供需如何精准对接，如何相互融合促进产业发展。②重产品和服务的研究，轻产业模式总结推广。多数研究侧重产品与服务的开发与改进、智能化与适老化、个性化与精准化，缺乏对产业运营模式、服务模式的总结与推广，缺乏经验的借鉴与未来发展的展望研究。③重养老产业发展研究，轻智慧健康养老产业高质量发展研究。多数研究聚焦于养老产业或康养产业如何发展，对于智慧健康养老产业发展涉及较少，对于智慧健康养老产业高质量发展的研究更是屈指可数。④重局部化研究，轻全产业视角研究。大多数研究只针对产业某个或某些环节进行探讨，而很少以整个产业为背景对产业发展进行全方位探究，对产业高质量发展很难起到整体性可持续的推动作用。

# 第二章　国内外智慧健康养老产业发展经验借鉴

## 第一节　国外产业发展经验

老龄化是世界各国面临的普遍问题，由于各国的政治、经济、文化和历史不同，使得养老模式与产业发展间也存在着差异（闫晓慧，2008）。国外的养老产业已有了良好的发展，尤其是老龄化程度高的发达国家，其养老模式已发展得相对成熟。因此，借鉴国外养老产业宝贵的发展经验，对于缓解我国人口老龄化问题、解决养老服务供需结构失衡、减轻家庭养老压力和完善养老服务保障体系均具有十分重要的现实意义。

### 一、德国：开展“多代屋”项目，建立社区养老机构

德国是欧洲老龄化程度最高的国家之一。2002 年世界卫生组织正式提出了积极老龄化的概念，德国政府响应世界卫生组织的“积极老龄化”政策，创立了独具特色的养老模式——“多代屋”模式。同时，为了满足老年人的生活服务与护理需求，还建立了社区养老公寓和养老机构。

#### （一）“多代屋”模式

“多代屋”项目参与度较高，老少两代及年青一代皆能受益。“多代屋”项目于 2006 年 11 月开始启动，目的在于打破家庭界限，让年轻人和老年人聚会，给他们创造彼此交流与见面的机会。同时，老年人既能被他人照料，又可以为他人提供帮助，比如，帮年轻人带小孩、打扫卫生及照顾比自己年长的老年人（刘苹苹，2013）。“多代屋”作为德国的公共服务项目，受益的

不仅有老少两代，还包括年青一代。参与“多代屋”项目可以让年轻人享受到与老年人居住的快乐，同时也能免费获取带小孩的经验，这为他们减轻了生活压力，使其可以安心工作。与此同时，“多代屋”里绝大多数老年人能与孩子们建立起亲密的祖孙关系。

### （二）社区养老公寓和养老机构

社区养老公寓和养老机构可满足老年人的个性化需求。为保障老年人的身体健康，让老年人享受到智慧健康养老服务，德国建立了一种以公寓作为载体的居家养老模式（徐玲，2019）。养老公寓里采用无障碍化设计以及电子监控系统，设施齐全、环境舒适，老年人可以通过购买或租赁的方式住进养老公寓。该公寓一般建在老年人之前所居住的社区，方便老年人之间交流和互相照顾。同时，德国的养老机构发展较好，他们非常关心老年人的健康问题，始终把老年人的需求摆在第一位，所以，大部分德国老年人会选择住进养老机构安度晚年（葛丽，2020）。德国的养老机构会在老年人入住前全方位地了解他们的身体情况与生活习惯等，以便在老年人入住后为他们提供更好的服务。养老机构也会结合每位老年人的生活习惯与个性化需求，让他们享受到更好的生活照料、医疗护理等服务，确保老年人住得舒适、安心。

## 二、美国：养老模式多样化，服务内容个性化

美国的养老产业已发展得相对成熟，其养老模式主要有三种类型，分别为 PACE（医疗护理）模式、CCRC（社区集中养老）模式和专业养老机构。

### （一）PACE 模式

PACE（Program of All-inclusive Care for the Elderly）模式是一个针对老年人的医疗护理救助项目。其中心思想是令需要长期照护的老年人及其家属感受到幸福（张花琼和吴瑞敏，2021），照护方法是尽最大可能让老年人在自己熟悉的环境里享受到养老服务。该模式为 55 岁以上体弱、患病和行动不便的老年人提供医疗护理服务，包括病理医疗、处方药物、营养咨询和社会公益服务等。

### （二）CCRC 模式

CCRC（Continuing Care Retirement Community）模式是一种复合式的老年人社区。它通过为老年人提供自理、介护和介助一体化的居住设施和服务，使老年人在健康状况和自理能力发生变化时，依然可以在熟悉的环境中继续居住，并获得与身体情况相对应的照料服务（乌丹星，2021）。其社区里配备餐厅、超市、银行、邮局及理发店等生活配套设施以及娱乐场所，并且社区所建设的社区医院可以为入住的老年人提供医疗服务。同时，社区还为老年人提供学习与娱乐场所，老年人可以根据自己的兴趣爱好结交到朋友，丰富他们的生活。

### （三）专业养老机构

专业养老机构包括养老公寓、养老院、疗养院及护理院等，主要是一些高龄老年人居住（马天月，2018）。其中，养老公寓主要是为低收入的老年人提供健康、饮食、娱乐等方面的服务。专业的养老院、疗养院和护理院则是为一些具有慢性病、经历过重大手术以及失能失智等生活无法自理的老年人提供 24 小时的医疗护理及生活照护服务。

## 三、英国：以社区照护为主，形成医疗照护服务体系

英国的养老主要有三种照护方式：居家照护、机构照护和社区照护。英国的养老服务有一系列法律支撑，形成了完善的医疗照护服务体系。

### （一）社区照护

社区照护为英国的主要养老方式，常以医疗机构与社区结合来满足老年人的医疗健康服务需求。社区照护主要为老年人提供暂托、日间照护和居家照护等服务，包括生活照料、物质支持、医疗保健和整体关怀（陈暘等，2016）。同时，英国的医疗机构与社区结合，社区会配备健康访问员定期到老年人家中探视，为他们提供治疗、康复、营养等方面的服务和建议，并建立起医院与社区之间的关系和纽带。

### （二）医疗照护服务体系

医疗照护服务体系各层级对应相应的医疗照护服务。英国的医疗照护服

务体系由国家医疗服务体系（National Health Service，NHS）与地方政府社会服务体系（Social Service Department，SSD）组成。NHS 体系分为三层：底层是社区医疗中心，以社区为单位提供基层医疗保健服务，是 NHS 体系的主体；中层是 NHS 体系里的综合医院，负责急症、重症、手术治疗和住院护理等；顶层是专科医院，提供解决特殊疑难、复杂问题的专家服务。

### （三）数字化改革体系

医疗照护服务体系实施数字化变革。2015 年，NHS 体系进行了数字化变革，主要包括数字医疗、远程医疗和移动医疗三种方式。其中，数字医疗主要是建立老年人详细的健康电子档案，允许医护人员和老年人在线访问；远程医疗是为老年人提供智能化设备，监测老年人的身体健康状态（赵宁和张健，2020）；移动医疗是通过使用移动通信技术提供医疗健康信息和服务，通过灵活的在线方式为注重隐私的患者提供医疗救助（温晓君等，2020）。

## 四、日本：实行介护保险制度，注重产品适老化设计

1970 年，日本 65 岁及以上老年人口比例达 7%，标志着日本开始进入老龄化社会，是亚洲地区最早进入老龄化社会的国家。为了应对人口老龄化问题，日本开始实施社会保障制度，形成了独具特色的介护保险制度，同时，日本老龄市场主要在生活、医疗医药、护理等方面向老年人提供养老产品和服务。

### （一）介护保险制度

介护保险制度有效地缓解了日本的人口老龄化问题。由于老年人对居家养老和社区养老模式的日常照护以及医疗卫生服务需求较大，所以，日本政府将介护保险制度引入其养老体系之中（徐昱东等，2021）。所谓介护，就是对身体虚弱或受伤的患者、卧床不起或痴呆的老年人以及残疾人等生活不能自理者给予照料、看护和帮助（唐开源，2001）。所谓介护保险，即为将来遇到需要介护状态的情况事先预付一定的资金，以便将来处于需要介护状态时，及时享受到医疗保健服务和介护福利服务。日本介护保险的服务根据要介护的程度分为五级，有访问型服务、托管型服务、短期逗留型服务、居住型服

务和入住型服务。在日本，介护保险已经成为不可或缺的保险之一（杨维波，2019）。

### （二）适老化设计

养老产品适老化，养老服务人性化。在生活服务与产品方面，日本冲绳的永旺超市针对不擅长使用电脑和手机以及不便外出的老年人推出一项“要买什么，您说”的配送服务，老年人可以通过打电话或者发传真下单，下单后3~4小时内就会收到商品，非常方便。在医护产品方面，政府与企业相互合作，研发出了各种类型的机器人，如护理型、生活辅助型和陪伴型等，可以照顾老年人的生活，并实时监测他们的身体健康状况。在医疗护理方面也非常贴心，并没有采用过多的医护机器人、智能设备等去照顾老年人，而是有专业的护理人员去细心呵护、陪伴老年人。除此之外，日本养老服务领域的物联网技术也贯穿了老年人的日常生活以及医疗护理的各个方面，如智能养老产品、智能生活用品以及各种智能家居设备等，均可实现智能智慧化的健康养老。

## 五、新加坡：倡导“乐龄”养老，坚持以家庭为中心的养老模式

新加坡为了应对人口老龄化，其养老理念结合了儒家传统孝道文化和现代养老模式，倡导“乐龄”养老，建立起以政府引导、制度保障、社会参与、居家为主的养老模式（曹阳昭，2020）。

### （一）“乐龄”养老

政府倡导优秀的“乐龄人士”延迟退休，并通过补贴和中央公积金体系保障他们的生活。“乐龄”是对新加坡60岁及以上老年人的特别尊称，寓意为希望老年人的老年生活能够过得安乐祥和。新加坡政府倡导那些到了法定退休年龄但身体健康情况依然良好且表现优异的员工申请重回职场，同时，将退休年龄推迟到67岁。政府也会为老年人提供就业培训，鼓励他们重返职场，丰富这些“乐龄人士”的退休生活。对于年老或者丧失工作能力的老年人，政府会通过财务补贴来保障他们的生活，一些社区和养老机构会为这些“乐龄人士”提供医疗护理服务。与此同时，新加坡政府设立中央公积金体系

（CPE）来保障“乐龄人士”的晚年生活（泰阳和张瑾，2021）。2002 年，新加坡政府推出的乐龄健保计划为重度失能老年人提供了基本的医疗护理保障。

**（二）社区养老模式**

新加坡政府提倡全民家庭观念，形成以家庭为中心的社区养老模式。在新加坡，“乐龄人士”可以获得机构、社区和居家养老服务。其中，养老机构包括社区医院、慢性病医院、养老院和临终关怀机构。新加坡政府和社会提倡“全民家庭”观念，鼓励“乐龄”人士选择以家庭为主的养老模式。新加坡政府为了鼓励儿女与老年人同住，推出三代同堂的“温情”政策，为需要赡养老年人的低收入家庭提供养老医疗方面的补助，以减轻他们的家庭负担，提高赡养老年人的积极性（梁燕君，2016）。由于政府为赡养老年人的家庭提供了有效的经济援助，这些家庭的老年人在住房、医疗等方面均能受益，因此，绝大多数新加坡人都倾向于选择以家庭为中心的社区养老模式。

## 第二节　国内产业发展经验

近年来，中国智慧健康养老产业呈现出蓬勃发展的良好势头，新生消费领域推动智慧健康养老市场规模不断扩大，推动健康养老服务智慧化升级。一方面，智慧养老、健康案例、医养结合和社会机构养老等热点领域的发展为智慧健康养老产业规模扩大提供了新动能；另一方面，健康管理类可穿戴设备、便携式健康监测设备和智慧健康养老平台等配套设施不断升级完善，服务提供商和产品制造商等企业快速成长，推动了我国智慧健康养老产业的快速发展。

### 一、浙江：推进省级平台建设，发挥政府引导作用

浙江省的智慧健康养老产业主要聚焦于建立智慧养老服务平台、探索养老产业建设新方式以及发展智慧健康养老新模式等方面，嘉兴、杭州等市积极布局，响应号召，寻求智慧健康养老发展新路径。

**（一）智慧养老服务平台建设逐渐完善，实现“一站式”服务办理**

2021 年，浙江省将加快推进康养体系和全省统一的智慧健康养老服务平台——“浙里养”平台的建设，进一步完善新时代社会救助体系和迭代升级大数据救助平台。作为全国唯一的省级智慧健康养老服务平台，“浙里养”线上功能覆盖面广，服务体系完整。“浙里养”平台 1.0 版本可以在线上查阅到智慧养老服务平台和数据展示平台，前者以提供服务入口为主，可实现多方式受理、统一评估、一证通办、线上支付以及严格监管；后者以数据查询为主，如机构的入住率和空床率、养老从业人员数量和详细的运营补贴资金情况等，有助于大数据分析与评估以及明晰资金去向问题。浙江省的这一智慧健康养老模式将逐步成为我国各省产业发展的样板，为其他更多省市的养老模式探索提供可靠参考。

杭州市与大型企业通力合作，实现了线上全流程监管。杭州市打造了“线上+线下”、高效便捷的一揽子居家养老服务模式（温晓君等，2020）。依托先进的城市数字经济发展优势，杭州市将互联网模式引入养老服务中，与阿里云、蚂蚁金服等大型企业合作建立养老大数据中心，将老年人相关服务的数据信息统一采集至平台，实现以平台为中心的全流程监管。同时，试点推进护理服务互联网申请和上门照护服务，探索“云上护理”。

**（二）政府发挥引导作用，充分发掘市场层面的价值**

在“互联网+”背景下，浙江省嘉兴市桐乡市的辖镇乌镇政府和椿熙堂责任有限公司开创了市场发展的新局面。政府作为主导方只负责投资，在市场上通过竞价形成交易，在市场层面，政府将权力下放给专业化的养老机构——椿熙堂责任有限公司，机构能提供专业化的居家养老服务，弥补个人居家养老的不足。同时，椿熙堂责任有限公司作为乌镇“乐享卡”的经营方，建立了乌镇数据中心，将不同老年人的身体状况收录入库，为养老服务的提供者提供精准的数据分析结果，大大提高了工作效率，保障居家养老者的健康和安全（郑聪颖，2018）。

## 二、上海：构建智慧健康养老新范式，促进信息互联互通

作为我国首批迈入老龄化的城市，上海市政府从社会保障入手，完善养老服务体系建设，加快养老服务产业发展，并将“智慧健康养老”作为养老服务全面升级的引擎，用信息技术提高养老服务供给的效能，同时，也制定了明确的养老机构管理规范，提出支持建设社会养老服务体系（巩英杰和张媛媛，2020），全力改善老年群体的服务体验。

### （一）社区和居家智慧健康养老并行发展，为老年人提供高品质服务

目前，上海已先后获批多个区级智慧健康养老示范基地、试点街道等项目，在探索发展社区智慧健康养老方面走在全国前列。在上海市社区智慧健康养老的创新探索中，多个示范街道依托现有的资源优势，构建了线上、线下协同联动的社区治理“新范式”。一是以老年人服务需求为导向，突出对失能失智老年人的关爱帮扶，优化日常的生活服务和医药康养支持。二是“安康通”以自主运营的居家呼叫中心、自主研发的信息管理系统和专业化的家庭服务团队为基础，围绕老年人的家庭居所，为广大老年人提供全方位的居家生活服务。

### （二）线上平台功能齐全，信息覆盖面广

上海上线了“上海市综合为老服务平台”，平台同时承担了上海的“为老信息服务统一门户网站”“养老服务行业管理统一入口”和“为老服务资源大数据库”三项功能（温晓君等，2020），将各类为老服务信息、行业内容和各类为老服务机构与人员队伍的动态信息链接起来，方便公众浏览查询。同时，平台也加强了对相关工作人员的监督管理，以期为社会公众和各类养老服务机构提供有效服务。

## 三、山东：推动医康养融合发展，发挥应用试点示范作用

山东省是全国老年人口第一大省，预计到 2035 年，全省老年人口占比将达 30%，进入深度老龄化社会（贾淼，2020）。为了让更多的老年人享受到智能健康养老的红利，山东省大力推动医康养融合发展，广泛开展试点示范工

作，切实扩大智慧健康养老产业的影响力。

### （一）医康养产业能级持续提升，全力打造康养之城

在2021年的政府工作报告中，济南市政府提出了“加快建设国际康养名城”等多项要求。济南将致力于依托互联网医保大健康平台，建立“互联网+医保+医疗+医药”创新发展体系，推动省市共建“山东自贸试验区食品药品医疗器械创新和监管服务大平台”。济南市槐荫区依托健康济南就诊医疗大数据平台，积极探索健康医疗大数据服务与应用，整合集多重功能于一体的医养结合产业服务生态，构建多功能新型医养服务模式。与此同时，扁鹊小镇、阿胶小镇等25所中医药康养小镇竞相涌现，形成了开放高端、多点联动的现代中医药发展格局（崔京智，2021）。

### （二）广泛开展试点示范项目，持续扩大产业影响力

山东省努力树立行业标杆，切实发挥示范带动作用，在前四批智慧健康养老应用试点名单中，共计入选企业11个、街道22个、产业基地7个。这对进一步扩大试点规划规模、展开示范试点建设有着积极影响，为其他省份的智慧健康养老应用落地起到示范引领作用。

## 四、安徽：鼓励运营模式多样化，完善服务标准建设

《安徽省智慧健康养老产业发展规划（2020—2025）》中提出，在2020—2025年安徽省老年人口规模将逐步扩大，养老压力将进一步提升。为了给老年人提供更好的智慧健康养老服务，安徽省推动关键技术产品研发，统一制定智慧健康养老设备的产品标准、服务标准和信息安全标准，与周边地区协同发展。

### （一）鼓励养老运营模式多样化发展，深入探索居家养老服务模式

合肥市蜀山区依托“养老设施+引入特色服务+搭建智慧系统”的模式，坚持构建“公益化为前提、社会化为基础、市场化为补充”的信息化、智能化养老运营模式。蜀山区57个城市社区中建立起57个服务中心（站），农村社区（村）建立起5个服务中心（站），居家养老服务站点设置了日间休息

室、多功能活动室等多类型功能室；社区居家养老食堂采取“街道中心厨房+社区食堂+小区助餐点+配送入户”的形式布局；通过智慧养老平台，重点关注生活需要援助的特殊困难人群需求，对特殊老年群体进行精准关爱（王颖等，2021）。

### （二）省市联动，制定统一的标准规范

安徽省对智慧健康养老设备的产品标准、服务标准和信息安全标准都进行了全方位的布局，和上海、浙江、江苏一起制定统一标准规范，形成了长三角养老服务一体化发展多项成果。同时，与上海 14 个区签署区域养老服务协作备忘录，在智慧养老产业协同、养老服务相关标准共享、养老服务经验交流等多个方面共建共享（顾杰，2021），深化协同发展，把握产业核心。

## 五、四川：整合线上线下资源，实现三位一体融合发展

根据《四川省“十四五”养老服务发展规划（征求意见稿）》，2020 年四川省 65 周岁及以上的老年人口净增加 535.81 万人，增速居全国首位，老龄化程度较全国总体更深，已进入到深度老龄化社会。为缓解老龄化逐渐加深的问题，四川省大力推行智慧健康养老试点示范工作，着力推动养老服务转型提档升级，实现养老服务的三大转变，推进线上、线下服务资源的整合，加快发展养老产业。

### （一）线上线下优质资源相结合，瞄准需求提供精准服务

成都市科创智远信息技术有限公司以“孝行通”智慧养老云平台为基础，将线上运营平台和线下服务站点相结合，联合优质线下养老服务商，为政府主管部门建立起一套完整的居家养老服务管理和协调机制，从而满足居家和旅居老年人生活服务、紧急救助和健康服务等需求。同时，成都市全面开展“互联网+健康+养老”融合工作，对高龄、独居、空巢及失能等特殊困难老年人开展摸查工作，绘制集老年人动态管理数据库、老年人能力评估等级档案、养老服务需求和养老服务设施于一体的养老“关爱地图”，搭建供需精准对接平台，提供精准化社区养老服务。

**（二）“三位一体”推动服务转型，改善养老服务建设**

面对老年人口高龄化、失能化及家庭养老功能弱化等问题，四川省建立了居家、社区和机构“三位一体”联动服务网络，从服务模式、服务形式和发展机制三方面开展养老服务转型。其中，养老服务模式由面向特殊困难老年人的补缺型福利服务转向面向全体老年人的民生服务，养老服务形式从机构集中照料为主转变为居家、社区和机构多层次、系统化发展，养老发展机制从政府主导转向放开市场、社会力量广泛参与、竞相发展（温晓君等，2020）。

## 第三节　借鉴与启示

### 一、强化政府引导的作用，扩大市场的作用空间

政府可加大社会医疗设施投入及为老年人提供全面的健康管理服务，帮助中老年人及早发现和预防疾病。在制定行业标准、完善市场监督体系方面，政府要起到更好的引导和规范作用，加大对获取老年人隐私数据行为的监管力度，保护老年人隐私信息，让其对智慧健康养老产品的安全性更有信心。同时，要更多发挥政府的领导和执行作用，加快体制机制创新，紧跟养老服务发展的脚步，加强顶层设计，有的放矢。要利用好市场力量，汇集市场资源，通过市场自身的一系列调节机制，为养老服务做好支持工作，为老年人提供更加完善和更具性价比的服务。

### 二、建立主体间的认同感，加强协作提高效率

适当的信息交互有助于提升服务质量和服务水平，各省应建设统一的省级智慧健康养老综合平台，链接各地市原有的“养老信息平台”，打通智慧养老服务平台、政府医疗信息服务平台以及商业智慧养老服务平台等，实现数据互联互通，避免低水平重复建设，推动资源的优化配置。同时，主体之间的协调更是实现信息交互的重要条件，应建立部门与部门之间、地区与地区

之间以及部门与地区之间的信任关系，如企业与科研机构应积极合作，加速科研成果的转化。政府部门与社会应进行更多的交流，避免闭门造车，企业也有必要就产品在社会中进行实践调研，从群众中得到真实的反馈，以使产品得到有针对性的提升。要深化整体的认同感，增强个体间的协作氛围，提高个体的工作效率，为更好地提供服务打好基础。

## 三、提升产品服务品质，满足老年人多样化需求

无论是机构养老、社区养老还是居家养老，都应该从需求侧出发，根据老年人的实际需要来制定和完善服务标准以及服务内容，注重适老化和差异化设计，提供高品质服务，从根本上满足老年人的生活、心理等多方面实际需求。据此，可鼓励高校建立与当前社会需求相匹配的人才培育体系，根据社会需求变化及时调整专业设置和研究方向，培育具有专业技术和服务水平的复合型人才，进而为养老行业注入新鲜血液，带动行业的创新发展，大力提升服务品质。同时，也可多鼓励老年人参与产品和服务的调研，让用户参与到产品和服务的研发过程中，充分考虑到受众的年龄层、所在地区、性别、受教育程度及身体健康状况等变量信息，使得产品和服务有针对性地提升，以便打造针对不同老年群体的个性化产品与服务，满足老年人多样化需求。

## 四、推动医养深度结合，推进养老模式多元化发展

将衣、食、住、行、医作为养老产业链的基础产业类别，向“上”不断融合，推动医养深度结合，让各类型养老服务机构互相补充，扩大资源覆盖面，实现各类资源的共享和互通，使得智慧健康养老产品和服务更好地与老年人的需求相契合。要精确了解老年人的特点，简化老年人接受养老服务的步骤和流程，不断丰富老年人的养老体验。除了纵向发展单一的家庭养老、社区养老和机构养老模式，还需要推行多元化养老服务模式，利用好新一代信息技术，打破家庭、社区和机构的传统界限，建立“三位一体”融合发展的养老服务格局，使得老年人更便捷、更高效地享受专业化养老服务，增强老年人的幸福感和获得感。

# 第三章　我国智慧健康养老产业发展现状分析

SWOT-PEST 分析法是一种能有效识别自身优势与劣势、判别机遇与威胁，并根据分析结果制定更系统的战略决策的分析方法。一般先从优势（Strength）、劣势（Weakness）、机遇（Opportunity）、威胁（Threat）四个层面进行 SWOT 分析，每一个层面又可从政治（Political）、经济（Economical）、社会（Social）、技术（Technical）四个方面具体进行 PEST 分析。本书将采用这种方法，系统地分析智慧健康养老产业发展现状。

表 3-1 展示了利用 SWOT-PEST 方法对智慧健康养老产业发展现状进行分析的结果。

**表 3-1　智慧健康养老产业发展现状 SWOT-PEST 分析**

| | 政治（P） | 经济（E） | 社会（S） | 技术（T） |
|---|---|---|---|---|
| 优势（S） | 国家着力营造良好的制度环境 | 产业发展前景广阔 | 产业发展格局初步显现 | 信息技术赋能产业发展 |
| 劣势（W） | ①主体内权力分散；②政策间协同不足 | ①先进模式价值转化不足；②产业集聚效应未形成 | 需求的覆盖面太小 | ①核心竞争力不足；②智慧化程度不高 |
| 机遇（O） | 产业标准体系建设进入新阶段 | ①产业规模不断扩大；②产业生产力不断提升 | 多元需求助力产业转型 | 产业数字化优势凸显 |
| 威胁（T） | 产业链安全性、稳定性不足 | 人力资源不足 | ①信任危机造成“不想用”；②数字鸿沟导致“不会用” | ①缺乏整合共享平台；②轻视分析预测系统 |

# 第一节 优势分析

## 一、政治方面（P）

政治方面的优势主要表现为国家着力营造良好的制度环境。表 3-2 梳理了国家层面出台的关于智慧健康养老产业的主要政策文件，由此可见政府一直在积极推进智慧健康养老产业发展。2017 年，《智慧健康养老产业发展行动计划（2017—2020 年）》的出台标志着智慧健康养老产业上升到国家战略层面，之后国家又陆续发布了多项相关政策。目前，国家着眼于利用新一代信息技术，加快信息设备的普及与升级，并计划在“十四五”期间提高为老服务的质量与科技化水平。在产业供给侧方面，加大产业发展的资金、技术、设备投入，注重人才培养、科研成果转化，打造试点示范单位；在产业需求侧方面，着眼于通过政府购买、市场塑造等方式减少产业发展的市场障碍，并就消除老年人的“数字鸿沟”做出部署。

**表 3-2 国家层面智慧健康养老产业政策梳理**

| 日期 | 政策文件 | 主要内容 |
| --- | --- | --- |
| 2013 年 9 月 | 国务院《关于加快发展养老服务业的若干意见》（国发〔2013〕35 号） | 发展居家养老服务网络，推进医养结合 |
| 2015 年 2 月 | 十部委《关于鼓励民间资本参与养老服务业发展的实施意见》（民发〔2015〕33 号） | 鼓励民间资本参与居家和社区养老服务，推进养老服务信息化 |
| 2017 年 2 月 | 工业和信息化部、民政部、国家卫生计生委《智慧健康养老产业发展行动计划（2017—2020 年）》（工信部联电子〔2017〕25 号） | 将智慧健康养老产业发展上升到国家战略的高度 |
| 2017 年 7 月 | 国务院《关于新一代人工智能发展规划的通知》（国发〔2017〕35 号） | 利用人工智能技术发展便捷高效的智能健康养老服务 |
| 2017 年 8 月 | 国务院《关于进一步扩大和升级信息消费持续释放内需潜力的指导意见》（国发〔2017〕40 号） | 加快信息终端普及和升级 |

续表

| 日期 | 政策文件 | 主要内容 |
| --- | --- | --- |
| 2018 年 7 月 | 工信部、民政部、卫健委《智慧健康养老产品及服务推广目录（2018 年版）》（工信部联电子函〔2018〕269 号） | 开发和推广智慧健康养老产品及服务 |
| 2019 年 4 月 | 国务院《关于推进养老服务发展的意见》（国办发〔2019〕5 号） | 发展高质量的养老服务已经势在必行 |
| 2019 年 7 月 | 国务院办公厅《关于同意建立养老服务部际联席会议制度的函》（国办函〔2019〕74 号） | 建立养老服务部际联席会议制度，强化统筹协调 |
| 2019 年 9 月 | 国家发展改革委等 3 部委《普惠养老城企联动专项行动实施方案（2019 年修订版）》（发改社会〔2019〕1422 号） | 进一步激发社会资本积极性，促进养老产业高质量发展 |
| 2019 年 9 月 | 国家发展改革委等 21 部委联合发布《促进健康产业高质量发展行动纲要（2019—2022）》（发改社会〔2019〕1427 号） | 加快推动健康产业发展，构建内涵丰富、结构合理的产业体系 |
| 2019 年 12 月 | 工信部、民政部、卫健委《关于促进老年用品产业发展的指导意见》（工信部联消费〔2019〕292 号） | 逐步完善老年用品产业体系，引导产业高质量发展 |
| 2020 年 6 月 | 工信部、民政部、卫健委《智慧健康养老产品及服务推广目录（2020 年版）》（工信部联电子函〔2020〕247 号） | 开发和推广智慧健康养老产品及服务 |
| 2020 年 11 月 | 国务院《国务院办公厅印发关于切实解决老年人运用智能技术困难实施方案的通知》（国办发〔2020〕45 号） | 就如何进一步消除老年人的“数字鸿沟”做出部署 |
| 2020 年 12 月 | 国家卫生健康委（全国老龄办）《关于开展示范性全国老年友好型社区创建工作的通知》（国卫老龄发〔2020〕23 号） | “十四五”期间提高为老服务的服务质量与科技化水平 |

资料来源：根据中华人民共和国中央人民政府网站资料整理。

## 二、经济方面（E）

### （一）产业规模不断扩大

2019 年智慧健康养老产业发展大会发布的数据表明，近年来我国智慧健康养老产业规模持续快速增长。2019 年我国智慧健康养老产业规模近 3.2 万亿元，近 3 年复合增长率超过 18%（云飞，2020）。随着我国老龄化程度不断加深，国家对智慧健康养老产业的重视度不断提升，智慧健康养老产业已成为我国养老领域发展的新热点。

### （二）产业发展前景广阔

我国目前确立了以家庭养老为主体、社区服务为依托、机构养老为支撑的居家养老服务格局，即“9073”格局（王莉莉，2013）。它借由互联网、人工智能、物联网等信息化技术更新了老年人与子女的互动机制，且可实现养老资源合理整合与配置。这是传统养老模式的延伸与发展，也让居家养老的“家”不再是一个简单的物理空间。将老年人的需求与国家、社会和市场资源巧妙地链接在一起，使得老年人足不出户就能享受到高质量的养老服务，同时为我国智慧健康养老产业高质量发展提供了新动能，培育了新业态，带动了就业和经济增长。

## 三、社会方面（S）

社会方面的优势主要表现为产业发展格局初步显现。我国智慧健康养老产业发展迅速，到2020年第四批智慧健康养老应用试点示范名单确定为止，全国已有533家单位入选，其中包括167家示范企业、69个示范基地以及297个示范街道。根据先后公布的四批应用试点示范名单分析，示范企业主要分布在华东地区的江苏省、浙江省、山东省和上海市以及华北地区的北京市与西北地区的陕西省；示范街道（乡镇）和示范基地主要分布在西南地区的四川省，华东地区的浙江省、上海市、山东省和安徽省，华北地区的河南省以及西北地区的陕西省（见图3-1）。总之，各省份积极推进智慧健康养老产业工作，试点示范单位主要集中于浙江省、四川省、山东省、上海市，这为产业进一步协调布局与模式推广奠定了基础。

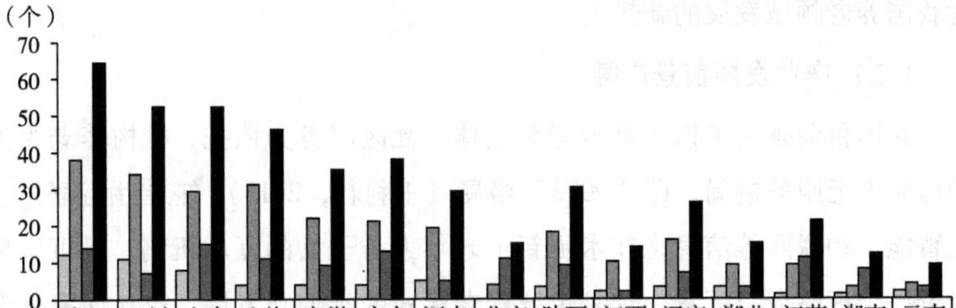


| | 浙江 | 四川 | 山东 | 上海 | 安徽 | 广东 | 河南 | 北京 | 陕西 | 江西 | 辽宁 | 湖北 | 江苏 | 湖南 | 云南 |
|---|---|---|---|---|---|---|---|---|---|---|---|---|---|---|---|
| 基地 | 12 | 11 | 8 | 4 | 4 | 4 | 5 | 0 | 3 | 2 | 3 | 3 | 1 | 1 | 2 |
| 乡镇 | 38 | 34 | 29 | 31 | 22 | 21 | 19 | 4 | 18 | 10 | 16 | 9 | 9 | 3 | 4 |
| 企业 | 14 | 7 | 15 | 11 | 9 | 13 | 5 | 11 | 9 | 2 | 7 | 3 | 11 | 8 | 3 |
| 合计 | 64 | 52 | 52 | 46 | 35 | 38 | 29 | 15 | 30 | 14 | 26 | 15 | 21 | 12 | 9 |
| 占比/% | 12.01 | 9.76 | 9.76 | 8.63 | 6.57 | 7.13 | 5.44 | 2.81 | 5.63 | 2.63 | 4.88 | 2.81 | 3.94 | 2.25 | 1.69 |

**图 3-1　全国智慧健康养老试点示范单位分布（2017—2020 年）**

资料来源：2017—2020 年公布的全国四个批次智慧健康养老应用试点示范名单。

## 四、技术方面（T）

技术方面的优势主要表现为信息技术赋能产业发展。随着 5G、人工智能、互联网、物联网等新一代信息技术在智慧健康养老产业中的深度融合应用，养老服务效率显著提高（温晓君等，2020）。例如，AI 机器人可作为医生诊断病情与护士照护患者的辅助工具；物联网能通过智能终端采集用户信息；大数据、云计算可整合用户数据，并运用算法分析预测老年人的动态需求；互联网可实现信息传输与共享，有效监控老年人的生理、安全和日常活动情况；而 5G 移动网络大大提高了数据传输速率，可进行大数据量传输。

## 第二节 劣势分析

### 一、政治方面（P）

#### （一）主体内权力分散

智慧健康养老产业政策大多数由工信部、民政部和卫健委等政府部门联合发布。合作分工的形式虽能使多部门之间增加交流协同，但基于部门利益与职责分工协调等因素，各部门间信息无法完全共享，造成权力分散的局面，加剧了产业资源的碎片化和分散化。

#### （二）政策间协同不足

间接性政策与可操作性政策不完全匹配，最终会束缚产业整体高质量发展。国家为营造良好的发展环境出台了财政支持、标准体系建设等相关政策措施，但是保障性和基础性政策明显少于科技创新与成果转化等策略性措施政策，人才培养、减免税费、服务外包等方面的政策相对较少，导致科技创新并未得到实质性提升（黄剑锋，2020）。从2011—2019年智慧健康养老产业的政策分布来看，策略性措施政策占比为18.8%，而人才培养政策占比为4.0%，税收优惠政策占比为1.7%，服务外包政策仅占0.3%（黄剑锋和章晓懿，2020）。

### 二、经济方面（E）

#### （一）先进模式价值转化不足

国家和地方政府本应以应用试点示范工程为抓手，大力宣传智慧健康养老理念，促进产品和服务大规模应用，加快典型单位的示范推广，推动产业基础较好地区建设应用示范区，完成价值的创造、转化与实现（温晓君等，2020）。但由于各地发展水平不同，加之政府缺少推进的强力抓手，并未及时总结试点示范单位的发展模式与先进经验，也未能为全国各地提供可参考复制的运营与养老模式，导致先进经验与优势项目无法复制、推广与创新，无法达到应有的投入产出比。

### （二）产业集聚效应未形成

产业集聚是生产一系列相同或相关产品而面临共同的挑战和机遇的企业组合，成员之间既存在竞争关系，也存在资源互补、专业分工的协作关系（冉庆国，2009）。目前，我国智慧健康养老产业仍存在小而散、造血能力差、自主品牌少等问题，众多企业各自为政，资源未得到合理利用，无法形成产业集聚效应。

## 三、社会方面（S）

社会方面的劣势主要表现为需求的覆盖面太小。目前，技术发展及服务与产品的输出主要是用于满足老年人生理安全需求。现有智能产品与智慧服务均侧重于满足老年人生理指标管理、安全监护与医疗照护等基础性需求（贾玉娇和王丛，2020），缺乏对高层次需求的关注，而这些需求的满足程度对提高他们的幸福感具有较高的效用价值。本书调查发现，智慧健康养老产品和服务所涉及的种类较多，但还是不能满足老年人对精神心理、社会关系、自我价值与社会价值等方面的需求（见表3-3）。目前，智慧健康养老产品与服务市场细分不够、针对性不强，智慧健康养老供给应坚持以老年人实际需求为导向，细分老年人的特殊需求和消费结构（杨芳，2019）。

**表3-3　社区供给智慧健康养老产品与服务调查**

| 智慧健康养老产品 | | 智慧健康养老服务 | |
|---|---|---|---|
| 健康管理类可穿戴设备 | 健康手环、便携式血压检测仪及定位、心率检测、体温测量仪 | 慢性病管理 | 电子档案、签约医生、疾病筛查、健康科普、针灸理疗 |
| 便携式健康监测设备 | 乐佳便携式血糖分析仪、中频理疗仪、电子血压仪 | 居家健康养老 | 吃药提醒、定时巡回检查、紧急救助、助餐、志愿服务、助洁 |

**续表**

| 智慧健康养老产品 | | 智慧健康养老服务 | |
|---|---|---|---|
| 自助式健康检测设备 | 健康秤、一体机 | 个性化健康管理 | 健康教育、健康普查、就医指导、糖尿病监护、用药指导 |
| 智能养老监护设备 | 电子围栏、防走失设备、监控器、GPS定位、智能轮椅 | 互联网健康咨询 | 服务中心咨询、网络问诊、公众号宣传、预约挂号、在线咨询、健康科普讲座 |
| 家庭服务机器人 | 扫地机器人、洗碗机 | 生活照护 | 老年保姆、老年家政、老人看护、上门打扫、照料老人、居家照护 |
| | | 养老机构信息化 | 电话关爱、老年公寓系统、统计老人信息、智能检测、健康知识讲座 |

资料来源：2020年陕西省“智慧健康养老产业发展”专项调查。

## 四、技术方面（T）

### （一）核心竞争力不足

我国智慧健康养老产业的数字化水平较低，市面上的产品以低端智能产品为主，中高端智能产品较少。部分传统领域虽有突破转型，但还未形成产业核心竞争力，也未形成我国的优质智慧养老品牌。我国应加快养老产业与新兴产业融合，以科技创新驱动发展，攻克核心技术，扩大优质产品供给。

### （二）智慧化程度不高

针对养老与新技术的融合，各地只一味地强调技术创新，误认为智慧就是拥有信息化养老技术。这导致老年人成为智慧健康养老产品与服务的被动接受者，大大降低了老年人的主观能动性。结果出现供给需求不匹配的情况，让体系失去了反馈与响应的重要一环，使得很多产品与服务得不到认可，老年人甚至对其产生“不愿用”和“不好用”的负面印象。

## 第三节　机遇分析

### 一、政治方面（P）

政治方面的机遇主要表现为产业标准体系建设进入新阶段。当前，系统的产业服务标准体系建设尚未完善，全国各地出台的产业平台标准和各项准则仍缺乏统一指导与规范。而由上海无线电设备研究所、上海恩谷信息科技有限公司等18家企事业单位共同起草和制定的团体标准《智慧健康养老标准体系建设指南》（T/SIOT310-2020）于2020年12月29日正式发布，标志着智慧健康养老标准的体系化建设步入新征程（陈体强，2021）。2021年1月1日起实施的《基于人工智能语音交互的养老服务平台要求》是国家首个产业服务平台标准，它从平台基本要求、智能语音交互技术要求、服务内容要求、服务供应商准入要求、数据安全要求等层面丰富和完善了各大养老服务平台内容（中国电子工业标准化技术协会，2020），提升了信息平台的管理水平，促进了产业有序化高质量发展。

### 二、经济方面（E）

#### （一）产业规模不断壮大

我国以智能制造为核心的新一代信息技术与制造业加速融合，形成了一批成熟的、可推广的智能产品和智慧服务。从事产品与服务研发的企业也逐渐增多，在国家工信部公示的《智慧健康养老产品及服务推广目录（2020年版）》中，我国有79家企业入围产品类，104家企业入围服务类，共计118款产品、120项服务。入围产品类的企业大多从事智能养老监护设备与便携式健康监测设备的研发生产，入围服务类的企业大多从事居家健康养老与生活照护。

### （二）产业生产力不断提升

企业当前智能制造与研发优势凸显，可结合多种硬件资源和各类服务资源，提供从线上到线下的服务与产品，从而提升自身经济效益。如在华米、华为等企业的带领下，国产健康管理类可穿戴设备的市场份额不断上升，市场渗透率持续增长，有效推动了智能硬件设备的普及（温晓君等，2020）；在线上服务环节，丁香医生、微脉、叮当快药等 APP 涵盖在线问诊、疾病自查、预约挂号、送药到家等一系列智慧服务。

## 三、社会方面（S）

社会方面的机遇主要表现为多元需求助力产业转型。我国老年人口规模长期居世界首位，老年人口比例逐渐步入亚洲乃至世界前列，预计 65 岁及以上老年人口规模和比例将在 2040 年之前超越所有发达国家总和（杜鹏和李龙，2021）。同时，老年人慢病患病率居高不下，且带病生存寿命不断增长。我国目前有 4000 多万失能、半失能老年人（魏强和吕静，2021），老年人慢病占比较高的主要是高血压、肠胃炎、糖尿病。当前，我国人口平均预期寿命已达较高水平，但老年人口生命质量不高、整体健康状况不佳的问题仍较突出，老年人有 8 年多的时间处于带病生存状态（魏强和吕静，2021）。日益加深的人口老龄化程度与不断增长的老年人带病生存时间使得产业规模和市场需求不断扩大。同时，由于老年人需求多元化，传统养老模式发展出现困境，推动着产业不断转型升级，使其成为新时代新的经济增长点。

## 四、技术方面（T）

技术方面的机遇主要表现为产业数字化优势凸显。我国智慧居家养老服务体系建设还处于起步阶段，要依靠创新驱动发展，优化老年人与科技的关系，完善产业信息平台建设，才能进一步完善低成本、广覆盖、高质量的服务体系。以人工智能、互联网、大数据、物联网、5G 为代表的新一代信息技术，对推动智慧健康养老产业发展有着重大意义。

结合新一代信息技术可实现精细化、精准化服务供给，为老年人提供包括心理干预、生活方式调节、健康指导、虚拟陪伴等全方位、多层次的养老服务。比如情感陪护机器人，通过传感器技术可与老年人进行情感交互。通过数字化信息平台分析用户的生活及健康数据，可挖掘和预测老年人动态的多样化养老需求，实现供需精准对接。比如四川安公智慧居家养老试点将主动健康感知器安装在老年人卧室，通过收集实时作息数据，并进行后台大数据分析，得到“需关爱指数”，利用物联网与子女和社区共享，从而提供精准关怀服务，更好地应对老年人消费需求升级。

## 第四节　威胁分析

### 一、政治方面（P）

我国养老产业链供应链呈现出安全性、稳定性不足的问题，主要原因在于以下两点。

#### （一）部分资源受制于人

产业发展涉及的基础硬件、终端设备、软件产品、系统集成和应用服务等基础性条件部分还依赖进口，关键核心技术和重要零部件仍受制于人。近年来，我国与美国在AI、芯片、集成电路等关键领域的合作陆续被限制，“卡脖子”问题亟待解决（盛朝迅，2021）。

#### （二）各环节协同政策不足

我国养老产业各环节之间缺乏交流，信息开放共享不足，虽已建有不少信息平台，但仍存在“多而散”的问题。各环节资源整合与优化能力不足，缺乏沟通互补与协同发展的顶层设计，且数据安全与标准体系尚不完善。

### 二、经济方面（E）

经济方面的威胁主要表现为人力资源不足。一是现在家庭结构大多呈现“四二一”或“四二二”模式，老年人普遍患慢性病且部分老年人存在生活不能完全自理的情况。而子女出于工作或婚姻迁移等原因，无法完全履行赡养老人的责任，也无法满足空巢老人的精神需求。二是社区对养老工作的建设尚未规模化，没有设置专门的老年人照护岗位，也没有足够的相关专业人员。三是机构人员工作强度高，工资待遇差，职业社会声望低，导致岗位流动性大，留不住人才（魏强和吕静，2021）。

## 三、社会方面（S）

### （一）信任危机造成“不想用”

受传统观念影响，老年人对互联网持有不相信、不愿尝试的态度，对智慧健康养老产业的接受度更是不高。一方面是老年人对智慧健康养老认知不足，缺乏相关操作知识和智慧化养老思维；另一方面是老年人缺乏互联网安全意识，容易在互联网上受骗。而国家对数据安全的保障力度不够，也影响着老年人接触智慧健康养老产业的积极性。

### （二）数字鸿沟导致“不会用”

随着科技飞速发展，在新技术智能化的同时却忽略了产业智慧化。目前老年人的文化程度普遍不高，随着年龄的增长，老年人的学习和接受能力也开始下降。在缺乏新技术操作方法与数字化新知识科普教学的情况下，老年人因难以熟悉和掌握信息化技术而被区隔在智慧生活之外，由此形成了“数字鸿沟”。本书调查显示，老年人不愿意购买产品或服务的主要原因是操作能力不足、感觉网络不靠谱和个人隐私没保障（见表3-4）。

**表3-4　老年人不购买智慧健康养老产品或服务的原因调查**　　单位：%

| 不购买的原因 | 不同意 | 一般 | 同意 |
|---|---|---|---|
| 使用效果不好 | 22.42 | 48.57 | 29.01 |
| 操作能力不足 | 13.63 | 42.20 | 44.18 |
| 支付能力不够 | 21.54 | 34.95 | 43.52 |
| 没有提供我要的服务 | 30.33 | 46.37 | 23.30 |
| 我不喜欢智能产品 | 24.84 | 40.22 | 34.95 |
| 社区远，不方便 | 26.15 | 42.42 | 31.43 |

续表

| 不购买的原因 | 不同意 | 一般 | 同意 |
|---|---|---|---|
| 网络不靠谱 | 16.70 | 44.84 | 38.46 |
| 网上支付不靠谱 | 18.24 | 39.34 | 42.42 |
| 个人隐私没保障 | 14.51 | 43.96 | 41.54 |

资料来源：2020年陕西省“智慧健康养老产业发展”专项调查。

## 四、技术方面（T）

### （一）缺乏整合共享平台

由于现有养老技术平台、信息平台缺乏统一整合，管理部门分散化，众多机构主体各行其是，导致老年人获取完整的养老服务可能要下载使用多个软件程序，无疑加重了老年人的使用负担。同时，由于信息平台不够开放，数据与反馈无法及时共享，导致资源利用低效及分布碎片化，大数据的规模效应不能完全发挥出来，成为建立高质量的智慧健康养老体系的阻碍。

### （二）轻视分析预测系统

国家在注重促进新技术与养老产品融合应用以及养老信息平台建设时，忽略了养老数据智能分析系统的建设。运用大数据技术和机器语言可分析老年人的基础数据与反馈信息并预测未来养老需求，由此实现供给与需求有效匹配，节约资源、提高效率。而当前分析预测系统搭建不完善与技术运用不足导致无法精准及时地应对老年人需求升级。

# 第四章　陕西省智慧健康养老产业发展现状分析

## 第一节　产业发展现状分析

### 一、积极出台各项政策

随着国家顶层设计加强，陕西省关于智慧健康养老的政策也不断出台。2017年8月30日，陕西省人民政府办公厅出台了《关于全面放开养老服务市场提升养老服务质量的实施意见》（陕政办发〔2017〕76号），推进“互联网+”养老服务，利用新一代信息技术与养老服务相结合，发展智慧养老服务新业态。2017年10月10日，陕西省人民政府发布《关于印发“十三五”全省老龄事业发展和养老体系建设规划的通知》（陕政发〔2017〕46号），大力发展居家社区养老服务，积极发展智慧养老。2018年2月1日，陕西省人民政府办公厅印发《关于制定和实施老年人照顾服务项目的实施意见》（陕政办发〔2018〕8号），要求创新发展“互联网+”智慧养老服务，开展老年人健康管理、紧急救援、精神慰藉、服务预约、物品代购及其他个性化服务。2019年5月9日，陕西省民政厅印发《关于推进全省养老服务高质量发展实施方案（2019—2020年）》（陕民发〔2019〕24号），发展“互联网+”养老服务，积极推动居家社区智慧养老服务信息平台建设，采取“互联网+”智慧养老等多种信息化手段，开展老年人健康管理、紧急救援等其他个性化服务。随着陕西省工信厅、民政厅和卫健委于2019年7月18日联合出台《陕西省智慧健康养老产业发展实施方案》（陕工信发〔2019〕174号），陕西省成为继天津市、安徽省、四川省和江西省后第五个出台省级实施方案的省份，旨在培育新产业、新业态与新模式，为老年人提供智慧健康养老服务。2020 年 4 月 8 日陕西省人民政府发布《陕西省人民政府关于推进健康陕西行动的实施意见》（陕政发〔2020〕7 号），要求开展老年健康促进行动，建立完善老年健康服务体系，持续优化老年人医疗卫生资源配置。

## 二、产业格局初步形成

根据三部委公布的智慧健康养老试点示范名单，浙江省、四川省等省份成为第一梯队，智慧健康养老产业格局的形成较快，陕西省开展智慧健康养老虽落后于先进省份，但产业格局已初步形成，目前研发和推广的智慧健康养老企业产品与服务主要集中在信息、科技、健康管理等方面，拥有比较成熟的智能信息产品、智慧服务和信息系统。陕西省目前共有 30 家单位入选国家级应用试点示范单位，其中有 3 个示范基地、18 个示范街道和 9 个示范企业，并且有 5 家企业入围国家工信部两批智慧健康养老产品及服务推广目录。企业与政府积极探索智慧健康养老模式和平台，发展出如咸阳渭城区的“5153N”智慧健康养老新模式、咸阳秦云信息技术公司搭建的“不老帮”智慧健康养老平台、航天恒星在多地开展的智慧健康养老平台建设业务、西安海天信息打造的远程诊疗等，为老年人提供个性化健康养老产品和服务，同时也推动着智慧健康养老产业的发展。

## 三、各地纷呈智慧养老信息平台

随着新一代信息技术的兴起和国家政策的推进，智慧健康养老企业逐渐增多，企业利用新一代信息技术搭建健康信息管理、养老服务监管等智慧健康养老服务信息平台。2014 年 7 月 1 日咸阳市搭建起 12345 便民服务平台，专线接听受理并处置群众诉求、查询、政策法规、办事指南、救助等事项。2020 年 4 月 26 日，由陕西移动承建的 12349 陕西省智慧健康养老服务热线也正式开通。这些平台使得老年人足不出户即可享受查询、政策解答、助洁、助餐、助医、助护等服务。各地企业也在积极利用大数据、智慧云、物联网、人工智能等技术，着力搭建具有多种功能的智慧健康养老服务信息平台，如西安海天信息的居家健康养老服务平台、麦邦科技的智慧养老服务管理系统等。

## 四、智能制造研发优势凸显

陕西省将新一代信息技术与制造业融合，形成了一批成熟的、可推广的智能制造模式。智慧健康养老产业中的智能信息产品和智慧服务种类繁多，包括健康管理可穿戴设备、智能康复辅具、老年服务机器人等信息产品，还有健康管理、互联网医院等应用服务，基础性的服务与便捷的产品都以服务大众为目标，政府也积极将其推广应用到社区中去。企业在智能制造研发方面优势明显，结合多种硬件资源和各类服务资源，提供从线上到线下的服务与产品。代表性的智能终端产品和服务有：陕西汉江机床有限公司发挥精密制造的优势，致力于研发康复机器人；陕西全天候智能居家养老有限公司运用互联网、健康大数据分析等技术全方位地构建智能养老、医疗养老相结合的养护系统；中星测控研发“孝为先”跌倒报警器等智慧产品，这些产品和服务对接老年人基本需求，实时监控老年人身体状况、精准定位老年人位置等，让老年人平等地感受到智慧养老的便捷性，提升老年人生活品质。

## 五、资源禀赋优势明显

陕西省拥有智能制造方面的技术资源优势、人才资源优势和丰富的中医药资源，利用技术资源优势充分发挥中医药对防治慢病、老年病等方面的重大作用，并与智慧健康养老产业融合，更有利于发展多形态养老服务产业。2016 年 9 月 27 日，陕西省卫生计生委、陕西省中医药管理局出台的《关于印发陕西省中医药发展“十三五”规划》（陕卫发〔2016〕132 号）中提到推动“互联网+”中医医疗，探索智慧医疗等新型医疗服务模式，利用移动互联网等信息技术提供在线便捷服务。2017 年 4 月 5 日，陕西省人民政府出台《陕西省中医药发展战略规划（2017—2030 年）》（陕政发〔2017〕15 号），强调推动“互联网+”中医医疗，发展中医药健康养老服务等。从政策上积极将“互联网+中医药”、中医药资源与智慧健康养老产业相结合，提供更具特色的健康养老服务。

## 第二节　产业发展困境分析

PEST分析是现代管理学中分析事务外部环境的一种分析方法，一般对政治（Politics）、经济（Economy）、社会（Society）和技术（Technology）四大类外部环境因素进行分析（白忠良等，2018）。PEST分析在许多方面都有所涉及，如科技服务业发展工作（张寒旭和邓媚，2018）、艾滋病防治工作（刘宇婧和陈清峰，2016）等。本书运用PEST分析法从政治环境、经济环境、社会环境、技术环境四个方面分析智慧健康养老产业发展困境（见图4-1）。

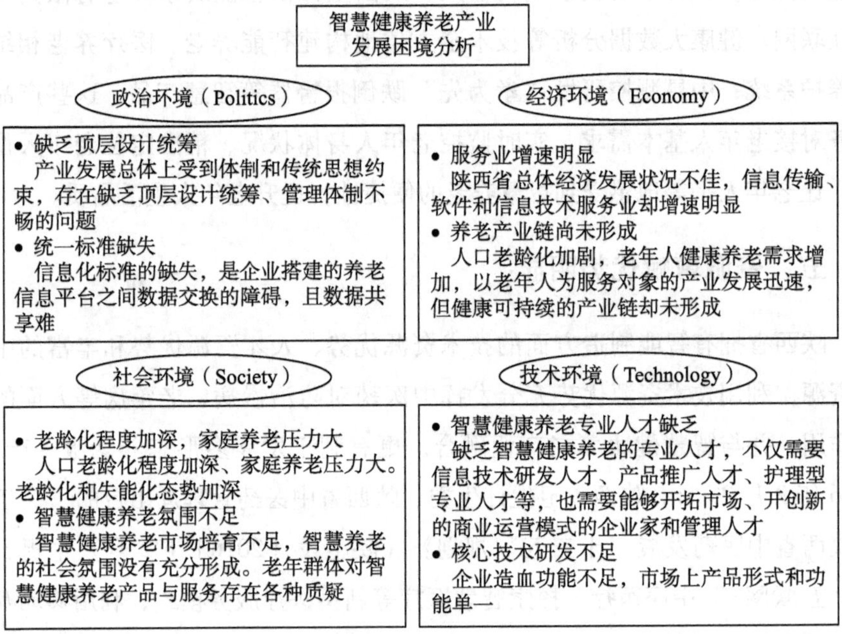


**图4-1　智慧健康养老产业PEST分析**

## 一、政治环境

### （一）缺乏顶层设计统筹

国家政策和地方法规引导着智慧健康养老产业的发展，但仍缺乏统一的产业和信息化标准。产业发展总体上受到体制和传统思想约束，出现缺乏顶层设计统筹、管理体制不畅的现象。从政府管理角度来看，智慧健康养老产业分为三个部分且分属三个部门，“智慧”部分属于工信厅，“健康”部分属于卫健委，“养老”部分属于民政，这会导致部门之间监管不够充分，管理体制运行不够顺畅。没有明确的政策文件指导也易使政府部门出现职责和利益之间的矛盾与冲突，造成相关养老资源浪费和利用效率低下，同时导致政府部门投入过大。政府部门之间、政府与企业之间也容易出现沟通效果不佳等问题。

### （二）统一标准缺失

智慧健康养老的产业标准和信息化标准缺乏指导性政策文件。智慧健康养老产业没有提出统一的行业标准和有效的行业监管制度，造成智慧健康养老服务的质量参差不齐（张雷和韩永乐，2017）。信息化标准缺失是企业搭建的养老信息平台之间数据交换的障碍，数据共享难也不利于老年人健康数据的采集、存储和挖掘，影响企业后期对智慧健康产品与服务的研发与推广。服务过程中的数据呈现明显的多源结构性和跨时空特性，多源异构数据的有效获取与数据融合都面临着很多困难与挑战（华中生等，2016）。以上各方面均会阻碍智慧健康养老产业的发展。

## 二、经济环境

### （一）服务业增速明显

在经济环境方面，陕西省总体经济发展稳定性不足，信息传输、软件和信息技术服务业却增速明显。2021 年前三季度，全省实现地区生产总值 21193.18 亿元，按可比价格计算，同比增长 7.0%，两年平均增长 4.1%，较上半年两年平均增速回落 0.7 个百分点，经济发展后劲不足，整体发展水平不高。陕西省信息传输、软件和信息技术服务业从 2015 年起实现快速增长。2020 年，陕西省规模以上软件和信息技术服务业完成营业收入 447.27 亿元，较上年增长 11.4%，较 2015 年增长 202.14%，增速明显，对陕西省经济发展做出了很大贡献。智慧健康养老产业作为服务业的“朝阳产业”，也成为推动陕西省经济发展的重要动力。

### （二）养老产业链尚未形成

人口老龄化加剧，老年人健康养老需求增加，以老年人为服务对象的产业发展迅速，但健康可持续的产业链却尚未形成，主要表现在陕西省智慧健康养老企业运营规模和商业模式不成熟，缺乏龙头企业引领，既难以带动智慧健康养老产业的发展，也难以带动衍生产业的发展。目前，陕西省智慧健康养老企业多是提供平台运营服务的小微企业且其自身定位不准确，不能成为智慧健康养老产业生态的孵化器和加速器，难以在复杂的目标差异化、需求多样化的智慧健康养老产业链中形成有效的价值机制，导致供需错位脱节，产业难以发展。

## 三、社会环境

### （一）老龄化程度加深，家庭养老压力大

在当前的社会环境下，人口老龄化程度加深，家庭养老压力大，老龄化和失能化态势严峻。目前，陕西省的人口老龄化程度正在逐渐加深，失能、半失能老年人约 130 万人，由于家庭照顾和社会照料不到位和不及时等问题，导致失能化态势进一步发展，家庭养老面临着很大的压力。随着经济的快速发展和家庭规模小型化，亟须通过社会养老来缓解家庭养老压力。在生活照料和精神慰藉方面，社会养老在一定程度上可以替代家庭养老（林晨蕾和郑庆昌，2018）。

### （二）智慧健康养老氛围不足

智慧健康养老市场培育不足，智慧养老的社会氛围没有充分形成。老年

群体对信息技术不了解，再加上智能产品操作麻烦、待机时间短等问题，使得他们很难主动去接受学习。同时，老年人对智慧健康养老产品与服务存在各种质疑，包括对信息安全以及产品质量安全等方面不放心，这些均不利于智慧健康养老产业的发展。政府与企业加强智慧养老市场的培育，是促进智慧健康养老产业发展不可或缺的一个环节。

### 四、技术环境

#### （一）智慧健康养老专业人才缺乏

发展智慧健康养老产业，首先要有专业人才的参与，但目前陕西省智慧健康养老产业十分缺乏专业人才。陕西省人民政府办公厅出台的《关于全面放开养老服务市场提升养老服务质量的实施意见》（陕政办发〔2017〕76号）中提到，“要加强人才培养，将养老护理员培训作为职业培训和促进就业的重要内容”。陕西省虽有政策出台，但具体实施还不到位。在社区养老机构、医疗养老中心等机构中，专业护理人才的实际供需严重失衡，同时，在智能信息产品的研发和智慧服务的推广过程中，也面临着人员素养整体偏低等问题，解决智慧健康养老专业人才严重匮乏的问题迫在眉睫。

#### （二）核心技术研发不足

核心技术研发对于智慧健康养老产业的推动作用仍显不足。目前，陕西省智慧健康养老企业采用的是企业自己运营、政府买单的形式，企业对产品的核心技术研发能力不够，造血功能不足。市场上产品形式和功能均单一，智能设备的技术应用水平还较低，存在产品“过剩”与“稀缺”并存的局面，企业多重视“线上”推广、轻视“线下”服务，产品和服务水平不高且产业规模较小。

## 第三节　产业发展政策建议

依据上文对陕西省智慧健康养老产业发展现状与困境的分析，本章提出推动陕西省智慧健康养老产业发展的政策建议如下：

## 一、加大产业应用指导，建立统筹协调机制

陕西政府应加大对智慧健康养老应用的指导，增加供给型和环境型制度政策，以此提高老年人对产业的信任度，为产业供需协同提供坚实的基础。具体可从以下方面实施：一是政府要引导社区主动开展智慧健康养老服务，并把应用情况纳入政府考核中去。二是加大政府购买力度，对空巢、独居的老年人采取智慧管理，带动智慧产品与服务的应用。以政府购买为手段、以政府管理为保障、以产品应用为目的，形成供需协同发展的局面。三是政府制定陕西智慧健康养老产品与服务推广目录，同时可以对价格相对较高和流动性低但需求度高的智能信息产品进行租赁，增加智能信息产品的流动性，拓展出新的消费领域。

建立省级统筹协调机制，提高产业信任度。政府应成立以工信部门为主导的产业发展机构，统筹其他部门，形成协调发展机制。引导社会力量进入智慧健康养老产业，积极建立企业与企业之间的民间信息智库，针对产品研发、服务推广、技术应用等方面进行企业之间的对接。同时，建立统一的行业标准，将行业标准与信息化标准相融合，提高智能信息产品与智慧服务的质量，规范智慧健康养老产业发展。

## 二、打造梯级人才培育格局，突破关键核心技术

打造梯级人才培育格局，加强产业队伍建设。智慧健康养老产业要以信息技术人才为支撑、以养老服务型人才为主体、以市场推广型人才为补充，打造梯级人才格局，弥补社区养老服务中心和一般养老机构人才上的供需失衡和低素质状况。政府或企业需建立选拔各级专业人才的标准，统一的选拔标准是把握人才质量的基础。人才培育可以先从试点示范企业开始，设置相应的人才管理部门，构建“招募、培训和管理”一体化体系，进行系统的人才培育，包括老年人健康、医疗、心理服务与软件开发等方面，吸纳更多的人才进入智慧健康养老产业。同时，也要利用好陕西省中医药资源的优势，

着力培养中医养老型人才。以医学院校为主导，充分发挥其人才培养的优势，将人才分类培养与分层培养相结合，开设中医养老专业（王天鑫和韩俊江，2018），培养一系列高素质复合型人才。

突破关键核心技术，推动产学研试点建设。陕西应推动省内优势科教资源与产业相结合，加大产学研试点力度，各地区因地制宜，支持国家和省级创新基地与平台建设，引导省内优质养老服务企业、高新技术企业和生产制造企业协同发展，着力攻克关键技术与核心零部件等“卡脖子”难题，提升产业自主创新能力。对新型服务模式推广、新型技术应用以及新型产品配备，按规定给予养老服务、数字经济、“三重一创”等政策资金扶持，并按规定纳入政府购买养老服务目录范围。

## 三、加快构建省级平台，促进科技成果转化

政府应加快打造省级统一平台，将全省养老产业各个环节（如社区、医疗机构、养老院等）的数据进行统一收集、分析和挖掘。可以借鉴浙江省的“浙里养”省级智慧健康养老平台，采用“1+5+N”框架，构建以 1 个养老服务大数据库为支撑，覆盖政府受理、评估、办理、支付、监管等 5 个职能流程，提供 N 类社会养老服务的全省性智慧健康养老平台。该平台建立养老服务大数据库，完善养老服务监管机制，搭建供需对接新渠道，关注政府与老年人及其家庭有关的事务，侧重于养老服务行业监管，兼顾市场服务。

提升企业研发水平，促进科技成果转化。企业应充分利用大数据挖掘和应用，精准定位老人养老需求、机构服务供给、政府规划决策，发现数据背后蕴藏的价值。应着力突破原有技术困境，及时进行科技成果转化，提高智慧健康养老产业的服务水平，推动发展高质量养老服务。养老政策配套、评级评审、质控平台、落实补贴等也可通过省级平台来实现。

## 四、提高老年群体消费，培育银龄产业市场

智慧健康养老产业的服务对象是银龄人群即老年群体，因此，培育老年人智慧健康养老的观念是必不可少的一个环节，并要以此来提高老年群体的

消费能力，推动现代化服务业转型升级。一方面，政府应及时向社会进行成果展示，以社会养老机构、医疗机构和社区服务中心为依托，通过各种新闻媒体进行宣传推广；另一方面，政府或企业应定期开展讲座，教授老年人信息技术知识。此外，也可以采取健康教育、健康促进的方式，持续性地对老年人不健康的生活方式进行评估，并提出针对性的健康管理方法，控制各类疾病的发生（白忠良等，2018）。这不仅能提高老年人的生活质量，也能让老年人更积极地对待智慧健康养老。

精准定位产业需求，提升自身的创新创造能力。企业应尽快研发出满足老年人多元化需求的产品，并完善基础产品对老年群体的覆盖，打造出属于自己的优质智慧健康养老品牌。把老年人来适应产品变为产品来适应老年人，变被动为主动。同时，应尽力捕捉老年人需求的动态变化趋势，为老年人提供个性化可定制服务。

## 五、统筹布局产业发展，引导区域产业集聚

合理布局区域产业，促进产业协同。陕西省可以利用地方优势资源，协同智慧健康养老企业，通过合理的安排来发展特色化的养老产业园并进行合理的区域内产业布局，防止智慧健康养老企业过剩、产品供给过剩，弥补当地各种产业之间协同不足的问题。如西安市高校众多，科技人才众多，智能制造的优势明显，可以围绕信息技术产品、智能制造产品，打造出“智能制造产业园”，发挥制造优势，生产智慧健康养老产品。而汉中市和安康市都拥有丰富的中药材资源，可以打造成“中医药康养中心”，结合智慧健康养老产品，依托康复机构、养生药膳馆等为老年人提供中医药康复和养老服务，形成汇聚特色的智慧康养基地。

培育产业模式，引导产业集聚。陕西省可以选择几个入选国家试点示范的企业作为龙头企业，来引领带动小微企业和上下游企业集聚发展，培育出具有市场竞争力的智慧健康养老企业，形成产业经济共同体和创新产业体系。各地市也可以建设医养结合服务网络，通过家庭医生签约模式，协助养老机构定期开展老年人健康检查以及安宁疗护一体化的养老服务。

## 第四节　本章小结

本章分析了陕西省智慧健康养老产业的发展现状，并在此基础上运用PEST方法剖析了产业的发展困境。总体来看，陕西省已出台了智慧健康养老产业的政策性文件，以此支持智慧健康养老产业发展。信息技术的快速发展为智慧健康养老产业的发展提供了帮助，陕西省以服务大众为目标的智能制造研发优势凸显。同时，还积极构建省级行业平台，开展智慧健康养老应用试点示范，到目前为止智慧健康养老产业的产业格局已初步形成，出现了很多安全、生活等方面的产品和服务，但是精神方面的产品较为缺乏，核心技术人才供给不足，核心技术成果转化能力不强，这些都阻碍着产业的发展。具体表现在以下四个方面：一是政治环境，缺乏顶层设计统筹，统一标准缺失；二是经济环境，服务业增速明显，养老产业链尚未形成；三是社会环境，老龄化程度加深，家庭养老压力大，且智慧健康养老氛围不足；四是技术环境，智慧健康养老专业人才缺乏，核心技术研发不足。

通过对产业发展现状与困境的分析，本章提出推动陕西省智慧健康养老产业发展的政策建议：加大产业应用指导，建立统筹协调机制；打造梯级人才培育格局，突破关键核心技术；加快构建省级平台，促进科技成果转化；提高老年群体消费，培育银龄产业市场；统筹布局产业发展，引导区域产业集聚。

# 第五章　陕西省智慧健康养老产业政策分析

## 第一节　政策分析方法

政策是产业发展的重要支撑，对产业的发展起着不可或缺的作用。从政策工具的角度出发，相关文献对产业、教育、经济、社会问题等方面都有研究。政策分析将从单一的政策文本角度进行，比如：对《健康中国行动（2019—2030）》的分析可对今后的“健康中国行动”提供一定的帮助（韩丹等，2020）。对单一主题的政策进行分析，如人才政策（孙锐和孙雨洁，2020）、货币政策（陈文和史小坤，2020）等。从产业角度出发，以绿色产业政策的内涵为视角，分析绿色产业政策与传统产业政策、环境政策等方面的区别与联系，以此构建中国的绿色产业政策体系（李晓萍等，2019）。从政策工具和产业价值链两个角度出发，对航空产业政策条目进行量化分析，深入剖析政策工具存在的问题，以此提出对策建议（李瑞，2020）。在政策工具和产业价值链分析的基础上，结合 PMC 指数模型对国内外的人工智能政策进行分析，主要评价和对比中国人工智能政策与国外的区别（毛子骏和梅宏，2020）。基于政策工具视角，结合政策指数对战略性新兴产业政策进行分析，发现政策工具的选择在省域内存在差异且各有偏好（姚威等，2020）。整合政策工具与技术路线模型，发现智慧养老政策在各个阶段的政策工具使用存在差异，并以此提出未来的发展路径（黄剑锋和章晓懿，2020）。

本书采用最具有代表性的 Rothwell 和 Zegveld 的分类模型，主要出于以下两个方面的考虑：一是智慧健康养老与传统养老方式上的不同即为“智慧”，体现为技术创新与政策之间的关系，主要从供给层面和环境层面进行考虑；

二是智慧健康养老所关注的仍是老年人需求，考虑到“银发市场”存在市场化倾向，从需求层面看，这与产业最终的发展方向是一致的。

## 一、X 维度：Rothwell 和 Zegveld 政策工具模型

该模型将政策部分分为三大类，分别是供给型、需求型、环境型。供给型政策工具主要是政府部门通过资金投入、人才投入、基础设施建设、技术支持、信息服务、培训等，从产业的供给侧来推动智慧健康养老产业的发展。需求型政策工具体现的是政策对智慧健康养老产业的拉动力，通过政府部门的采购、海外合作、外包等对产业的需求起到一个拉动作用。环境型政策工具是分析政府部门对产业如何提供合理、有利的发展环境，主要体现在目标规划、计划任务、法律法规、税收等方面。

## 二、Y 维度：智慧健康养老产业部分

主要是智慧健康养老产业发展环节，参考黄剑锋和章晓懿（2020）中所确定的产业基础性保障、技术与平台研发、产品与服务开发和智慧养老模式推广四个部分（黄剑锋和章晓懿，2020）。本书选择产品与服务方向、产业发展方向、技术与平台应用和模式推广。

## 三、Z 维度：智慧健康养老产业政策的发展时间线

从智慧健康养老产业政策文本的发展时间线出发，分为 2013 年之前的起步阶段、2014—2015 年的探索阶段、2016—2017 年的试点示范阶段、2018—2020 年的快速发展阶段。智慧健康养老产业政策分析框架见图 5-1。

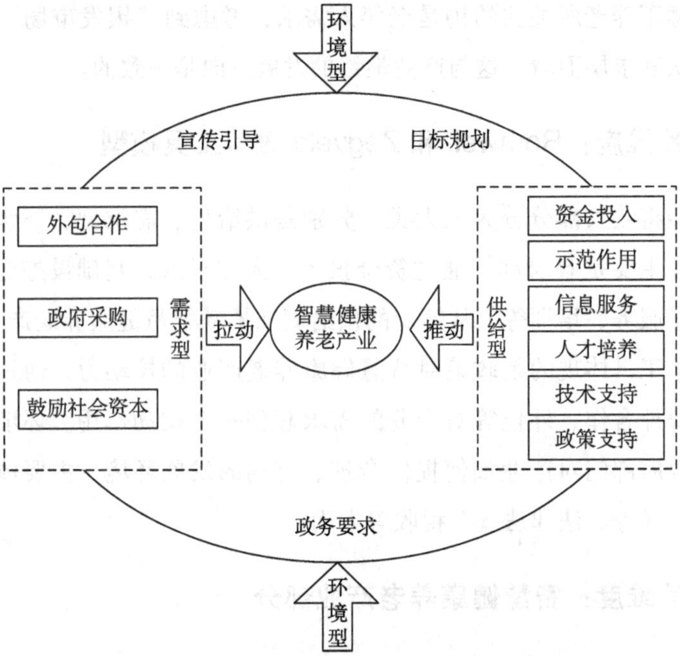


**图 5-1　智慧健康养老产业政策分析框架**

# 第二节　产业政策分析

## 一、智慧健康养老产业政策词频分析

本书根据陕西省智慧健康养老产业相关的政策文本进行分析（见表 5-1）。政策文本的选取标准：在 2010 年之前国家没有提出智慧健康养老产业的概念，政策没有直接对智慧健康养老产业发展产生影响，故主要选取 2011—2020 年陕西省智慧健康养老产业的相关政策。

首先，运用 Nvivo11.0 对陕西省智慧健康养老产业政策文本进行分析，通过词频和词云图分析陕西省智慧健康养老产业政策主要重视的内容；其次，将政策文本进行分类，从供给型、需求型和环境型三方面了解产业的发展方向；最后，对产业发展内容进行研究，并以此进行政策文本分析。

**表 5-1　陕西省智慧健康养老产业相关的政策**

| 序号 | 日期 | 政策文件 | 出台部门 |
| --- | --- | --- | --- |
| 1 | 2011 年 10 月 | 《关于社会养老服务机构管理暂行办法》（陕民办发〔2011〕111 号） | 陕西省人民政府办公厅 |
| 2 | 2012 年 5 月 | 《关于印发社会养老服务体系建设规划（2011—2015 年）的通知》（陕政办发〔2012〕57 号） | 陕西省人民政府办公厅 |
| 3 | 2013 年 10 月 | 《鼓励和引导社会资本进入养老服务领域的若干意见》（陕政办发〔2013〕82 号） | 陕西省人民政府办公厅 |
| 4 | 2014 年 7 月 | 《关于加快发展养老服务业的意见》（陕政发〔2014〕21 号） | 陕西省人民政府 |
| 5 | 2014 年 12 月 | 《关于促进健康服务业发展的实施意见》（陕政发〔2014〕36 号） | 陕西省人民政府 |
| 6 | 2015 年 10 月 | 《关于促进中医药健康服务发展的实施意见》（陕政办发〔2015〕93 号） | 陕西省人民政府办公厅 |
| 7 | 2016 年 7 月 | 《关于推进医疗卫生与养老服务相结合实施意见》（陕政办发〔2016〕63 号） | 陕西省人民政府办公厅 |
| 8 | 2016 年 9 月 | 《关于积极推进“互联网+”行动的实施意见》（陕政发〔2016〕11 号） | 陕西省人民政府 |
| 9 | 2017 年 8 月 | 《关于开展智慧健康养老应用试点示范申报工作的通知》 | 陕西省工业和信息化厅<br>陕西省民政厅<br>陕西省卫生和计划生育委员会 |
| 10 | 2017 年 9 月 | 《关于全面放开养老服务市场提升养老服务质量的实施意见》（陕政办发〔2017〕76 号） | 陕西省人民政府办公厅 |
| 11 | 2018 年 1 月 | 《促进和规范健康医疗大数据应用发展实施方案的通知》 | 陕西省人民政府办公厅 |
| 12 | 2018 年 2 月 | 《关于制定和实施老年人照顾服务项目的实施意见》（陕政办发〔2018〕8 号） | 陕西省人民政府办公厅 |
| 13 | 2018 年 9 月 | 《关于开展第二批智慧健康养老应用试点示范申报的通知》 | 陕西省工业和信息化厅<br>陕西省民政厅<br>陕西省卫生和计划生育委员会 |
| 14 | 2018 年 10 月 | 《关于进一步扩大和升级信息消费持续释放内需潜力的实施意见》（陕政办发〔2018〕56 号） | 陕西省人民政府办公厅 |
| 15 | 2019 年 5 月 | 《关于推进全省养老服务高质量发展实施方案（2019—2020 年）》（陕民发〔2019〕24 号） | 陕西省民政厅 |

续表

| 序号 | 日期 | 政策文件 | 出台部门 |
|---|---|---|---|
| 16 | 2019 年 7 月 | 《陕西省智慧健康养老产业发展实施方案》（陕工信发〔2019〕174 号） | 陕西省工业和信息化厅<br>陕西省民政厅<br>陕西省卫生健康委员会 |
| 17 | 2019 年 9 月 | 《陕西省新一代人工智能发展规划（2019—2023 年）》 | 陕西省发展和改革委员会 |
| 18 | 2019 年 12 月 | 《关于推进养老服务发展的实施意见》（陕政办发〔2019〕36 号） | 陕西省人民政府办公厅 |
| 19 | 2020 年 7 月 | 《关于促进养老护理员职业能力提升实施方案》 | 陕西省民政厅<br>陕西省人社厅<br>陕西省教育厅<br>陕西省财政厅 |

## （一）词频分析

通过对智慧健康养老产业政策文本进行词频分析，观察产业政策重点关注的发展方向。运用 Nvivo11.0 得出 2011—2020 年陕西省智慧健康养老产业政策的 50 个高频词汇表和词云图。

**表 5-2　智慧健康养老产业政策文本高频词汇**　　单位：次

| 单词 | 计数 | 单词 | 计数 | 单词 | 计数 |
|---|---|---|---|---|---|
| 服务 | 842 | 资源 | 178 | 示范 | 130 |
| 养老 | 657 | 数据 | 176 | 保障 | 123 |
| 发展 | 435 | 卫生 | 172 | 体系 | 120 |
| 健康 | 409 | 加强 | 170 | 设施 | 118 |
| 机构 | 395 | 支持 | 170 | 提供 | 116 |
| 医疗 | 337 | 创新 | 163 | 负责 | 110 |
| 建设 | 306 | 建立 | 158 | 领域 | 107 |
| 企业 | 247 | 开展 | 158 | 改革 | 104 |
| 信息 | 231 | 智慧 | 157 | 相关 | 104 |
| 社会 | 231 | 鼓励 | 157 | 社区 | 104 |
| 老年人 | 224 | 互联网 | 152 | 教育 | 101 |
| 应用 | 211 | 平台 | 152 | 完善 | 100 |
| 人工智能 | 209 | 推动 | 146 | 工作 | 97 |

续表

| 单词 | 计数 | 单词 | 计数 | 单词 | 计数 |
|---|---|---|---|---|---|
| 智能 | 208 | 管理 | 144 | 护理 | 95 |
| 技术 | 202 | 加快 | 142 | 结合 | 95 |
| 推进 | 188 | 政府 | 134 | 重点 | 95 |
| 产业 | 183 | 产品 | 131 | | |

从表 5-2 中可以看出，陕西省智慧健康养老产业政策对服务、养老、智慧、医疗、信息、人工智能和示范等方面的关注较多，其中服务出现的次数达到了 842 次，养老出现的次数达到 657 次，发展、健康、机构、医疗及建设等 5 个词汇的出现次数都达到了 300 次以上，可见陕西省对智慧健康养老产业的发展注重养老健康、医疗建设、养老机构以及人工智能等方面。

**（二）词云图**

根据政策文本画出词云图，厘清产业政策主要关注的重点。

**图 5-2　智慧健康养老产业政策文本词云图**

如图 5-2 所示，从简单的词云图中也能看出陕西省智慧健康养老产业的政策重视养老服务、信息资源、人工智能及医疗等新模式在产业发展中的重要性。

## 二、智慧健康养老产业政策工具维度分析

智慧健康养老产业政策工具主要从时间维度、政策工具分类维度和产业维度三个方面进行分析。时间维度主要是为了划分陕西省智慧健康养老产业的发展阶段，观察产业政策主要出现的时间段；政策工具分类维度主要是探索陕西省政府部门出台政策的类型；产业维度主要体现的是政策的侧重点，以此来推断产业的发展方向和发展水平。

表 5-3　智慧健康养老产业政策发展时间维度比例

| 时间 | 比例/% |
| --- | --- |
| 2011—2013 年 | 5.9 |
| 2014—2015 年 | 17.7 |
| 2016—2017 年 | 23.5 |
| 2018—2020 年 | 52.9 |

从产业政策发展时间维度来看（见表 5-3），当智慧型服务和产品出现时，政策的出台比例还较小，仍处于萌芽阶段；到了 2017 年，三部委出台了《智慧健康养老产业发展行动计划（2017—2020 年）》，将智慧健康养老产业发展上升到国家战略的高度，产业发展进入示范阶段，产业方面的政策也逐渐增多；2018—2020 年，陕西省智慧健康养老产业相关政策的出台数量增加明显，所占比例达到 52.9%，陕西省智慧健康养老产业正在进入快速发展阶段。

表 5-4　智慧健康养老产业政策工具分类维度比例

| 政策工具 | 比例/% |
| --- | --- |
| 供给型政策 | 67.2 |
| 需求型政策 | 21.8 |
| 环境型政策 | 11 |

从政策工具分类维度来看（见表5-4），陕西省智慧健康养老产业的政策分布不均匀，占比最多的是供给型政策，达到67.2%；其次是需求型政策，达到21.8%；环境型政策出台最少，仅占11%。由此可见，陕西省在产业发展政策方面主要注重供给侧。注重供给对产业发展的推动作用，可以在一定程度上促进产业的发展，对于企业发展、产业链搭建等方面也有促进作用。但需求型政策工具的缺少将难以对产业产生拉力，难以构建供需相匹配的养老体系，难以通过内需拉动产业发展。

**表5-5 智慧健康养老产业政策公开文本二维分布**

| 政策工具 | 产业内容 | 产品与服务方向 | 产业发展方向 | 技术与平台应用 | 模式推广 | 总量 | 比例/% | |
|---|---|---|---|---|---|---|---|---|
| 环境型 | 宣传引导 | 1 | 3 | 0 | 1 | 5 | 2.9 | 24.8 |
| | 目标规划 | 2 | 6 | 5 | 0 | 13 | 7.5 | |
| | 政务要求 | 0 | 1 | 0 | 0 | 1 | 0.6 | |
| | 政策支持 | 4 | 17 | 1 | 2 | 24 | 13.8 | |
| 供给型 | 资金投入 | 1 | 6 | 0 | 2 | 9 | 5.2 | 53.4 |
| | 示范作用 | 1 | 10 | 1 | 5 | 17 | 9.8 | |
| | 信息服务 | 4 | 1 | 8 | 1 | 14 | 8.0 | |
| | 人才培养 | 5 | 4 | 11 | 1 | 21 | 12.0 | |
| | 技术支持 | 5 | 3 | 21 | 3 | 32 | 18.4 | |
| 需求型 | 鼓励社会资本 | 8 | 10 | 2 | 10 | 30 | 17.2 | 21.8 |
| | 政府采购 | 6 | 0 | 1 | 0 | 7 | 4.0 | |
| | 外包合作 | 0 | 0 | 1 | 0 | 1 | 0.6 | |
| 总量 | — | 37 | 61 | 51 | 25 | 174 | 100 | |
| 比例/% | — | 21.3 | 35.1 | 29.3 | 14.3 | 100 | | |

从智慧健康养老产业政策公开文本的二维分布来看（见表5-5），环境型政策工具主要包括宣传引导、目标规划、政务要求和政策支持四个方面。环境型政策工具偏少，只占24.8%，但为养老产业发展奠定了环境基础，也为陕西省智慧健康养老产业发展规划了目标，在一定程度上起着引导规划的作用。其中占比最大的是政策支持，达到13.8%，主要包括税收和补贴等方面，

且对于产业整体发展的政策支持较多，但对于产品与服务方向、技术与平台应用以及模式推广方面的环境型政策较少，因此，目前对智慧服务和智能产品的研发缺乏一定的引导作用；对技术与平台应用和模式推广等方面的宣传引导也不够，其实无论模式是公建民营类、地产转型类、PPP 模式类等，或者是陕西省智慧健康养老试点示范单位所引领的产业模式，对于今后产业的发展均有一定的借鉴意义，故需加强这些方面的宣传引导。

对于供给型政策工具来说，政策内容存在着分布不均衡的问题。其中技术支持方面的政策工具最多，占比达到 18.4%，而且主要针对技术与平台应用，这有助于运用新一代信息技术推动产业发展；其次是人才培养方面，占比达到 12.0%，同样更多针对技术与平台应用；占比排第三位的是示范作用，国家已经进行了四批智慧健康养老试点示范单位的评选，陕西省也在积极推进试点示范的工作，对于产业的引领起到一定的示范作用，对产业的发展具有积极意义；资金投入方面所占比例最小，只有 5.2%，表明政府部门对于智慧健康养老产业的资金投入还不够多，在今后的产业发展中还需加强财政投入，以促进产业发展。

对于需求型政策工具来说，主要包括鼓励社会资本、政府采购和外包合作三个方面，鼓励社会资本的进入所占比例最多，达到 17.2%，体现了陕西省各政府部门想要通过资金进入的多种方式和手段，逐步加快产业的发展，为产业发展、模式推广和产品与服务提供资金，也通过社会的力量为产业发展在不同的方面提供帮助。政府采购方面的政策工具比较少，主要针对产业与服务方向和技术与平台应用方面；政府外包合作在政策方面体现得更少，低于 1%。

从产业内容方面来看，产业发展方向所占比例最大，为 35.1%；其次是技术与平台应用，所占比例为 29.3%；模式推广所占比例最小，只有 14.3%。由此可见，政策主要集中关注产业的总体发展方向，对产品、服务、技术和平台等方面也有考虑，但对产业模式推广缺乏重视。

## 三、智慧健康养老产业发展历程分析

从智慧健康养老产业发展历程来看，按照政策出台的时间顺序分成了四个阶段：2013 年之前为起步阶段、2014—2015 年为探索阶段、2016—2017 年为试点示范阶段、2018—2020 年为快速发展阶段（见图 5-3）。

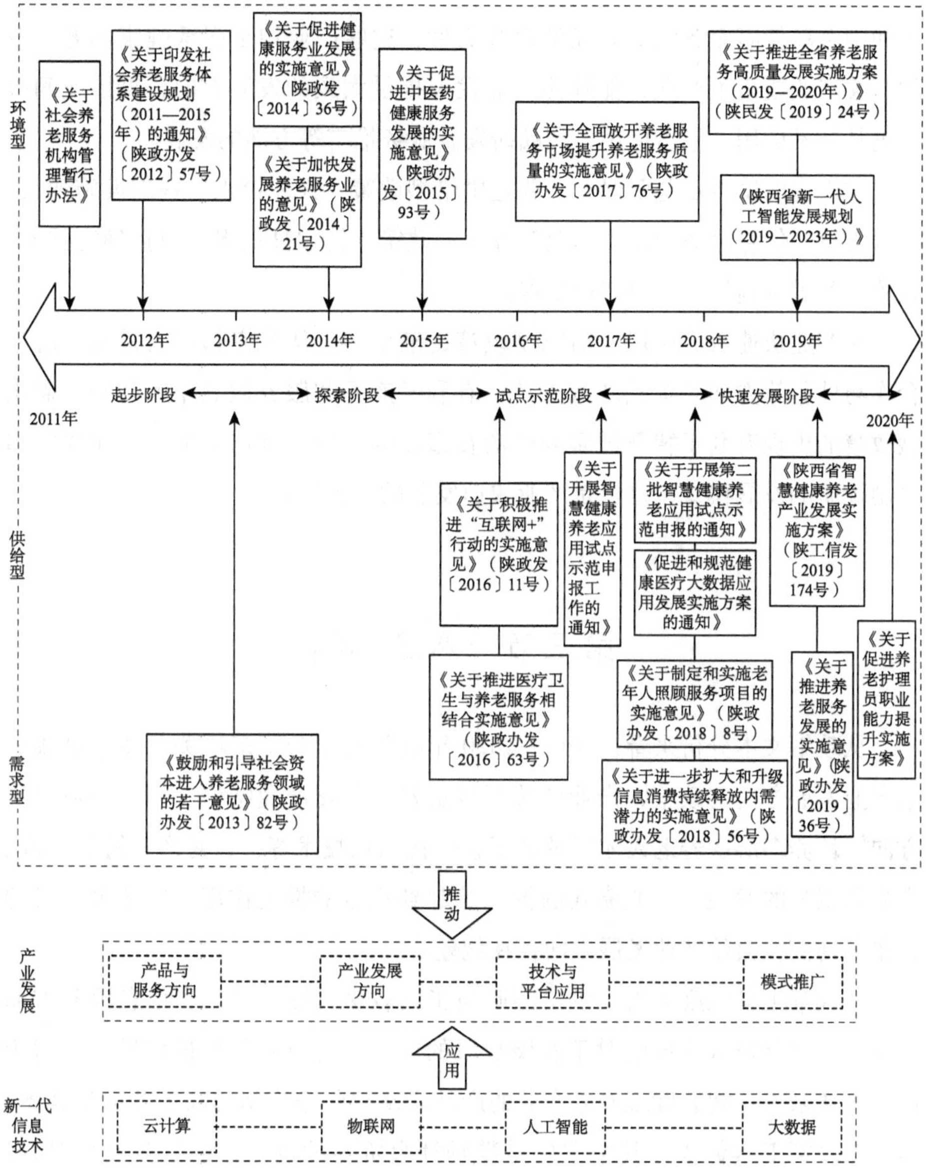


**图 5-3　智慧健康养老产业政策工具与技术路线图分析**

从产业发展起步阶段来看，智慧健康养老产业相关的政策较为缺失，主要从环境型政策出发，为产业发展提供良好的政策环境。

在产业的探索阶段，环境型政策也较多，出台了养老服务业、健康服务业和中医药健康服务业等方面的政策文件，这些产业均是智慧健康养老产业的相关产业或衍生产业，能够为产业发展提供大致的发展方向，直接或间接促进其技术应用、平台应用、产品研发及服务推广等方面的发展。

在产业的试点示范阶段，主要是供给型政策，人才投入、基础设施建设、技术支持、信息服务及试点示范等方面的政策支持逐渐增多，包括确定技术、人才、基础设施等，促进产业发展。

在产业快速发展阶段，需求型政策逐渐增多，从政府部门的采购、海外合作与外包等方面来提供政策支持，有利于产品和服务被老年人熟知。需求型政策的出现有利于智慧健康养老消费市场的开发，有利于推广产业模式与复制优质的发展模式，这也是产业快速发展的一大标志。

## 第三节　本章小结

从政策文本分析来看，2011—2020 年陕西省出台了多项关于智慧健康养老产业发展方向的政策，产业政策可以更好地优化产业结构、调整产业发展方向、培养多层次养老人才以及利用新一代信息技术等，这对产业链的形成、产品和服务的发展、产业模式的推广等起到积极的推进作用；但政策工具的分布不均衡，会使产业发展方向存在偏差。

从政策工具维度来看，供给型政策工具较多，资金投入和信息服务方面比较少，资金投入的强度对于发展阶段的产业具有重要的推进作用，而对于信息服务来说，智慧健康养老产业的产品研发和服务应用均离不开信息技术。需求型政策工具偏少，其中主要是鼓励社会资本的进入，进行多元化投入，在一定程度上可以弥补政府资金投入的缺失部分，同时，参与养老服务机构的建设运营、创建创新型健康养老业务有助于政府开设 PPP 项目；但缺乏政府采购和外包合作，由于老年人对新型养老方式存疑，单靠企业的力量难以提高老年人对智慧健康养老产业的信任度，不利于产业的长远发展。从政策工具发展历程来看，政策工具正在逐步覆盖三种政策种类，但还需要对供给型政策工具和环境型政策工具涉及的内容进行优化和调整，需求型政策工具出台的数量还有待增加，政府部门应更加关注需求侧的政策工具。环境型政策工具有助于产业形成规模化，供给型政策工具能够为产业提供硬件条件，需求型政策工具有利于形成老年人消费市场，促进产业协同发展和供需匹配。

从智慧健康养老发展维度来看，四个发展维度在政策工具方面存在差异，产业发展方向方面的政策工具最多，体现了政府部门更重视产业发展，但是在产品、服务、平台、技术和产业链等方面的政策体系尚未成熟；优质养老资源的下沉不到位，对于不同区域内的养老资源不能合理配置，导致难以形成集团化、产业化的产业空间布局。

# 第六章　陕西省智慧健康养老产业发展水平测度

智慧健康养老产业是新兴产业，与养老型产业、智慧型产业、信息化产业和服务型产业等都有交集，所涉及的产业集群、产业形式很复杂，因此，对指标体系的构建就需从多方面考虑，以构建适合智慧健康养老产业发展水平的指标体系。

构建既科学又完善的智慧健康养老产业发展水平的测度指标体系对于产业发展具有重要意义，不仅关系到这一新兴产业的快速发展，为之提供一个客观的评价体系，而且也能帮助政府、企业和个人三方找到合理的发展方向和供需方向。对于政府和企业来说，有利于发现智慧健康养老产业在发展过程中出现的问题，针对不同的发展要求进行合理的研发和推广；对于个人来说，有利于明确智慧健康养老产业的发展水平，以此来判断产业的可靠性，帮助老年人和子女去购买和使用相关产品。然而，智慧健康养老产业在我国发展的时间较短，是多种产业和技术融合的一种新型产业集合，与养老产业、信息产业、智慧产业及健康产业等息息相关，构建智慧健康养老产业发展水平指标需要考虑诸多方面。目前，有关智慧健康养老产业发展水平的测度指标体系较少，多数是对产业发展的政策性分析或是对微观的描述性分析。本书选取2005—2019年陕西省的宏观数据，以此来分析智慧健康养老产业的发展水平。虽然在2010年前，国家层面还没有智慧健康养老产业相关概念或内涵的提出，但之前的养老产业、健康产业和信息产业等为智慧健康养老产业发展奠定了基础，并且会对其起到帮助作用，故在选择的时候往前回溯了5年的数据。

# 第一节　测度方法

## 一、主成分分析法

本书利用主成分分析法来计算权重。主成分分析法主要是确定系统内的三级权重，一、二级权重根据三级权重来确定，以此得到构建的指标体系的总体权重值。

### （一）确定样本矩阵

$$Z=\begin{bmatrix} z_1^T \\ z_2^T \\ \vdots \\ z_n^T \end{bmatrix}=\begin{bmatrix} z_{11} & \cdots & z_{1p} \\ \vdots & \ddots & \vdots \\ z_{n1} & \cdots & z_{np} \end{bmatrix} \tag{6-1}$$

其中，$Z_{ij}$ 表示第 $i$ 组样本中第 $j$ 个数据值。

### （二）矩阵变换

对矩阵 $Z$ 进行变换得到矩阵 $R=[r_{ij}]_{n\times p}$，其中 $r_{ij}=\begin{cases} r_{ij} \\ -r_{ij} \end{cases}$，$r_{ij}$ 表示的是正指标，$-r_{ij}$ 表示的是负指标。

### （三）标准化

对矩阵 $R$ 进行标准化可得到 $g_{ij}=\frac{z_{ij}-\overline{z_j}}{s_j}$（其中，$\overline{z_j}$ 为第 $j$ 列的均值，$s_j$ 为第 $j$ 列的标准差），得到标准化矩阵。

$$G = \begin{bmatrix} g_1^T \\ g_2^T \\ \vdots \\ g_n^T \end{bmatrix} = \begin{bmatrix} g_{11} & \cdots & g_{1p} \\ \vdots & \ddots & \vdots \\ g_{n1} & \cdots & g_{np} \end{bmatrix} \tag{6-2}$$

**（四）确定相关系数矩阵**

为求解特征值，需要确定相关系数矩阵。

$$L = \frac{G^T G}{n-1} \tag{6-3}$$

**（五）特征值的确定**

设特征值分别为 $\alpha_1$，$\alpha_2$，$\alpha_3$，…，$\alpha_p$，且满足 $\alpha_1 \geqslant \alpha_2 \geqslant \alpha_3 \geqslant \cdots \geqslant \alpha_p$ 。

$$|L - \alpha I_p| = 0 \tag{6-4}$$

**（六）确定权重模型**

主成分分析的权重模型就是主成分模型：

$$\begin{cases} F_1 = t_{11}\omega_1 + t_{21}\omega_2 + t_{31}\omega_3 + \cdots + t_{s1}\omega_s \\ F_2 = t_{12}\omega_1 + t_{22}\omega_2 + t_{32}\omega_3 + \cdots + t_{s2}\omega_s \\ \vdots \\ F_k = t_{1t}\omega_1 + t_{2t}\omega_2 + t_{3t}\omega_3 + \cdots + t_{st}\omega_s \end{cases} \tag{6-5}$$

其中，$F_1$，$F_2$，…，$F_k$ 为分析后得到的 $k$ 个主成分。

$$t_{ij} = \frac{f_{ij}}{\sqrt{\alpha_j}},\ j = 1,\ 2,\ \cdots,\ k \tag{6-6}$$

然后，得到综合评价函数：

$$F_k = \sum_{k=1}^{k} \left( \frac{\alpha_p}{\alpha_1 + \alpha_2 + \alpha_3 + \cdots + \alpha_p} \right) F_j = \beta_1\omega_1 + \beta_2\omega_2 + \cdots + \beta_k\omega_k \tag{6-7}$$

原有指标的得分综合值为 $B_k = \sum_{j=1}^{k} \beta_k p_{ij}$，$i = 1,\ 2,\ 3,\ \cdots,\ h$ ，其中，$p_{ij}$ 为一、二级指标层需要专家确定的权重，$h$ 为需要专家确定的权重组数。

### （七）权重确定

根据权重模型以及特征值，可确定三级权重为：

$$\omega_i = \frac{B_k}{\sum B_k} \tag{6-8}$$

## 二、TOPSIS 方法

TOPSIS 方法是由 Hwang 和 Yoon 于 1981 年创立的，对多属性进行比较时可以得到评价对象的水平大小。首先判定正负理想解，其次计算出评价对象的欧式距离，最后根据各级权重得出评价对象的水平大小。通常用熵权法、主成分分析法、层次分析法等来确定权重，并对数据进行归一化处理，评价近几年智慧健康养老产业发展水平高低。具体步骤为：

设 $A = \{A_1, A_2, A_3, \cdots, A_n\}$ 为原始的指标评价集合，本书以发展现状、供给能力、需求能力为一级指标。在上述的评价指标中，有 $n$ 个评价对象，$m$ 个评价指标，原始的评价指标矩阵为：

$$X = (X_{ij})_{n\times m},\ i \in n,\ j \in m \tag{6-9}$$

其中，$X_{ij}$ 表示第 $i$ 个评价方案下的第 $j$ 个评价指标下的值。

### （一）对数据进行标准化处理

首先，对数据进行标准化处理，标准化处理的公式为：

$$d_{ij} = \frac{X_{ij} - \min(X_{1j}, X_{2j}, \cdots, X_{nj})}{\max(X_{1j}, X_{2j}, \cdots, X_{nj}) - \min(X_{1j}, X_{2j}, \cdots, X_{nj})} \tag{6-10}$$

其中，$i = 1, 2, 3, \cdots, n$；$j = 1, 2, 3, \cdots, m$。

经过标准化处理之后原始的指标矩阵元素变为 $d_{ij}$，则有：

$$A = \begin{bmatrix} d_{11} & \cdots & d_{1n} \\ \vdots & \ddots & \vdots \\ d_{m1} & \cdots & d_{nm} \end{bmatrix} \tag{6-11}$$

### （二）确定正负理想解

对矩阵 $A$ 进行加权处理，按照主成分分析得出的权重 $w_k$ 进行加权，即：

$$y_{ij}=w_k d_{ij}, \ i\in n, \ j\in m \tag{6-12}$$

以此得到加权矩阵 $Y=(y_{ij})_{n\times m}$，再根据加权矩阵 $Y$ 来确定正负理想解，表示为 $y^{+}$，$y^{-}$：

$$\begin{cases} y^{+}=(y_1^{+}, \ y_2^{+}, \ \cdots, \ y_n^{+}) \\ y^{-}=(y_1^{-}, \ y_2^{-}, \ \cdots, \ y_n^{-}) \end{cases} \tag{6-13}$$

其中：

$$y^{+}=\max\{y_{ij}\}, \ y^{-}=\min\{y_{ij}\}, \ 1\leqslant i\leqslant m \tag{6-14}$$

**（三）确定欧式距离**

$$U^{+}=\sqrt{\sum (y_{ij}-y_j^{+})^2} \tag{6-15}$$

$$U^{-}=\sqrt{\sum (y_{ij}-y_j^{-})^2} \tag{6-16}$$

## 第二节　产业发展水平指标体系构建原则

评价指标体系的完善性和科学性与否影响评价结果的科学性、可信性等。评价指标体系的建立包含着六个原则，分别是目的性、完备性、可操作性、独立性、显著性和动态性（杨芳，2019），也可根据科学性（彭张林等，2017）来评价指标体系的构建，这也是为了体现层次性和各个指标的特征。构建的指标体系包含三个层次，分别是目标层、准则层、指标层，使评价对象的特征指标化，评价对象的不同、评价目的的不同或人的主观性均会引致指标体系的不同，所以在构建指标体系的过程中，本书遵循以下原则：

### 一、目的性

评价指标体系是为了反映评价对象的特征，体现出所要研究的主题，这是构建指标体系中最基础的目的。评价指标体系着眼于智慧健康养老产业发展水平测度研究的目的，能充分反映出各系统之间的关系对产业发展的影响，构建出具有目的性的评价指标体系。

### 二、客观性

受人的主观意识和观念的影响，评价指标体系着眼于智慧健康养老产业发展的现状、发展水平、供需情况等方面，结合参考文献，尽量契合实际情况，构建出能够反映出智慧健康养老产业发展水平的指标体系。

### 三、科学性

构建的指标体系应较为全面地反映产业发展的内涵，并考虑与其他相关产业、衍生产业等产业之间的关联性，能在一定程度上较为全面地体现出智慧健康养老产业发展水平。本书主要使用的指标是《国家统计年鉴》《陕西统计年鉴》以及政府权威部门公布的统计指标，因此具有一定的科学性。

### 四、可操作性

构建的指标体系需要在实践中有一定的可操作性，本书构建的评价指标数据基本都能在主流网站上获取，因此在一定程度上具有可操作性。

## 第三节 产业发展水平指标说明与赋权

按照上述提出的构建评价指标体系的基本原则、智慧健康养老产业定义，并且结合我国社会经济状况、智慧健康养老产业发展的现状以及供需两侧的基本情况，同时参考已有的智慧健康养老产业和相关产业发展的文献，本书考虑智慧健康养老产业发展水平的众多因素和供需影响，构建了一套智慧健康养老产业发展水平的测度指标体系，指标体系主要从三个方面构建：一是供给侧；二是需求侧；三是产业及社会经济发展水平。

## 一、供给侧

从供给侧情况来看，主要是企业和政府进行供给，而政府的供给主要是由企业来提供，政府目前主要是通过购买企业的服务和产品，然后再出售或租赁给老年人或其子女，所以智慧健康养老产业的供给主要来自企业。智慧健康养老产业所涉及的范围很广，不仅包含传统的养老产业，还有智慧型、创新型产业，也包含信息化产业、健康产业等。智慧健康养老产业最显著的特征就是“智慧”，其次才是“养老”，这样才能区别于传统的养老产业。本书就从智慧健康养老产业的创新能力、生产投入、基础设施保障能力和护理保障能力等方面出发，构建智慧健康养老产业供给侧发展水平测度指标体系。

### （一）创新能力

企业的创新能力主要来自企业的研发能力和人才情况，企业的创新能力对智慧健康养老产品的研发和智慧健康养老服务的链接起到很重要的作用；企业的相关科学技术人才数量在一定程度上是科技创新能力的体现，同时也是智慧健康养老产业中“智慧”的体现。所以，对于创新能力，选取了以下指标：

$X_1$：R&D 全时当量；$X_2$：高等学校 R&D 从业人员数；$X_3$：专利申请受理量；$X_4$：普通高等学校在校学生数；$X_5$：研究与开发机构 R&D 从业人员数。

### （二）基础设施保障能力

智慧健康养老产业的发展离不开基础设施的保障，基础设施的保障水平对智慧健康养老产业发展水平有很大的影响，尤其是对智能产品的使用起到了有效的支撑作用。互联网的普及率、电话的普及率体现了一个地区最基本的保障能力。所以，对于基础设施保障，选取了以下指标：

$X_1$：互联网普及率；$X_2$：电话普及率。

### （三）生产投入

生产投入的大小体现了政府或企业对智慧健康养老产业的重视程度，也体现了政府和企业对于智慧健康养老产业目前发展状况的评估，影响着智慧健康养老产业的发展水平，能够衡量出一个地区科技创新能力的投入情况以及信息技术的投入情况，对智慧型产业均具有重要意义。所以，对于生产投入，选取了以下指标：

$X_1$：R&D 投入强度；$X_2$：信息传输、计算机服务和软件业固定资产投资。

### （四）护理保障能力

智慧健康养老产业的支柱产业是养老产业，护理人员、护理院数量等会对智慧健康养老服务的水平产生影响。所以，对于护理保障能力，选取了以下指标：

$X_1$：每千人所拥有的卫生技术人员数。

## 二、需求侧

从需求侧情况来看，智慧健康养老产业的购买性需求主要来自老年人及其子女，还有一部分来自养老机构、社区和政府部门。目前生活在中国社会的老年人大多会选择居家养老，其次选择社区养老，在机构养老的老年人所占比例不高。虽然机构养老的老年人占比很低，但养老机构还是给部分老年人养老提供了一定的帮助。所以，从需求侧出发，选取关于产业发展水平测度的指标，需要了解老龄化程度、社会消费水平、经济状况等，以此来观察需求侧对产业发展的影响。所以，本书将从社会老龄化程度、养老市场潜力等方面构建智慧健康养老产业需求侧发展水平测度指标体系。

### （一）社会老龄化程度

社会老龄化程度是发展智慧健康养老产业需求侧的基础前提，体现社会对智慧健康养老产业的基本需求，也是体现智慧健康养老产业发展水平的一个层面。所以，对于社会老龄化程度，选取了以下指标：

$X_1$：65 岁及以上人口比；$X_2$：老年人口抚养比。

### （二）市场潜力

智慧健康养老产品和服务最终的购买和服务对象为老年人及其子女，社会的消费水平以及收入状况体现了其对智慧健康养老产品和服务价格的接受度，也体现了智慧健康养老产业的供需对接情况和发展水平。所以，对于市场潜力，选取了以下指标：

$X_1$：人均消费；$X_2$：人均 GDP；$X_3$；人均可支配收入；$X_4$：计算机、通信和其他电子设备制造业企业工业销售产值。

## 三、产业及社会经济发展水平

从总体发展现状来看，主要包含经济发展水平和产业发展现状两部分，经济发展水平体现了当前社会发展的总体趋势，产业发展现状体现了目前产业发展的总体趋势，也是之后产业发展的基础。所以，对于总体发展现状，选取了以下指标：

$X_1$：GDP 增长率；$X_2$：第二产业增加值增长率；$X_3$：第三产业增加值增长率；$X_4$：GDP；$X_5$：第三产业占 GDP 的比重。

最终本书构建的智慧健康养老产业发展水平的测度指标体系包含供给情况、需求情况以及总体发展现状三部分，具体如表 6-1 所示。

**表 6-1　智慧健康养老产业发展水平测度指标体系**

| 整体指标 | 一级指标 | 一级指标权重 | 二级指标 | 二级指标权重 | 三级指标 | 子系统内权重 | 总系统内权重 |
|---|---|---|---|---|---|---|---|
| 智慧健康养老产业发展水平 | 发展现状 | 0.22 | 经济发展水平 | 0.10 | GDP | 0.52 | 0.05 |
| | | | | | GDP 增长率 | 0.48 | 0.05 |
| | | | 产业发展现状 | 0.12 | 第二产业增加值增长率 | 0.39 | 0.05 |
| | | | | | 第三产业增加值增长率 | 0.39 | 0.05 |
| | | | | | 第三产业占 GDP 的比重 | 0.22 | 0.03 |
| | 需求情况 | 0.29 | 社会老龄化程度 | 0.08 | 65 岁及以上人口比 | 0.56 | 0.04 |
| | | | | | 老年人口抚养比 | 0.44 | 0.03 |
| | | | 市场潜力 | 0.21 | 人均 GDP | 0.26 | 0.06 |
| | | | | | 人均消费 | 0.25 | 0.05 |
| | | | | | 人均可支配收入 | 0.25 | 0.05 |
| | | | | | 计算机、通信和其他电子设备制造业企业工业销售产值 | 0.24 | 0.05 |

续表

| 整体指标 | 一级指标 | 一级指标权重 | 二级指标 | 二级指标权重 | 三级指标 | 子系统内权重 | 总系统内权重 |
|---|---|---|---|---|---|---|---|
| 智慧健康养老产业发展水平 | 供给情况 | 0.49 | 创新能力 | 0.25 | 专利申请受理量 | 0.23 | 0.06 |
| | | | | | 研究与开发机构 R&D 从业人员数 | 0.19 | 0.05 |
| | | | | | 高等学校 R&D 从业人员数 | 0.16 | 0.04 |
| | | | | | R&D 全时当量 | 0.19 | 0.05 |
| | | | | | 普通高等学校在校学生数 | 0.23 | 0.06 |
| | | | 基础设施保障能力 | 0.11 | 电话普及率 | 0.51 | 0.05 |
| | | | | | 互联网普及率 | 0.49 | 0.05 |
| | | | 生产投入 | 0.07 | R&D 投入强度 | 0.22 | 0.02 |
| | | | | | 信息传输、计算机服务和软件业固定资产投资 | 0.78 | 0.05 |
| | | | 护理保障能力 | 0.06 | 每千人所拥有的卫生技术人员数 | 1 | 0.06 |

## 第四节 产业发展水平综合评价

首先，运用主成分分析法确定权重矩阵，以此确定各级指标权重，具体各级指标权重数据见表 6-1。其次，根据权重计算 2005—2019 年陕西省智慧健康养老产业发展水平测度值，利用 TOPSIS 评估方法，确定正理想值后，计算出智慧健康养老产业发展水平评估值，对近 15 年的产业发展水平进行评估，具体如表 6-2 所示。

**表 6-2 智慧健康养老产业发展水平及评估情况**

| 年份 | 智慧健康养老产业发展水平测度值 |
|---|---|
| 2005 | 5520.30 |
| 2006 | 5948.03 |
| 2007 | 6764.39 |
| 2008 | 7543.89 |

续表

| 年份 | 智慧健康养老产业发展水平测度值 |
|---|---|
| 2009 | 6719.89 |
| 2010 | 8548.58 |
| 2011 | 10734.40 |
| 2012 | 10258.99 |
| 2013 | 10776.98 |
| 2014 | 11221.04 |
| 2015 | 16699.19 |
| 2016 | 24166.48 |
| 2017 | 26292.89 |
| 2018 | 26131.44 |
| 2019 | 13202.40 |

由表6-1可知，构建的产业发展水平测度指标体系中，各维度权重的大小体现了对产业发展水平的影响程度。发展现状、供给情况、需求情况对产业发展的影响有区别，其中供给情况影响产业发展的权重最大，达到了0.49，可见政府部门对产业的发展主要是从供给侧出发推动产业快速发展。首先，从供给情况来看，创新能力尤为重要，因此所占的权重最大，体现出智慧健康养老产业的发展离不开技术人员的创新，政府或企业需要加强对相关科研人员的培养。其次，从需求情况来看，市场潜力所占的权重较大，体现出老年人或其子女的经济状况对产业的发展有一定的促进作用。最后，从发展现状来看，经济发展水平和产业发展现状的权重相差不大，会对产业发展水平起到良好的帮助作用，为今后产业发展提质增速奠定基础。

由表6-2可以看出，2005年以来陕西省智慧健康养老产业发展水平逐年提高，2014—2015年发展速度开始加快，尤其到2017年发展势头最好、发展水平最高，原因可能是在2017年2月国家出台了《智慧健康养老产业发展行动计划（2017—2020年）》，这是基于国家层面出台的第一份完全针对智慧健康养老产业的政策文件，在有国家政策支持的情况下，陕西各政府部门、企业、基地、街道等单位都积极响应国家政策，助推智慧健康养老产业加速发展。这说明政策的出台为智慧健康养老产业提供了积极的发展环境，能够有效地促进产业发展。2019 年发展速度虽然有所降低，但是发展水平评估仍然能达到 50%，同年 7 月，陕西省工业和信息化厅、民政厅和卫生健康委员会出台的《陕西省智慧健康养老产业发展实施方案》使政府能更好地把握宏观调控，为产业发展指引了方向，为形成产业新业态提供了政策支持，为政策的实施创造了良好的环境。

## 第五节　本章小结

陕西省智慧健康养老产业发展水平呈现上升趋势，有国家政策和地方政策两方面的支持，无论是从产业供给侧还是需求侧来看，都对智慧健康养老产业快速发展具有重要意义。本章构建智慧健康养老产业发展水平测度指标体系，运用主成分分析法和 TOPSIS 法对产业发展水平进行宏观测度。

### 一、发展现状维度

就发展现状维度来说，经济发展水平对产业发展有一定的影响，产业前期发展状况对后期发展的影响不容忽视，前者能确定产业发展的方向，并提供一定的规模优势。

### 二、供给情况维度

就供给情况维度来说，供给侧情况影响产业发展的权重最大，对产业发展起到了较为重要的作用，也可以看出政府主要是从供给侧推动产业发展。首先，创新能力所占的比例最大，企业的创新能力对智慧健康养老产业的发展具有重要意义，包括产品研发和服务的应用。其次，占比较大的是基础设施保障能力，基础设施的建设有利于产业的基础构建和基础保障，主要体现为电话普及率和互联网普及率，智慧服务的选择是电话“一键点单式”，系统平台的保障和产品的应用都离不开互联网，老年人及其子女可以通过 APP 监测自身或父母状况。最后，提高生产投入和护理保障能力也是为了更好地进行产品研发、支撑服务应用以及促进产业的发展。

## 三、需求情况维度

就需求情况维度来说，需求侧情况主要包括老年市场潜力和社会老龄化程度。当前“银发市场”的潜力很大，老年人是智慧健康养老产品最具有潜力的目标人群，为产品和服务提供了应用场所。

# 第七章　陕西省智慧健康养老产业供需现状微观分析

## 第一节　老年人及其家庭基本信息

### 一、老年人基本信息

老年人是智慧健康养老产品的使用者与服务的感受者，更是智慧健康养老产业发展中关键的一环。如表 7-1 所示，在参与问卷调查的老年人中，男性和女性分别占 47.2%和 52.8%，女性比男性所占的比例高 5.6 个百分点。从民族构成上看，汉族占了绝大多数，其他民族仅占 2.5%。从婚姻状况来看，有 34.0%的老年人离婚，还有 1.7%的老年人丧偶。就工作情况而言，现在仍在工作的老年人占 16.2%。考虑已经退休情况，以前从事农、牧、渔业的老年人最多，占比为 33.7%；国家、企事业单位领导人员，专业技术人员，办公室一般工作人员所占比例都低于 10%，其中还有 5.6%的老年人是无业人员。

在受教育程度方面，初中及以下学历的人数最多，占比为 75.5%；高中及中专的占比为 16.7%；大专及以上的占比仅 7.8%。由此可见，参与调查的老年人的学历水平普遍不高，这可能是由于其成长的年代教育资源和受教育的机会相对匮乏，而学历水平的局限也可能对老年人对智慧健康养老产业以及相关产品或服务的认知产生一定影响，容易出现难以逾越的“数字鸿沟”。

**表 7-1　老年人基本信息**

| 基本信息 | | 比例/% | 基本信息 | | 比例/% |
|---|---|---|---|---|---|
| 性别 | 男 | 47.2 | 受教育程度 | 小学及以下 | 48.7 |
| | 女 | 52.8 | | 初中 | 26.8 |
| 民族 | 汉族 | 97.5 | | 高中及中专 | 16.7 |
| | 其他 | 2.5 | | 大专及以上 | 7.8 |
| 婚姻状况 | 已婚 | 64.3 | 以前从事的职业 | 国家、企事业单位领导人员 | 8.2 |
| | 离婚 | 34.0 | | 专业技术人员 | 9.6 |
| | 丧偶 | 1.7 | | 办公室一般工作人员 | 9.1 |
| | | | | 商业/服务业/制造业一般职工 | 18.6 |
| 是否还在工作 | 是 | 16.2 | | 个体户、自由职业者 | 14.1 |
| | 否 | 83.8 | | 农、牧、渔民 | 33.7 |
| 子女情况 | 0 个及 1 个 | 11.7 | | 无业 | 5.6 |
| | 2 个及 3 个 | 56.7 | | 其他 | 1.1 |
| | 4 个及以上 | 31.6 | | | |

绝大部分老年人不是独居，且与子女的居住距离大多不远，老年人与其经常联系的子女大多均居住在本社区或是本市之内。在居住情况方面，非独居老年人占据了调查群体的很大一部分，占比为 86.3%，其中与配偶居住的老年人占比达到 62.4%，与子女共同居住的老年人占 55.3%，且与儿子一同居住的比例比与女儿一同居住的比例高 22.9 个百分点（见表 7-2）。与老年人同住的人可以在日常生活中为老年人提供必要的生活服务和健康照护，这与以居家养老为基础、社区养老为依托、机构养老为补充的“9073”养老格局基本匹配，在年轻的家人辅助下老年人对于智慧健康养老产品或服务的使用也会更加顺利。

**表 7-2 老年人居住状况**

<table>
<tr><th>基本信息</th><th colspan="2">比例/%</th><th>基本信息</th><th colspan="2">比例/%</th></tr>
<tr><td rowspan="5">目前与最常联系的子女居住距离</td><td>本社区</td><td>38.9</td><td rowspan="5">目前与常联系的子女居住距离</td><td>本社区</td><td>6.7</td></tr>
<tr><td>本街道</td><td>18.7</td><td>本街道</td><td>16.5</td></tr>
<tr><td>本市</td><td>33.3</td><td>本市</td><td>40.1</td></tr>
<tr><td>本省</td><td>6.5</td><td>本省</td><td>26.6</td></tr>
<tr><td>外省</td><td>2.6</td><td>外省</td><td>10.1</td></tr>
<tr><td rowspan="2">同吃同住的人</td><td>独居</td><td>13.7</td><td rowspan="2">同吃同住的人</td><td>儿子</td><td>39.1</td></tr>
<tr><td>配偶</td><td>62.4</td><td>女儿</td><td>16.2</td></tr>
</table>

## 二、老年人健康和经济状况

在参与问卷调查的老年人中，自评健康状况为非常健康的占比为 14.8%，比较健康的占比为 37.9%，非常不健康的占比为 1.4%（见表 7-3）。大部分老年人对吃饭、洗澡、穿衣、上厕所、行走和上下楼梯等六项生活基本活动都可以完全自理（见表 7-4）。

**表 7-3 老年人健康状况**

| 目前身体状况 | 比例/% |
|---|---|
| 非常健康 | 14.8 |
| 比较健康 | 37.9 |
| 一般 | 31.0 |
| 比较不健康 | 14.9 |
| 非常不健康 | 1.4 |

**表 7-4 老年人自理情况**

| 自理情况 | 吃饭/% | 洗澡/% | 穿衣/% | 上厕所/% | 行走/% | 上下楼梯/% |
|---|---|---|---|---|---|---|
| 完全自理 | 95.0 | 81.5 | 94.0 | 90.1 | 87.7 | 76.6 |
| 部分自理 | 4.8 | 15.6 | 6.0 | 8.7 | 11.8 | 19.7 |
| 不能自理 | 0.2 | 2.9 | 0.0 | 1.2 | 0.5 | 3.7 |

而受访老年人近三成出现不同程度的不能自理，对个性化健康养老服务

需求高。老年人的身体健康状况很大程度上决定了其对养老服务的需求。生活自理能力是衡量老年人身体健康的主要指标。日常生活自理能力（Activity of Daily Living，ADL）是反映老年人躯体功能在完成日常生活基本活动时所能达到的程度，通常采用吃饭、洗澡、穿衣、上厕所、行走、上下楼梯等6项指标来衡量。其中0项需要帮助为完全自理，1~2项需要帮助为轻度失能，3~4项需要帮助为中度失能，5~6项需要帮助为重度失能。调查结果显示，71.5%的老年人6项指标能完全自理，24.7%的老年人轻度失能和中度失能，4.0%的老年人为重度失能（见表7-5）。可见，老年人需要照料的程度不同，但性别差异并不明显，他们是智慧健康养老服务应重点关注的对象，且对个性化健康养老服务需求较高。

**表7-5　老年人日常生活自理能力失能级别**

| 性别 | 完全自理/% | 轻度失能/% | 中度失能/% | 重度失能/% |
|---|---|---|---|---|
| 男 | 33.6 | 8.3 | 4.3 | 1.3 |
| 女 | 37.9 | 7.4 | 4.7 | 2.7 |
| 合计 | 71.5 | 15.7 | 9.0 | 4.0 |

老年人经济状况影响其对智慧健康养老的需求，同样也影响着智慧健康养老产业的发展。总体来看，有83.7%的老年人都受到子女经济支持。月收入在2000~2999元的老年人最多，所占比例为23.6%；其次是1000元以下和1000~1999元，所占比例分别为23.4%和22.5%。有商业保险的老年人仅占34.7%，商业保险是老年人在发生意外伤害时的一道经济防线，然而大部分老年人都没有商业保险，若老年人本身的经济能力不足，在遭受较严重的意外伤害问题时会很难承受高额的医疗费用（见表7-6）。老年人的经济来源主要是退休金、养老金、子女赡养费和存款，而工资和理财收入较少（见图7-1）。

**表 7-6 老年人经济状况**

| 经济状况 | 基本信息 | 比例/% |
|---|---|---|
| 是否有子女的经济支持 | 是 | 83.7 |
| | 否 | 11.7 |
| | 不适用 | 4.6 |
| 月收入 | 1000 元以下 | 23.4 |
| | 1000~1999 元 | 22.5 |
| | 2000~2999 元 | 23.6 |
| | 3000~3999 元 | 14.1 |
| | 4000~4999 元 | 9.2 |
| | 5000 元及以上 | 7.2 |
| 是否有商业保险 | 是 | 34.7 |
| | 否 | 65.3 |

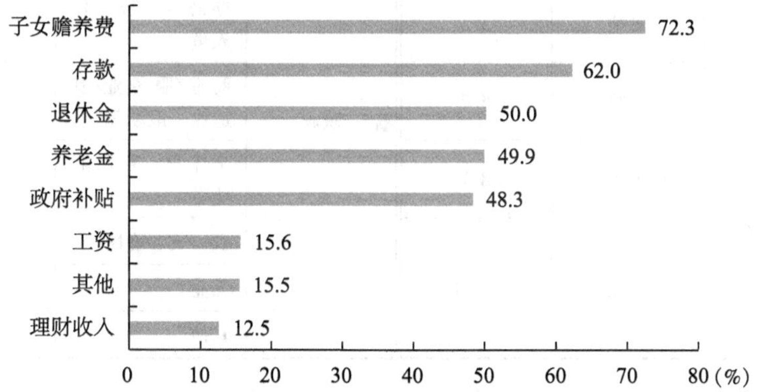


**图 7-1 老年人经济来源**

## 三、常联系子女基本信息

子女是老年人最亲近、接触最密切的人，在一定程度上影响老年人对智慧健康养老服务和产品的选择，进而会影响智慧健康养老产业的发展。总体来看，受访者中儿子所占的比例比女儿多 17.8 个百分点，有 85.8%的子女都是已婚状态，独生子女所占比例较小，只有 8.7%，有 91.3%的子女都有兄弟姐妹；从受教育程度来看，高中及中专所占的比例最大，为36.6%，其次是大专及以上，占33.5%；就职业来看，个体户、自由职业者所占的比例最大，有27.1%，其次是办公室一般工作人员，有22.0%的子女是国家、企事业单位领导人员以及专业技术人员（见表7-7）。

**表7-7　子女基本信息**

| 基本信息 | | 比例/% | 基本信息 | | 比例/% |
|---|---|---|---|---|---|
| 性别 | 男 | 58.9 | 受教育程度 | 小学及以下 | 8.5 |
| | 女 | 41.1 | | 初中 | 21.4 |
| 婚姻状况 | 未婚 | 7.3 | | 高中及中专 | 36.6 |
| | 初婚 | 80.6 | | 大专及以上 | 33.5 |
| | 丧偶 | 1.4 | 职业 | 国家、企事业单位领导人员以及专业技术人员 | 22.0 |
| | 离婚 | 5.5 | | 办公室一般工作人员 | 22.2 |
| | 再婚 | 5.2 | | 商业/服务业/制造业一般职工 | 15.8 |
| 家中几个孩子 | 独生子女 | 8.7 | | 个体户、自由职业者 | 27.1 |
| | 其他 | 91.3 | | 农、牧、渔民 | 6.1 |
| | | | | 无业 | 3.4 |
| | | | | 其他 | 3.4 |

子女与父母之间大多都有或长或短的面对面交流时间。其中，仅38.7%的子女与父母同住；有66.9%的子女经常探望父母，32.1%的子女偶尔去探望，而有1%的子女从不探望父母；53.8%的子女利用节假日探望父母，15%的子女选择在父母生病时去探望；子女探望父母时84.5%选择上门探望，13.2%的子女选择打电话，仅2.3%的子女选择与父母进行视频通话（见表7-8）。子女与父母之间是否有比较充足的交流时间与空间，会对父母的智慧健康养老产品或服务的选择产生一定的影响，且能提供有效的参考建议。

**表 7-8　子女亲近程度**

| 基本信息 | 比例/% | | 基本信息 | 比例/% | |
|---|---|---|---|---|---|
| 是否与父母同住 | 是 | 38.7 | 关心父母的方式 | 上门探望 | 84.5 |
| | 否 | 61.3 | | 打电话 | 13.2 |
| 因何探望父母 | 同住 | 6.0 | | 视频 | 2.3 |
| | 生病 | 15.0 | 是否经常探望父母 | 经常 | 66.9 |
| | 节假日 | 53.8 | | 偶尔 | 32.1 |
| | 其他 | 25.2 | | 从不 | 1.0 |

# 第二节　智慧健康养老产品和服务感知情况

## 一、老年人对智慧健康养老产品和服务的了解和使用情况

老年人对智慧健康养老产品或服务的了解程度会对其需求产生一定的影响。目前，老年人对智慧健康养老的了解还处于起步阶段。在参与问卷调查的老年人中，76%的老年人不了解什么是智慧健康养老（见表 7-9）。从了解渠道来看，网络媒体和亲戚朋友介绍是老年人了解智慧健康养老的主要渠道，占比分别为 55.6% 和 60.7%，而 42.2% 的老年人通过社区宣传来了解，21.7%的老年人则是通过医院来了解的（见图 7-2）。从接触程度来看，57.0%的老年人并未使用过智慧健康养老产品或接受过服务，且仅有 10.5% 的老年人所在社区确有提供养老服务，过半的老年人甚至不清楚所在社区是否提供养老服务。

**表 7-9　老年人对智慧健康养老产品或服务的了解情况**

| 基本信息 | | 比例/% |
|---|---|---|
| 本社区是否提供养老服务 | 是 | 10.5 |
| | 否 | 32.2 |
| | 不清楚 | 57.3 |

续表

| 基本信息 | | 比例/% |
|---|---|---|
| 对智慧健康养老的了解程度 | 不了解 | 76.0 |
| | 一般了解 | 22.2 |
| | 了解 | 1.8 |
| 是否接受过智慧健康养老服务或者使用过产品 | 是 | 43.0 |
| | 否 | 57.0 |

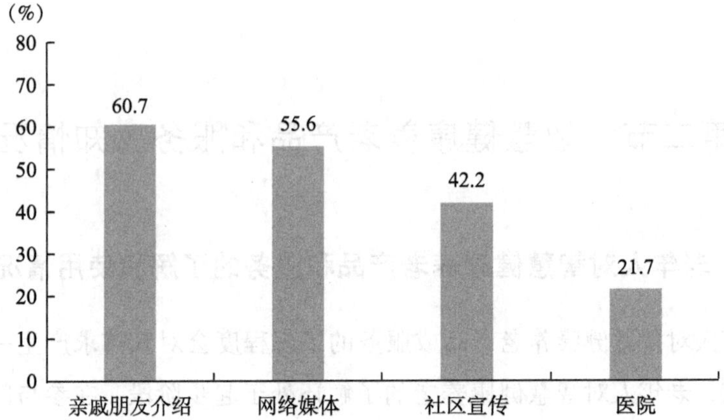


**图 7-2 老年人了解智慧健康养老产品或服务的渠道**

目前，老年人对于现有的智慧健康养老产品或服务的使用率较低，智慧健康养老还需要进一步推广。在智慧健康养老五类产品和六类服务中（见图7-3、图7-4），老年人对其中各类产品和服务使用的比例基本上都不超过一半，在服务中，互联网健康咨询服务的使用比例最高，占比为31.9%，在产品中，健康管理类可穿戴设备的使用比例最高，占比为50.7%。由此看来，老年人在对自身健康情况了解和健康问题咨询上有较大的需求，但是由于各类产品和服务的使用比例均不高，需要考虑问题是出在产品和服务自身还是宣传推广等环节，未来还需继续推广智慧健康养老产品和服务以及探索如何精准满足老年人多元化的需求。

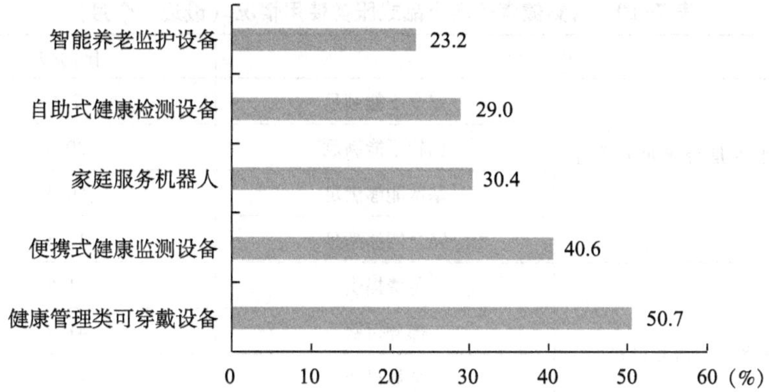


**图 7-3　老年人使用智慧健康养老产品情况**

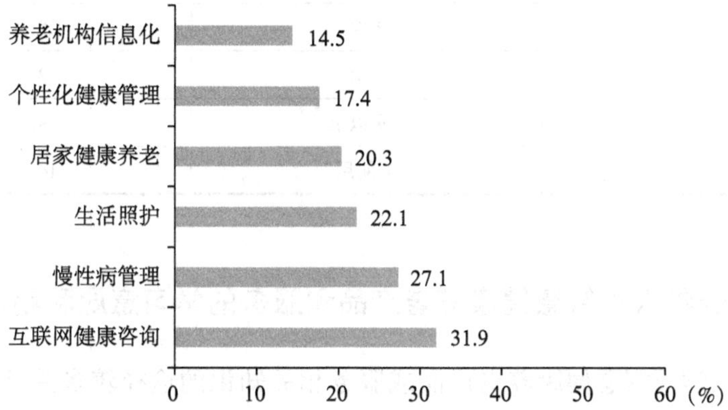


**图 7-4　老年人使用智慧健康养老服务情况**

从使用频率来看，老年人最近一个月内，使用智慧健康养老产品或服务的频率在 3 次及以上的接近半数。从付费情况来看，老年人绝大多数都是在使用付费产品或服务，老年人全额付费的占比最高，达到 47.1%，其次是部分付费，占比为 41.2%，免费使用产品或服务的仅占 11.8%，且无人租赁使用产品或服务。老年人使用的产品或服务绝大部分都基本能够满足其日常生活需求，虽然参与本项调查的老年人人数较少，但也能够表明有消费者愿意尝试智慧健康养老产品或服务，有消费者愿意为智慧健康养老产品或服务买单，智慧健康养老产业正在逐步走向成熟（见表 7-10）。

表 7-10　智慧健康养老产品或服务使用情况（最近一个月）

| 基本信息 | | 比例/% |
| --- | --- | --- |
| 产品或服务是否满足日常生活需求 | 完全不能满足 | 7.4 |
| | 比较不能满足 | 20.6 |
| | 基本能够满足 | 60.3 |
| | 完全能够满足 | 11.8 |
| 产品或服务是否需要付费 | 免费提供 | 11.8 |
| | 部分付费 | 41.2 |
| | 全额付费 | 47.1 |
| | 租赁使用 | 0 |
| 使用频率 | 1次 | 17.6 |
| | 2次 | 25.9 |
| | 3次 | 13.0 |
| | 3次以上 | 29.4 |
| | 不使用 | 14.1 |

## 二、老年人对智慧健康养老产品和服务的学习意愿和期望

老年人学习智慧健康养老产品或服务相关知识的途径较多并且学习意愿较高，这有助于产品或服务的普及与升级。多数老年人通过社区工作人员学习相关产品或服务知识，一部分老年人通过专业养老服务人员和社会工作者志愿者来学习，还有少部分老年人通过子女或者设备厂商或服务商学习；有17.3%的老年人对智慧健康养老产品或服务知识的学习有需求，28%的老年人认为不需要学习，54.7%的老年人持观望态度，学习的意愿一般；有57.5%的老年人愿意学习智慧健康养老相关的电子设备知识，有58%的老年人愿意接受政府的培训讲座，有56.4%的老年人愿意接受社区技能培训（见表7-11）。老年人通过社区学习使用智慧健康养老产品或服务的比例超过半数，并且对学习新鲜事物的意愿和接受度较高，这有助于智慧健康养老产品或服务在积累用户的使用和学习反馈中不断提升产品和服务的客户体验，提升产品或服务

的质量。

**表 7-11 老年人对智慧健康养老产品或服务学习意愿**

| 基本信息 | | 比例/% |
|---|---|---|
| 通过何种途径进行学习 | 社会工作者志愿者 | 20.5 |
| | 社区工作人员 | 32.0 |
| | 设备厂商或服务商 | 6.9 |
| | 专业养老服务人员 | 22.2 |
| | 子女 | 17.7 |
| | 其他（政府、医院等） | 0.7 |
| 需求意愿 | 需要 | 17.3 |
| | 一般 | 54.7 |
| | 不需要 | 28.0 |
| 是否愿意学习电子设备使用知识（智慧健康养老） | 愿意 | 57.5 |
| | 不愿意 | 42.5 |
| 是否愿意接受政府培训讲座 | 愿意 | 58.0 |
| | 不愿意 | 42.0 |
| 是否愿意接受社区技能培训 | 愿意 | 56.4 |
| | 不愿意 | 43.6 |

多数老年人对产品或服务的品牌没有要求，更在意产品或服务的操作和表面可见的功能水平等，并且希望产品可通过较为便捷的语音来操控，智慧健康养老产品或服务还需简化操作，在功能和权限上进一步升级来满足广大老年人的需求。在参与问卷调查的老年人中，有 84.1%的老年人在购买产品或服务时关注产品或服务操作的便捷性，83.5%的老年人关注其功能和价格，67%的老年人关注性能的稳定性，54.4%的老年人注重隐私的保护，42.3%的老年人关注品牌（见图 7-5）；在养老产品的操控方式中，绝大部分老年人希望通过语音操控，所占比例为 71.1%，其次是通过遥控器，比例为 49.8%，希望使用人体感应的老年人占 46.5%，希望使用触屏操作的老年人占 42.8%，希望通过手机联网来操控产品的老年人占 21.6%（见图 7-6）。

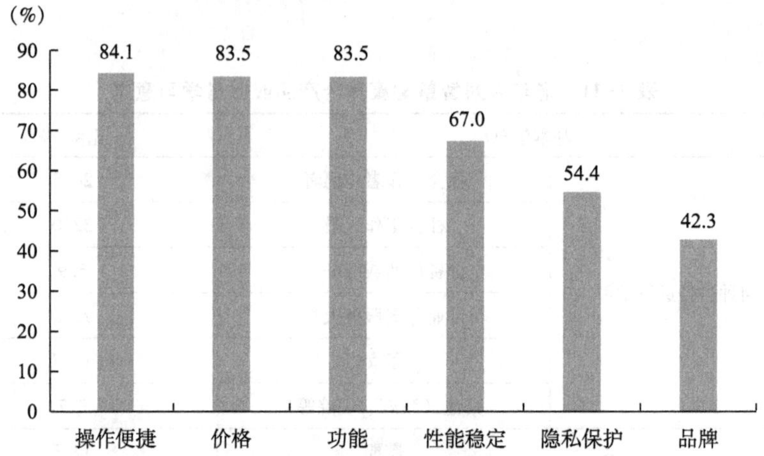


**图 7-5　老年人购买产品或服务时的关注因素**

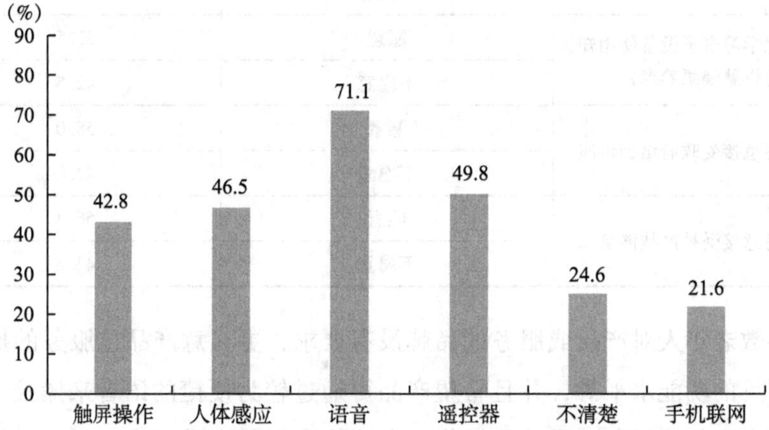


**图 7-6　老年人期望养老产品具备的操控方式**

## 三、老年人对智慧健康养老产品和服务的需求及满意度

老年人对智慧健康养老产品的需求度决定着未来产品研发的方向，而满意度关系着相关产品的升级方向。从智慧健康养老产品来看，老年人对市场上常见的 15 种智慧健康养老产品的需求度最高的是智能血压计、血糖仪，占比达到 78.6%；其次是体温监测仪，占比为 68.0%，健康腕表占比为 49.8%，其余产品需求占比均未超过 45%。可见老年人对智慧健康养老产品需求更多

侧重于日常健康监控方面，且市场上大部分产品已获得老年人的认同。老年人对使用过或接触过的智慧健康养老产品的满意度都较高，每种常见产品都有近九成的老年人满意度达到一般及以上，未来的产品生产应该以产品质量升级和功能升级为主（见表7-12）。

**表7-12 老年人对智慧健康养老产品的需求及满意度**

| 智慧健康养老产品 | 是否需求/% | | 满意程度/% | | |
|---|---|---|---|---|---|
| | 是 | 否 | 不满意 | 一般 | 满意 |
| 健康腕表 | 49.8 | 50.2 | 6.2 | 50.9 | 42.9 |
| 可穿戴监护设备 | 32.7 | 67.3 | 5.7 | 52.8 | 41.5 |
| 智能血压计、血糖仪 | 78.6 | 21.4 | 3.6 | 32.9 | 63.5 |
| 便携式健康监护机 | 28.5 | 71.5 | 2.0 | 66.7 | 31.3 |
| 便携式睡眠监测仪 | 24.4 | 75.6 | 9.1 | 63.6 | 27.3 |
| 自主体检机 | 43.3 | 56.7 | 2.6 | 52.6 | 44.8 |
| 体温监测仪 | 68.0 | 32.0 | 4.0 | 27.8 | 68.2 |
| 智能监护床 | 17.6 | 82.4 | 5.0 | 65.0 | 30.0 |
| 智能轮椅 | 21.5 | 78.5 | 4.5 | 44.0 | 51.5 |
| 手表式定位 | 37.4 | 62.6 | 7.8 | 52.9 | 39.3 |
| 扫地机器人 | 35.9 | 64.1 | 8.1 | 39.0 | 52.9 |
| 护理机器人 | 16.9 | 83.1 | 4.2 | 75.0 | 20.8 |
| 便携式空气检测仪 | 19.9 | 80.1 | 2.0 | 62.7 | 31.3 |
| 康复机器人 | 14.8 | 85.2 | 9.1 | 77.3 | 13.6 |

从智慧健康养老服务来看，老年人对就医、用药指导类服务需求相对较多，在参与问卷调查的老年人中，有72.2%的老年人选择了需要该项服务；有超过六成的老年人选择了紧急救助、定期监控体检、预约挂号这三项服务；而对远程看护的需求是最少的，只有22.4%的老年人选择，且老年人对智能监控类服务满意度较好，但对目前已有的智慧健康养老服务总体处于一般满意程度。老年人最满意的智慧健康养老服务是监测服务，仅有2.4%的老年人选择了不满意，一般满意及满意占97.6%。其次是无线定位服务，一般满意及满意占比为97.4%。老年人最不满意的智慧健康养老服务是远程看护服务，

其中有27.3%的老年人不满意，63.6%的老年人一般满意。远程智慧健康养老服务需要更贴近老年人需求，探索个性化定制方案与精准化服务方式，让老年人从中获得幸福感（见表7-13）。

**表7-13 老年人对智慧健康养老服务的需求及满意度**

| 智慧健康养老服务 | 是否需求/% | | 满意程度/% | | |
|---|---|---|---|---|---|
| | 是 | 否 | 不满意 | 一般 | 满意 |
| 紧急救助 | 60.1 | 39.9 | 6.6 | 36.3 | 57.1 |
| 康复服务 | 41.6 | 58.4 | 4.9 | 51.6 | 43.5 |
| 疾病筛查 | 32.9 | 67.1 | 9.4 | 40.8 | 49.8 |
| 远程看护 | 22.4 | 77.6 | 27.3 | 63.6 | 9.1 |
| 定期监控体检 | 68.5 | 31.5 | 8.5 | 45.1 | 46.4 |
| 预约挂号 | 61.4 | 38.6 | 6.4 | 34.5 | 59.4 |
| 生活照顾 | 40.6 | 59.4 | 5.9 | 50.4 | 43.7 |
| 智能医疗服务 | 38.3 | 61.7 | 3.8 | 57.7 | 38.5 |
| 监测服务 | 41.8 | 58.2 | 2.4 | 71.4 | 26.2 |
| 医养结合 | 42.7 | 57.3 | 4.8 | 44.2 | 51.0 |
| 无线定位服务 | 32.6 | 67.4 | 2.6 | 65.8 | 31.6 |
| 门禁系统联动 | 29.5 | 70.5 | 7.3 | 70.9 | 21.8 |
| 就医、用药指导 | 72.2 | 27.8 | 5.6 | 37.3 | 57.1 |
| 精神慰藉 | 28.3 | 71.7 | 11.1 | 37.5 | 51.4 |

老年人不支持智能健康养老产品或服务的原因主要是不太会操作、隐私信息没保障以及认为网络不靠谱。从安全感知、有用感知、个人能力三方面来看，35.3%的老年人认为自己能力不足以使用智慧健康养老产品或服务，29.7%的老年人认为目前的智慧健康养老建设没有满足他们的真实需求，40.9%的老年人对互联网仍存在不信任和畏惧的心态。具体来说，老年人不支持子女购买健康养老产品主要是因为不会操作智慧健康养老产品（仅12.7%的老年人不认同）、个人隐私没保障（仅14.0%的老年人不认同）以及觉得网络不靠谱（仅15.7%的老年人不认同）。这表明智慧健康养老产品设计研发需趋向适老化发展，政府需完善相关的信息政策，且老年人需接受多渠

道的科教宣传与数字化知识普及（见表 7-14）。

**表 7-14　老年人不支持子女购买健康养老产品的原因**

| 态度 | 安全感知 | | | 有用感知 | | | 个人能力 | | | |
|---|---|---|---|---|---|---|---|---|---|---|
| | 网络不靠谱 | 支付手段不安全 | 个人隐私没保障 | 未提供需要服务 | 不喜欢智能产品 | 社区远、不方便 | 使用效果不好 | 身体健康状况下降 | 操作能力不好 | 支付能力不够 |
| 不同意/% | 15.7 | 18.0 | 14.0 | 29.9 | 24.2 | 26.4 | 21.6 | 35.1 | 12.7 | 19.7 |
| 一般/% | 44.7 | 39.3 | 40.5 | 48.0 | 40.7 | 41.6 | 50.1 | 39.3 | 42.8 | 37.5 |
| 同意/% | 39.6 | 42.7 | 45.5 | 22.1 | 35.1 | 32.0 | 28.3 | 25.6 | 44.5 | 42.8 |

## 四、子女对智慧健康养老感知情况

在受访子女中，表示对智慧健康养老产品或服务了解的仅占 10.7%，完全不了解的多达 42.0%，47.3%的子女处于一般了解的区域。说明智慧健康养老产品或服务在宣传和普及上还需要进一步的提升和改进。从子女是否会支持老年人购买产品或服务角度来看，过半的子女选择支持，有 30.1%的子女选择视情况而定，说明子女对家里老年人的养老问题十分重视。从子女自己是否会购买来看，有过半的子女愿意购买，约三成的子女选择视情况而定（见表 7-15）。可见智慧健康养老产业发展前景广阔且大有可为。

**表 7-15　子女对智慧健康养老感知情况**

| 基本信息 | | 比例/% |
|---|---|---|
| 是否了解智慧健康养老产品及服务 | 不了解 | 42.0 |
| | 一般 | 47.3 |
| | 了解 | 10.7 |
| 是否支持老年人购买产品或服务 | 是 | 55.5 |
| | 否 | 14.4 |
| | 看情况 | 30.1 |

续表

| 基本信息 | | 比例/% |
|---|---|---|
| 是否购买产品及服务 | 是 | 51.1 |
| | 否 | 18.3 |
| | 看情况 | 30.6 |

# 第三节　社区供给情况

## 一、社区基本情况

一个社区的基本条件也会影响老年人对智慧健康养老的需求情况。从总体来看，平均每个社区的总人口有2.3万人，包含老年人口数量为0.5万人，商品房均价为5827.4元/平方米，每个社区里面的养老机构平均有1.3个（见表7-16）。

表7-16　社区基本信息

| 基本信息 | 均值 | 基本信息 | 均值 |
|---|---|---|---|
| 总人口 | 2.3万人 | 商品房均价 | 5827.4元/平方米 |
| 老年人口 | 0.5万人 | 养老机构数量 | 1.3个 |

而社区内多数养老机构服务对象不全面，中度或重度失去自理能力的老年人更加需要具有针对性的养老服务。社区内的养老机构以为正常或需要轻度照护的老年人提供养老服务的养老院为主。调查显示，社区内最大的养老机构中养老院最多，占比为23.3%，其次为日间照料中心，占22.1%，老年公寓占18.2%，这些均可为正常或需要轻度照护的老年人提供养老服务，而护养院等为中度或重度失去自理能力的老年人提供服务的机构不足2%，可见社区内养老机构的类型不够丰富，无法满足老年人多样化的养老需求。同时有约四成老年人到最近养老院的时间超过30分钟，这个路程距离不便于中度

或重度失去自理能力的老年人接受养老服务，社区内部的养老服务比较单一且配置不够合理（见表 7-17）。

**表 7-17　社区里养老机构情况**

| 基本信息 | | 比例/% |
|---|---|---|
| 最大养老机构类型 | 福利院 | 1.3 |
| | 养老院 | 23.3 |
| | 老年公寓 | 18.2 |
| | 护养院 | 1.3 |
| | 日间照料中心 | 22.1 |
| | 其他 | 33.8 |
| 到最近养老院的时间 | 10 分钟以内 | 22.5 |
| | 10~20 分钟 | 36.7 |
| | 30 分钟以上 | 40.8 |
| 本社区养老机构类型 | 福利院 | 1.3 |
| | 养老院 | 34.7 |
| | 老年公寓 | 10.7 |
| | 护养院 | 0.0 |
| | 日间照料中心 | 17.3 |
| | 其他 | 36.0 |

就社区八助服务情况来看，总体上，老年人最需要的服务是精神慰藉，占比为 42.2%，其次是助餐服务，占比为 27.8%。对于八助服务具体形式来说，上门助浴的服务形式更受老年人欢迎，占比为 71.4%；老年人最常使用的助行服务中陪诊和陪同户外散步的比例差不多，分别是 45.3%和 48.9%；老年人更喜欢送餐上门的助餐服务形式，占比为 47.1%；78.3%的老年人更喜欢个人卫生方面的助洁服务，如理发等；有 44.2%的老年人更希望有人陪同聊天；对于助医服务，有 86.5%的老年人更喜欢在社区医院就医（见表 7-18）。

表 7-18 八助服务情况

| 基本信息 | | 比例/% | 基本信息 | | 比例/% |
|---|---|---|---|---|---|
| 哪些服务是老年人第一所需 | 助餐服务 | 27.8 | 哪种助浴服务更受欢迎 | 外出助浴 | 28.6 |
| | 精神慰藉 | 42.2 | | 上门助浴 | 71.4 |
| | 助洁服务 | 10.0 | 哪种助行服务更受欢迎 | 陪诊 | 45.3 |
| | 助浴服务 | 1.1 | | 陪同购物 | 5.8 |
| | 助行服务 | 3.3 | | 陪同户外散步 | 48.9 |
| | 助急服务 | 6.7 | 哪种助餐服务更受欢迎 | 集中用餐 | 24.7 |
| | 助医服务 | 7.8 | | 送餐上门 | 47.1 |
| | 康乐服务 | 1.1 | | 上门做餐 | 28.2 |
| 哪些服务是老年人第二所需 | 助餐服务 | 5.6 | 哪种助洁服务更受欢迎 | 集中洗衣 | 11.6 |
| | 精神慰藉 | 11.2 | | 个人卫生（理发等） | 78.3 |
| | 助洁服务 | 24.7 | | 上门洗衣 | 10.1 |
| | 助浴服务 | 4.5 | 哪种康乐服务更受欢迎 | 康复指导 | 20.9 |
| | 助行服务 | 10.1 | | 康复锻炼 | 34.9 |
| | 助急服务 | 22.5 | | 陪同聊天 | 44.2 |
| | 助医服务 | 18.0 | 哪种助医服务更受欢迎 | 家庭病床 | 13.5 |
| | 康乐服务 | 3.4 | | 社区医院 | 86.5 |

社区内设有专门的休闲健身设施和活动场所，可以帮助老年人通过日常的活动来维持身体的健康，进而降低老年人因为缺乏锻炼而发生疾病的概率。在参与问卷调查的社区中，有 95.5%的社区内都设有休闲健身设施，有 75.6%的社区为老年人设置了专门的活动场所，且偶尔也会举办老年文体活动。老年人使用休闲健身设施和老年人活动场所的频率较高。有 71.4%的老年人会经常使用休闲健身设施，63.1%的老年人会经常使用老年人活动场所，同时有 30.5%的老年人在日常中参加文体活动比较多，可见社区内的活动设施使用率较高，日常生活中老年人通过运动来保持健康的意愿较强（见表 7-19）。

**表 7-19 养老设施情况**

| 基本信息 | | 比例/% |
|---|---|---|
| 是否有休闲健身设施 | 是 | 95.5 |
| | 否 | 4.5 |
| 休闲健身设施使用情况 | 用的人很多 | 71.4 |
| | 用的人很少 | 22.6 |
| | 设施基本已坏，无法使用 | 2.4 |
| | 不太清楚 | 3.6 |
| 是否举办老年文体活动 | 经常 | 26.7 |
| | 偶尔 | 56.6 |
| | 从不 | 16.7 |
| 是否提供老年人活动场所 | 是 | 75.6 |
| | 否 | 24.4 |

| 基本信息 | | 比例/% |
|---|---|---|
| 老年人活动场所使用情况 | 用的人很多 | 63.1 |
| | 用的人很少 | 23.1 |
| | 设施基本已坏，无法使用 | 6.2 |
| | 不太清楚 | 7.6 |
| 参加文体活动的老年人如何 | 非常多 | 9.0 |
| | 比较多 | 30.5 |
| | 一般 | 22.6 |
| | 比较少 | 22.6 |
| | 非常少 | 15.3 |

社区居家养老服务及养老院仍有需要完善之处。对于社区居家养老服务的收费方式来说，有 58.4%的老年人认为应该是按服务次数计费（见表 7-20）。对于社区养老院的运营内容来说，老年人认为社区养老院存在活动少、服务内容少、缺乏心理慰藉等情况（见表 7-21）。

**表 7-20 社区居家养老服务收费方式**

| 基本信息 | | 比例/% |
|---|---|---|
| 社区居家养老服务的收费方式 | 按小时计费 | 14.6 |
| | 按服务次数计费 | 58.4 |
| | 按周工资计费 | 9.0 |
| | 按月工资计费 | 18.0 |

表 7-21　社区养老院问题

| 基本信息 | | 比例/% | 基本信息 | | 比例/% |
|---|---|---|---|---|---|
| 社区养老院有哪些不足（第一项） | 收费偏高 | 10.8 | 社区养老院有哪些不足（第二项） | 收费偏高 | 1.3 |
| | 活动少 | 55.4 | | 活动少 | 9.3 |
| | 服务内容少 | 20.6 | | 服务内容少 | 44.1 |
| | 护理人员专业性差 | 10.8 | | 护理人员专业性差 | 9.3 |
| | 缺乏心理慰藉 | 2.4 | | 缺乏心理慰藉 | 36.0 |

## 二、社区智慧健康养老企业情况

在所调查的社区中近八成没有智慧健康养老产品或服务，亟须填补供给空白。在参与问卷调查的社区中，有 79.5%的社区没有智慧健康养老产品或服务，并且仅有 51.7%的社区听说过相关信息，智慧健康养老在社区中的普及程度较低。社区内的智慧健康养老服务中有 31.1%为智慧机构养老服务，27.9%为智慧居家养老服务，27.4%为智慧医疗养老服务。同时，大部分社区内没有智慧健康养老相关企业，或者合作企业种类较为单一。仅有 9.9%的社区有（或有合作的）智慧健康养老企业，企业在社区内的覆盖范围较小，且在与社区合作的智慧健康养老企业中，有 80.0%属于服务性企业，社区合作企业的种类还不够全面，老年人大量的不同类别的需求可能难以得到满足（见表 7-22）。

**表 7-22　智慧健康养老企业情况**

<table>
<tr><th colspan="2">基本信息</th><th>比例/%</th><th colspan="2">基本信息</th><th>比例/%</th></tr>
<tr><td rowspan="2">社区是否有智慧健康养老产品或服务</td><td>是</td><td>20.5</td><td rowspan="4">智慧健康养老企业属于哪一类</td><td>产品制造企业</td><td>33.3</td></tr>
<tr><td>否</td><td>79.5</td><td>软件企业</td><td>0.0</td></tr>
<tr><td rowspan="3">智慧健康养老类型是什么</td><td>智慧居家养老服务</td><td>27.9</td><td>服务性企业</td><td>80.0</td></tr>
<tr><td>智慧医疗养老服务</td><td>27.4</td><td>系统集成企业</td><td>11.1</td></tr>
<tr><td>智慧机构养老服务</td><td>31.1</td><td rowspan="3">是否有（或有合作的）智慧健康养老企业</td><td rowspan="2">有</td><td rowspan="2">9.9</td></tr>
<tr><td rowspan="2">是否听说过智慧健康养老产品或服务</td><td>是</td><td>51.7</td></tr>
<tr><td>否</td><td>48.3</td><td>无</td><td>90.1</td></tr>
</table>

## 三、社区智慧健康养老推广方式

现有的智慧健康养老产品或服务的宣传渠道较少，信息投放还需顺应时代发展。智慧健康养老产品或服务推广方式中，大多是社区宣传，占比为 57.1%，其次是报刊书籍和网络媒体，二者的占比均为 30.8%（见图 7-7）。通过社区和报刊书籍宣传的方式十分接近老年人的生活圈，但随着网络的发展，互联网、公众号、视频号等新媒体正在不断地融入老年人的生活。据腾讯网 2019 年发布的《中老年互联网生活研究报告》，国内老年网民数量占老年人口的比例为 20%，现在 50 岁左右的新老年人使用智能手机与接触网络较早，并且通过互联网来获取健康信息的比例已超越电视渠道，如果将智慧健康养老的推广更多放在线下，对于一些外出不方便或者长期在家中休养的老年人起不到有效的推广作用。智慧健康养老的推广方式还需结合当地互联网产业的发展、报刊书籍的出版情况与社区宣传等宣传方式的效果，将智慧健康养老的宣传重点放在更有效果的方法上。

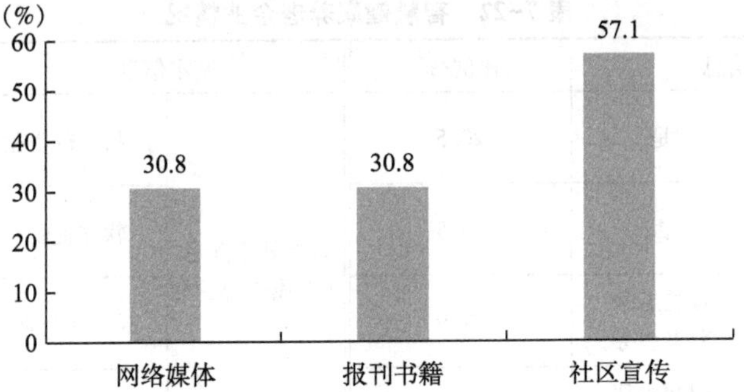


**图 7-7 智慧健康养老产品或服务推广方式**

## 四、社区智慧健康养老产品和服务供给情况

对于五类智慧健康养老产品来说，在参与问卷调查的社区中，健康管理类可穿戴设备使用最多，28.4%的社区都有该产品，其次是便捷式健康监测设备，占比为22.5%，但使用情况普遍一般。社区内拥有的家庭服务机器人最少，仅占6.2%（见表7-23）。对于六类智慧健康养老服务来说，拥有生活照料服务的社区最多，且使用情况较好；有个性化健康管理服务的社区最少，但社区使用情况较好，老年人对产品效果的反映也不错（见表7-24）。

**表 7-23 智慧健康养老产品情况**

| 智慧健康养老产品 | 是否有/% | | 使用情况/% | | | 产品效果/% | | |
|---|---|---|---|---|---|---|---|---|
| | 是 | 否 | 好 | 一般 | 差 | 好 | 一般 | 差 |
| 健康管理类可穿戴设备 | 28.4 | 71.6 | 39.3 | 60.7 | 0.0 | 35.7 | 64.3 | 0.0 |
| 便捷式健康监测设备 | 22.5 | 77.5 | 39.1 | 60.9 | 0.0 | 39.1 | 60.9 | 0.0 |
| 自助式健康检测设备 | 19.8 | 80.2 | 38.1 | 57.1 | 4.8 | 33.3 | 66.7 | 0.0 |
| 家庭服务机器人 | 6.2 | 93.8 | 10.0 | 90.0 | 0.0 | 40.0 | 60.0 | 0.0 |
| 智能养老监护设备 | 14.8 | 85.2 | 23.5 | 70.6 | 5.9 | 50.0 | 50.0 | 0.0 |

表 7-24 智慧健康养老服务情况

| 智慧健康养老服务 | 是否有/% | | 使用情况/% | | | 产品效果/% | | |
|---|---|---|---|---|---|---|---|---|
| | 是 | 否 | 好 | 一般 | 差 | 好 | 一般 | 差 |
| 慢性病管理 | 26.3 | 73.7 | 59.3 | 40.7 | 0.0 | 53.8 | 46.2 | 0.0 |
| 居家健康养老 | 18.1 | 81.9 | 50.0 | 50.0 | 0.0 | 45.0 | 55.0 | 0.0 |
| 个性化健康管理 | 12.3 | 87.7 | 62.5 | 31.3 | 6.2 | 62.5 | 31.3 | 6.2 |
| 生活照料 | 45.1 | 54.9 | 57.1 | 42.9 | 0.0 | 57.1 | 40.5 | 2.4 |
| 养老机构信息化 | 28.0 | 72.0 | 50.0 | 50.0 | 0.0 | 50.0 | 50.0 | 0.0 |
| 互联网健康咨询 | 28.4 | 71.6 | 41.4 | 55.2 | 3.4 | 31.0 | 62.1 | 6.9 |

## 第四节 本章小结

本章利用2020年1—12月在陕西省开展的“智慧健康养老产业发展”专项调查数据，旨在了解智慧健康养老产业发展现状，探究老年人及其子女基本信息情况、健康状况、对智慧健康养老产品和服务的满意度及需求度等方面的差异，分析社区基本环境、智慧健康养老开展等方面的情况，主要结论如下：

首先，从老年人及家庭基本信息来看，参与调查的大多数老年人目前未在工作，且受教育程度在初中及以下，这可能会影响其对智慧健康养老产业及产品与服务的认知。但绝大部分老年人不是独居，且与经常联系的子女一起居住在本社区或是本市之内，与子女之间大多都有或长或短的面对面交流，这使得老年人可以在家中获得必要的生活服务和健康照护，在年轻的家人辅助下对于智慧产品或服务的使用也会更加顺利。当前近三成受访老年人出现不同程度的不能自理现象，且过半老年人月收入在3000元以下，同时没有商业保险，这使得老年人对个性化健康养老服务需求增多。

其次，从对智慧健康养老感知情况来看，多数受访老年人对智慧健康养老仍不了解，过半老年人并未使用过智慧健康养老产品或接受过服务，且对于现有的产品或服务使用率较低。但在使用过的老年人中，近一个月使用频率在3次及以上的老年人接近半数。从付费情况来看，绝大多数老年人在使用付费产品或服务，且全额付费的占比最高。同时多数老年人对产品或服务的品牌没有要求，更在意产品或服务的操作便捷性和表面可见的功能水平等，对就医、用药指导类服务需求较多。而且老年人学习相关知识的途径较多，学习意愿相对较高。老年人不愿意购买产品或服务的主要原因在于不太会操作、隐私没保障以及对互联网存疑。在受访子女中，过半的人表示对智慧健康养老产品或服务有了解，且选择支持老年人购买，并表示自己也愿意购买。

最后，从社区供给情况来看，近八成社区没有智慧健康养老产品或服务，大部分没有相关企业，或者合作企业种类较为单一。社区内占多数的养老机构服务对象不全面，同时有四成老年人到最近养老院的时间超过半小时。虽然大多数社区设有休闲健身设施与专门的活动场所，但对于社区养老院的运营内容来说，老年人认为其存在活动少、服务内容少、缺乏心理慰藉的情况。就社区八助情况来看，老年人最需要的服务是精神慰藉。同时社区内推广方式较为单一，大多是通过社区宣传和传统媒介，还未能结合互联网与新媒体进行宣传推广。

# 第八章 陕西省产业发展影响因素分析

产业的宏观部分是产业的供给侧，主要是对老年人及其子女提供智能产品和智慧服务，而微观部分是智能产品和智慧服务的应用表现，因此，了解老年人对产业发展产生的影响以及老年人需求结构、子女支持力度等方面对产业发展的影响，对分析产业发展水平也具有重要意义。

## 第一节 测度方法

结构方程（SEM）是检验变量之间关系的多元统计分析方法，由测量模型和结构模型两个部分构成，其中测量模型由潜在变量与观察变量构成，结构模型由潜在变量间因果关系模型组成。观察变量是量表或问卷等测量工具所得数据，潜在变量是观察变量间所形成的抽象概念。结构方程模型一个重要的特性是能够对抽象的概念进行估计和检验。

在结构方程模型中，设 $\alpha$ 为外生潜在变量，$\beta$ 为内生潜在变量；$X$ 为外生潜在变量的观测变量，$Y$ 为内生潜在变量的观测变量；$\delta$ 为 $X$ 变量的观测误差，$\varepsilon$ 为 $Y$ 变量的观测误差。$\Lambda_x$ 是 $X$ 与外生潜在变量 $\alpha$ 之间的关联系数矩阵，$\Lambda_y$ 是 $Y$ 与内生潜在变量 $\beta$ 之间的关联系数矩阵；$\xi$ 为外生潜在变量对内生潜在变量无法解释的误差，$B$ 为外生潜在变量对内生潜在变量影响的回归系数，则结构方程模型的一般表达式为：

$$\begin{cases} Y = \Lambda_y \beta + \varepsilon \\ X = \Lambda_x \alpha + \delta \\ \beta = B\alpha + \xi \end{cases} \tag{8-1}$$

## 第二节 变量说明

根据问卷中的主观问题，分析老年人对智慧健康养老产品认知需求及研究影响因素。通过市场潜力、子女支持力度、老年人了解程度、老年人需求结构、老年人健康状况和推广程度六个方面分析产业发展水平。

### 一、内生潜在变量

智慧健康养老产业发展情况（简称“产业发展情况”）。在结构方程模型中将受到任一变量影响的变量即因变量称为内因变量。产业发展情况由养老智能产品和养老智慧服务的供给度及使用之后的效果来衡量，根据《智慧健康养老产业发展行动计划（2017—2020 年）》中关于服务和产品的分类，本次调查共选取市场上 30 个常见的产品和服务。通过对老年人进行调查来分析智能产品和智慧服务的供给情况和应用效果，以此来探索产业发展的具体情况。

### 二、外生潜在变量

本书共有 6 个外生潜在变量，分别为老年人健康状况、子女支持力度、老年人需求结构、老年人了解程度、市场潜力和推广程度。在结构方程模型中不受其他变量影响，但影响其他变量的变量称为外因变量（即自变量）。

根据三部委《关于印发〈智慧健康养老产业发展行动计划（2017—2020 年）〉的通知》，将产品和服务分为五类产品和六类服务，并依此选取了市场上常见的 30 个产品和服务。通过对老年人进行调查，分析产品和服务的供给情况和应用效果情况，以此来探索产业的供给情况和应用效果。子女支持力度是通过题项“子女是否购买智慧健康养老产品或服务”“子女是否支持老年人购买智慧健康养老产品或服务”或“子女是否了解智慧健康养老产品或服务”来综合测量。市场潜力是通过题项“您是否愿意学习使用电子设备以便更好地获取智慧健康养老服务”“您是否愿意接受智慧健康养老宣传讲座”和“您是否愿意接受智慧健康养老技能培训”来测量。老年人需求结构是通过选取市场上30个常见的产品和服务，来看使用过的老年人对产品和服务的需求程度以及“产品或服务是否能满足日常需求”来综合测量。老年人了解程度是通过题项“您对智慧健康养老服务或产品的了解程度”和“您对智慧健康养老服务或产品是否有了解途径”来测量。老年人健康状况是通过老年人自评健康和ADL来测量。推广程度通过题项“您是否听说过以下智慧健康养老产品”“您是否听说过以下智慧健康养老服务”“您是否使用过智慧健康养老产品”和“您是否使用过智慧健康养老服务”来综合测量。具体的变量内容和赋值如表8-1所示。

**表8-1　变量描述**

| 潜变量 | | 观察变量 | 赋值 |
|---|---|---|---|
| 内生潜在变量 | 产业发展情况 | 智慧健康养老产品的供给度（Y1） | 分值越高表示需求度越高 |
| | | 智慧健康养老服务的供给度（Y2） | 分值越高表示需求度越高 |
| | | 智慧健康养老服务的应用效果（Y3） | 分值越高表示应用效果越好 |
| | | 智慧健康养老产品的应用效果（Y4） | 分值越高表示应用效果越好 |
| 外生潜在变量 | 老年人健康状况 | 自理情况（X1） | 有一项不能完全自理即不能完全自理。不能完全自理=0，完全自理=1 |
| | | 自评健康（X2） | 不健康=1，一般=2，健康=3 |
| | 子女支持力度 | 子女是否购买智慧健康养老产品或服务（X3） | 不支持=1，支持=2 |
| | | 子女是否支持老年人购买智慧健康养老产品或服务（X4） | 不支持=1，支持=2 |
| | | 子女是否了解智慧健康养老产品或服务（X5） | 不了解=1，一般=2，了解=3 |

续表

| 潜变量 | | 观察变量 | 赋值 |
| --- | --- | --- | --- |
| 外生潜在变量 | 老年人需求结构 | 智慧健康养老产品和服务是否能满足日常需要（X6） | 不能满足=1，一般=2，能满足=3 |
| | | 智慧健康养老产品的需求情况（X7） | 分值越高表示需求度越高 |
| | | 智慧健康养老服务的需求情况（X8） | 分值越高表示需求度越高 |
| | 老年人了解程度 | 您对智慧健康养老服务或产品的了解程度（X9） | 不了解=1，一般=2，了解=3 |
| | | 您对智慧健康养老服务或产品是否有了解途径（X10） | 无了解途径=1，有了解途径=2 |
| | 市场潜力 | 您是否愿意学习使用电子设备以便更好地获取智慧健康养老服务（X11） | 不愿意=1，愿意=2 |
| | | 您是否愿意接受智慧健康养老宣传讲座（X12） | 不愿意=1，愿意=2 |
| | | 您是否愿意接受智慧健康养老技能培训（X13） | 不愿意=1，愿意=2 |
| | 推广程度 | 您是否使用过智慧健康养老产品（X14） | 没使用过=1，使用过=2 |
| | | 您是否使用过智慧健康养老服务（X15） | 没使用过=1，使用过=2 |
| | | 您是否听说过智慧健康养老产品（X16） | 没听说过=1，听说过=2 |
| | | 您是否听说过智慧健康养老服务（X17） | 没听说过=1，听说过=2 |

## 第三节　信效度检验和探索性因子分析

为保证变量选取的有效性，在进行结构方程模型分析前，要对问卷选取的变量进行信度和效度检验。数据信度分析采用 Cronbach's Alpha 对该量表进行信度检验，信度反映了问卷中题项是否合适；有效性通常使用因子分析进行，使用的指标是KMO和Bartlett球形检验，KMO指标反映各指标之间的相关性，只有当问卷效度较好时，才能进行因子分析。

## 一、效度检验

**表8-2 数据效度检验**

| 检验指标 | | 指标数值 |
| --- | --- | --- |
| KMO值 | | 0.647 |
| Bartlett球形检验 | 近似卡方 | 6646.423 |
| | 自由度 | 171 |
| | 显著性 | 0.000 |

数据效度检验采用因子分析，效度分析利用KMO和Bartlett球形检验对样本的21个观察变量进行显著性检验，以此来了解各变量之间的数据结构效度情况。检验结果如表8-2所示，KMO值为0.647，大于0.5，Bartlett球形检验显著性概率小于0.05，说明各观察变量存在相关关系，问卷具有良好的结构效度，且各观察变量适合做因子分析。

## 二、信度检验

先对变量进行因子分析，分析问卷中各题项的可靠性，以此来判断问卷中题项是否合适，进而才能进行下一步的模型构建。本书对提取的7个核心因子进行信度分析，信度分析结果如表8-3所示。

**表8-3 数据信度分析**

| 题项 | Cronbach's Alpha |
| --- | --- |
| 产业发展情况 | 0.835 |
| 市场潜力 | 0.834 |
| 子女支持力度 | 0.672 |
| 老年人了解程度 | 0.968 |

续表

| 题项 | Cronbach's Alpha |
|---|---|
| 老年人需求结构 | 0. 603 |
| 老年人健康状况 | 0. 529 |
| 推广程度 | 0. 810 |

Cronbach's Alpha 值都大于 0. 5，其中老年人了解程度达到了 0. 968，产业发展情况、市场潜力和推广程度均达到 0. 8 以上，各题项具有一定的可信度，表示可以运用结构方程模型进行智慧健康养老产业发展水平测度研究。

## 三、探索性因子分析

进行因子分析之后，模型中所需要的题项因子载荷均大于 0. 7 表示问卷中设计的题项较为合理，可以进行下一步分析。并且将通过因子分析得到的变量合成一个因子进行下一步分析，并对因子进行命名。本书将问卷中所需要的题项选取出来，利用 SPSS24. 0 进行探索性因子分析，结果见表 8-4。

**表 8-4 陕西省智慧健康养老产业发展水平探索性因子分析**

| 题项 | 因子 1 | 因子 2 | 因子 3 | 因子 4 | 因子 5 | 因子 6 | 因子 7 |
|---|---|---|---|---|---|---|---|
| 供给服务 | 0. 851 | | | | | | |
| 满意服务 | 0. 794 | | | | | | |
| 满意产品 | 0. 789 | | | | | | |
| 供给产品 | 0. 785 | | | | | | |
| 听说产品 | | 0. 873 | | | | | |
| 听说服务 | | 0. 862 | | | | | |
| 使用产品 | | 0. 809 | | | | | |
| 使用服务 | | 0. 739 | | | | | |
| 是否愿意接受宣传讲座 | | | 0. 907 | | | | |
| 是否愿意接受技能培训 | | | 0. 882 | | | | |
| 是否愿意学习 | | | 0. 717 | | | | |
| 老年人了解 | | | | 0. 961 | | | |

续表

| 题项 | 因子 1 | 因子 2 | 因子 3 | 因子 4 | 因子 5 | 因子 6 | 因子 7 |
|---|---|---|---|---|---|---|---|
| 了解途径 | | | | 0.958 | | | |
| 子女支持 | | | | | 0.878 | | |
| 子女购买 | | | | | 0.966 | | |
| 子女是否了解智慧健康养老产品或服务 | | | | | 0.518 | | |
| Health | | | | | | 0.831 | |
| ADL | | | | | | 0.808 | |
| 日常满足 | | | | | | | -0.745 |
| 需求服务 | | | | | | | 0.598 |
| 需求产品 | | | | | | | 0.592 |

注：提取方法为主成分分析法和凯撒正态化最大方差法。

从表 8-4 中可以看出，观察变量的各因子载荷基本都大于 0.7。因子分析将 21 个观察变量综合为 7 个核心因子。其中将供给服务、供给产品、满意产品、满意服务所组成的第一个核心因子命名为产业发展情况；将听说产品、听说服务、使用产品、使用服务所组成的第二个核心因子命名为推广程度；将是否愿意接受宣传讲座、是否愿意接受技能培训、是否愿意学习所组成的第三个核心因子命名为市场潜力；将老年人了解、了解途径所组成的第四个核心因子命名为老年人了解程度；将子女支持、子女购买、子女是否了解智慧健康养老产品或服务所组成的第五个核心因子命名为子女支持力度；将 Health 和 ADL 所组成的第六个核心因子命名为老年人健康状况；将日常满足、对智慧健康养老服务的需求度（需求服务）、对智慧健康养老产品的需求度（需求产品）所组成的第七个核心因子命名为老年人需求结构。

## 第四节　模型构建与检验

经过了信度、效度检验和探索性因子分析之后，本书运用结构方程进行模型构建。

## 一、模型构建与模型修正

运用结构方程构建了初步的模型，进行参数估计后发现初步构建的模型与观测数据的适配度不佳，需进行模型修正。模型输出结果显示，有的观察变量之间的模型修正指数（MI）较高。其中，观察变量X14（智慧健康养老产品使用）、X15（智慧健康养老服务使用）之间的MI指数较高，对两变量进行修正后，整个模型的卡方值可以减少121.834，与此同时，模型的拟合程度也变高了；再观察变量X17（智慧健康养老产品的供给度）、X18（智慧健康养老产品的应用效果）之间的MI指数，发现MI指数也较高，对两变量进行修正后，发现最终整个模型的卡方值可以减少115.869，模型拟合程度也提高了。所以，将X14（智慧健康养老产品使用）和X15（智慧健康养老服务使用）的残差以及X17（智慧健康养老产品的供给度）和X18（智慧健康养老产品的应用效果）的残差进行修正，模型的拟合度变高，得到的模型较好。具体修正的模型如图8-1所示。

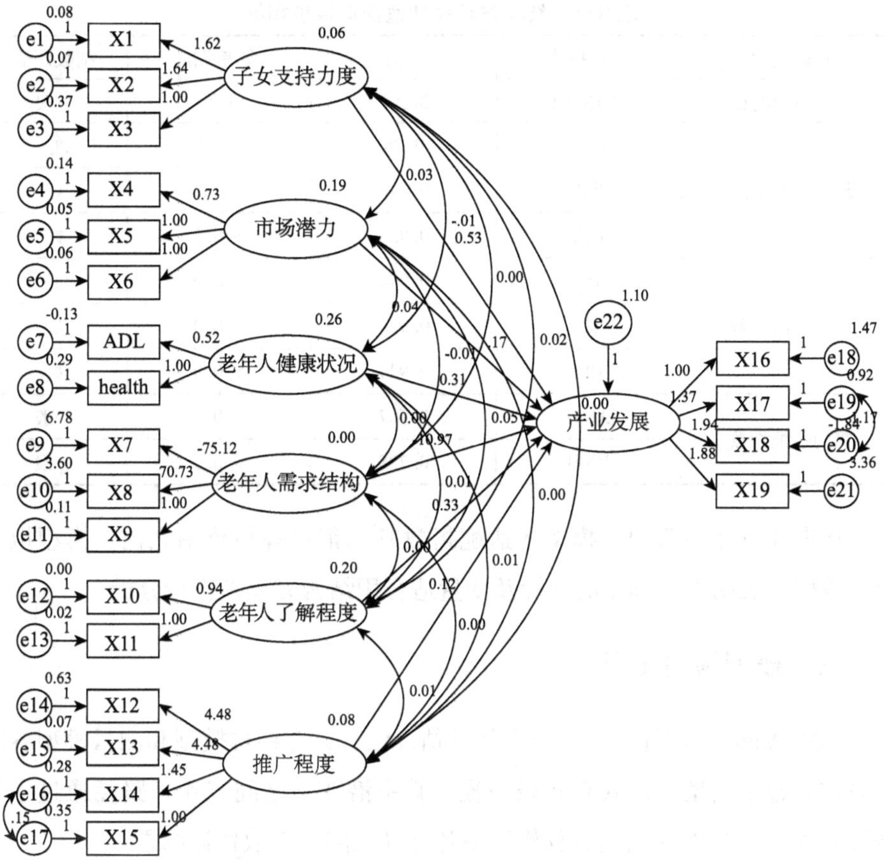


图 8-1　智慧健康养老产业 SEM 模型修正

## 二、模型适配度检验指标

从模型整体拟合程度来看，可以通过绝对适配指数、增值适配指数和简约适配指数是否在参考值之内，来观察模型是否合适。结构方程模型中各路径结果显示，模型中各观测变量的观测误差都为正值，且误差都达到显著水平；潜在变量与各个观测变量之间的因素负荷量值基本都在0.50~0.95；模型基本适配指标符合模型假设。利用绝对适配指数、增值适配指数和简约适配指数判别模型整体的拟合程度，结果见表 8-5。

**表 8-5 结构方程模型适配度评价指标**

| 指标类别 | 拟合指数 | 数值 | 参考标准 | 指数评价 |
|---|---|---|---|---|
| 卡方自由度比 | CMIN/DF | 3.202 | < 5 | 一般 |
| 绝对适配指数 | RMSEA | 0.06 | < 0.08 | 好 |
| | SRMR | 0.048 | < 0.05 | 好 |
| | GFI | 0.928 | > 0.9 | 好 |
| 增值适配指数 | IFI | 0.944 | > 0.9 | 好 |
| | TLI | 0.929 | > 0.9 | 好 |
| | CFI | 0.944 | > 0.9 | 好 |
| 简约适配指数 | AGFI | 0.667 | > 0.5 | 一般 |
| | PNFI | 0.728 | > 0.5 | 一般 |

从表 8-5 中可看出，模型各适配指数基本都在理想范围之内，模型拟合程度较好，表明本书选用的指标及变量适合用结构方程来进行分析。

## 三、模型检验结果

利用 Amos23 软件，采用极大似然估计法，计算结构模型和测量模型各路径系数。整个模型中，共有 6 条路径，其中潜变量之间有 4 条路径通过了显著性检验。表 8-6 为结构方程模型中各标准化路径系数估计结果。

**表 8-6 结构方程模型中各标准化路径系数估计结果**

| | 路径 | 系数 | 标准化系数 | S.E. | C.R. | P |
|---|---|---|---|---|---|---|
| 结构模型 | 子女支持力度→产业发展情况 | 0.530 | 0.11 | 0.197 | 2.686 | ** |
| | 市场潜力→产业发展情况 | -0.169 | -0.06 | 0.116 | -1.461 | 0.144 |
| | 老年人需求结构→产业发展情况 | -10.971 | -0.43 | 3.516 | -3.120 | ** |
| | 老年人了解程度→产业发展情况 | 0.329 | 0.12 | 0.095 | 3.453 | *** |
| | 推广程度→产业发展情况 | 0.120 | 0.03 | 0.146 | 0.816 | 0.415 |
| | 老年人健康状况→产业发展情况 | 0.314 | 0.13 | 0.120 | 2.617 | ** |

续表

| | 路径 | 系数 | 标准化系数 | S. E. | C. R. | P |
|---|---|---|---|---|---|---|
| 测量模型 | 自评健康→老年人健康状况 | 0. 517 | 0. 69 | 0. 121 | 4. 265 | * * * |
| | 子女是否购买→子女支持力度 | 1. 642 | 0. 83 | 0. 188 | 8. 724 | * * * |
| | 子女是否支持购买→子女支持力度 | 1. 618 | 0. 84 | 0. 184 | 8. 779 | * * * |
| | 产品需求情况→老年人需求结构 | -70. 729 | -0. 87 | 21. 501 | -3. 290 | * * * |
| | 服务需求情况→老年人需求结构 | -75. 125 | -0. 81 | 22. 807 | -3. 294 | * * * |
| | 对产品和服务的了解程度→老年人了解程度 | 0. 944 | 0. 95 | 0. 041 | 22. 976 | * * * |
| | 是否愿意接受技能培训→市场潜力 | 1. 003 | 0. 89 | 0. 045 | 22. 475 | * * * |
| | 产品使用→推广程度 | 1. 454 | 0. 61 | 0. 111 | 13. 097 | * * * |
| | 是否听说过养老服务→推广程度 | 4. 476 | 0. 84 | 0. 412 | 10. 852 | * * * |
| | 是否听说过养老产品→推广程度 | 4. 483 | 0. 98 | 0. 404 | 11. 085 | * * * |

注：* * * 表示 P<0. 01，* * 表示 P<0. 05。

由表 8-6 可知，老年人健康状况、子女支持力度、老年人了解程度和老年人需求结构直接对产业发展情况产生显著影响，形成 4 条直接影响路径。其中，“老年人需求结构”对“产业发展情况”这一路径为负向影响，其标准化路径系数为-0. 43；“老年人健康状况”“子女支持力度”和“老年人了解程度”对“产业发展情况”这三条路径为正向影响，其标准化系数分别为 0. 13、0. 11 和 0. 12；且“老年人了解程度”影响最强，其标准化路径系数在 1%的水平下显著，同时“老年人健康状况”和“子女支持力度”的标准化路径系数在 5%的水平下显著。老年人健康状况、子女支持力度和老年人了解程度对产业发展情况有正向促进作用，而老年人需求结构对产业发展情况有负向抑制作用。

## 第五节　本章小结

本章利用2020年1—12月在陕西省开展的“智慧健康养老产业发展”专项调查数据，采用结构方程模型分析智慧健康养老产品和服务对智慧健康养老产业发展的影响。主要发现如下：

（1）老年人健康状况、子女支持力度和老年人了解程度对智慧健康养老产业的发展产生正向显著影响。

从老年人健康状况来看，其对智慧健康养老产业的发展影响较大，相较于失能、半失能老年人，身体健康的老年人是使用智慧健康养老产品和服务的主力人群，老年人对智慧健康养老产品和服务接受度的不同会影响智慧健康养老产业的发展。从子女支持力度来看，子女的支持在一定程度上能提高老年人对智慧健康养老产品与服务的信任和了解程度，因而子女支持力度越高，对智慧健康养老产业的发展越有利。从老年人了解程度来看，该因素能推动老年人对智慧健康养老产品与服务的接受程度和应用程度。因此，发展智慧健康养老产业要注重老年人身体状况，提升老年人的健康养老意识。

（2）老年人需求结构对智慧健康养老产业的发展产生负向显著影响。

从老年人需求结构来看，老年人需求结构对智慧健康养老产业发展有负向抑制作用，且老年人需求结构对智慧健康养老产业发展影响最大。这可能是由于政府和企业缺乏专业人才对智慧健康养老产业进行宣传推广，导致推广的深度不够。同时，中高端供给不足，精准供给不足，使得老年人对智能产品和智慧服务产生了认知偏差。由此可见，智慧健康养老产业发展要多重视老年人对养老产品和服务的需求情况，以供给侧匹配需求侧发展，满足多层次、多样化的老年人养老需求。

# 第九章　陕西省智慧健康养老产业发展基础性保障

当前，大数据、云计算、人工智能及物联网等新一代信息技术蓬勃发展，推动新一轮科技革命席卷全球。新兴信息技术与经济社会各领域的融合不断加深，涌现出产业新模式、新变化。产业数字化潜能持续迸发，推动数字经济成为国民经济中辐射最广泛、表现最活跃的部分之一。2020 年，新冠肺炎疫情席卷全球，为各产业加速数字化转型提供特殊契机，进一步强化数字经济对经济社会的驱动与支撑作用，全球加速步入数字时代，养老行业更不例外。近年来，陕西省高度重视全省数字经济发展，并将其定位为全省新时期加快追赶超越、实现高质量发展的重要支柱。全省数字经济产业总体水平不断提高，企业数字化转型实力与赋能力度不断增强，数字政府、智慧社区及智慧城市建设进程不断推进，人民群众的幸福感、获得感和安全感不断提升。陕西省智慧健康养老产业不断壮大，全国影响力与区域辐射力进一步增强。

## 第一节　基础设施

信息技术对智慧健康养老产业发展具有全面支撑作用，能够提供数据感知、采集、集成、分析工具，推进消费者与各类机构间信息互联互通，支撑提供更多种类、更高质量的智慧健康养老服务。从信息产业角度看，智慧健康养老产业涉及基础硬件、终端设备、软件产品、系统集成四大方面。

## 一、基础硬件

半导体产业是智能硬件产品的基础，陕西省一直是全国半导体领域科研制造的基地之一，目前已形成设计、研发、制造、封装、测试等全产业链。西安打造的集成电路和光电芯片千亿产业集群，咸阳打造的千亿智能显示产业集群以及宝鸡打造的传感器之都，均为陕西省经济发展、硬科技实力提升和国家安全保障提供了有力支撑。

基础硬件主要包括芯片、传感器和显示屏等。陕西省在液晶面板方面有咸阳彩虹集团，在存储器方面有三星电子、美光半导体、紫光国芯等公司，在传感器方面有中航电测、中星测控等公司，在北斗/GPS 定位芯片方面有航天华讯，在光电子器件和集成电路方面有光机所、771 所等，在 PCB 电路板生产方面有陕西生益科技有限公司、宝鸡凌云万正电路板有限公司等，在基础研究方面有西安交通大学、西安电子科技大学、西北工业大学等。这为发展智能硬件打下了坚实的基础。

## 二、终端设备

智慧健康养老终端设备主要有健康管理类可穿戴设备、便携式健康监测设备、自助式健康检测设备、智能养老监护设备和家庭服务机器人等。陕西省在各个方面均有涉猎，尤其在智能终端方面形成了一定的规模。

在智能终端方面，近年来，陕西省通过引进智能终端制造业项目，使智能终端产业链得到迅速发展：从事品牌整机组装生产的有中兴通讯公司（西安中兴通讯终端科技有限公司）、从事智能手机整机代工生产的有比亚迪公司、从事智能电视机生产的有冠捷显示科技（咸阳）有限公司；在医疗检测设备方面有：西安中科微光影像技术有限公司生产的投影式红外血管成像仪、西安力邦医疗网络科技有限公司的慢性病管理工作站、西安华昌智能科技有限公司生产的睡眠心率监测仪、陕西康荣信智慧医学系统股份有限公司生产的骨密度测量仪和血糖血脂测量仪、西安富立叶公司生产的智能测温仪和医院护理终端；在服务机器人方面有：西安牛人机器人科技有限公司和中航创世纪公司等；在康复机器人方面有：陕西汉江机床有限公司的康复机器人、长岭电子科技公司研发的智能护理床、西安电子科技大学研发的欢笑护理床及智能轮椅等；在智能养老监护设备方面有：西安中星测控公司生产的跌倒报警器、西安三花良治电器有限公司生产的洗之朗智能马桶盖。

## 三、软件产品

软件产品是实现硬件的互联互通和支持智慧健康养老服务全面落地的重要支撑，主要包括平台、工具包以及应用软件等。陕西省是国内最早从事软件产品研发、生产和服务的省份之一，近年来高度重视软件及信息技术服务产业的发展，把大力发展软件及信息技术服务产业作为转变经济发展方式和提高综合实力的重要组成部分。在软件及信息服务领域有以华为、中兴和中软国际为代表的 100 多家国内知名企业，同时以高通、英特尔和微软等为代表的 30 多家世界著名公司在陕西省建立研发机构，全省拥有各类软件及信息服务企业 2000 多家。

信息服务企业主要有从事政务大数据应用和智慧城市建设的陕西省大数据集团有限公司，从事政务服务热线、智慧健康养老信息平台开发的西安金讯通软件技术有限公司（12345 呼叫平台），从事智慧健康养老信息平台、物业管理应用开发的西安恒软信息科技有限公司（易养老和易物管），从事智慧健康养老信息平台、物联网应用开发的西安捷众软件科技有限公司，从事智慧社区服务系统开发的西安荣天信息技术有限公司，从事智慧护理整体解决方案的西安巴斯光年医疗科技有限公司，从事健康分析与管理平台开发的陕西百格数据科技有限责任公司，从事医院信息化系统开发的西安海杉信息技术有限公司（基于移动互联网的医护工作平台）、西安海天信息工程有限公司，从事智慧医疗解决方案和互联网医院解决方案的陕西惠宾科技有限公司等。目前，陕西省已经形成了咸阳秦云公司的不老帮、陕西瑞泉的北斗关爱、陕西省水务集团全乐养老服务股份有限公司的全乐养老、汉中益嘉福居家养老服务有限公司的益嘉福智慧居家养老等一系列养老平台、服务与产品。

### 四、系统集成

系统集成服务是指综合运用智慧健康养老产品及产品采集的数据，提供智慧健康养老整体解决方案和健康管理医疗咨询等相关增值服务。软件信息服务业是陕西省的优势产业，也是该省重点支持的产业，许多企业围绕智慧健康养老开展工作。提供智慧健康整体解决方案的有西安麦邦智航科技股份有限公司、咸阳秦云信息技术有限公司、陕西瑞泉养老服务有限公司和陕西省水务集团全乐养老服务股份有限公司；提供智慧社区、智慧城市解决方案的有陕西省大数据集团有限公司、西安荣天信息技术有限公司和西安翔迅科技有限责任公司；开展适老化改造的有西安麦邦和陕西金柏年等；提供医疗信息化的有西安海杉信息技术有限公司和西安海天信息；提供智能安防服务的有西安海康威视数字技术有限公司等。

## 第二节　平台技术

智慧健康养老产业主要利用新一代信息技术产品，实现个人、家庭、社区、机构与健康养老资源的有效对接和配置优化，推动健康养老服务智慧化升级，提升健康养老服务质量效率水平。从发展前景来看，移动通信技术、智能硬件、大数据、人工智能和物联网技术在智慧健康养老产业中具有重要的创新作用，也是智能化养老方式最重要的技术支撑。

### 一、新一代信息技术

#### （一）移动通信技术

数字经济的繁荣离不开互联网、新一代信息技术以及各类数据资源的支持，这些要素之所以能够有效流动，全都依赖于通信网络等基础设施。现代移动通信以 1986 年第一代通信技术（1G）发明为标志，经过 30 多年的爆发式增长，极大地改变了人们的生活方式，并成为推动社会发展最重要的动力之一。随着移动通信系统带宽和能力的提升，移动网络的数据传输速率也飞速提升，从 2G 时代的每秒 10Kbit，发展到 4G 时代的每秒 1Gbit，足足增长了 10 万倍。历代移动通信的发展，都以典型的技术特征为代表，同时诞生出新的业务和应用场景。而 5G 不同于传统的几代移动通信，它不再由某项业务能力或者某个典型技术特征所定义，具有高速率（峰值速率大于每秒 20Gbit，相当于 4G 的 20 倍）、低时延（网络时延从 4G 的 50ms 缩减到 1ms）、海量设备连接（满足 1000 亿量级的连接）、低功耗（基站更节能，终端更省电）等特点。

近年来，陕西省“一年一部署”，扎实推进通信基础设施建设，网络覆盖面与综合实力明显提升。截至 2019 年底，全省的 4G 通信网络已全面搭建完成，基站总数达 17.5 万个，全省 99%以上的行政村实现了 4G 网络全覆盖。光缆总长度达 175 万公里，光纤入户数超 1000 万户，宽带速率为 38Mbps，居全国第 13 位，省内所有行政村已实现光纤覆盖。依托日益完善的基础设施，全省互联网连接设备保有量大幅提升，宽带用户数由 2015 年的 605.4 万户增长至 2020 年的 1368.96 万户，移动电话用户数由 2015 年的 3649.7 万户增长至 2020 年的 4589.72 万户，整体数字经济基础环境大幅优化。

截至 2020 年底，西安国际互联网数据专用通道总带宽达到 870G，全省 4G 基站建成 19.3 万个、用户达到 3733 万户，5G 基站建成 1.9 万个、示范应用场景达到 16 个、5G 用户达到 1027 万户，全省移动宽带用户下载速率和固定宽带可用下载速率分别为 34.55Mbps、49.37Mb/s，居全国第 12 位、西部第 1 位。工业互联网标识注册量超过 2000 万、物联网终端用户总数突破 2700 万户，北斗地基增强系统基准站建成 94 座，北斗卫星导航系统推广应用到 41 个行业，陕西北斗卫星导航定位基准站系统成为我国首个全网支持全星座、全频率的高精度定位服务系统。在大数据产业方面，陕西省与西安市分别于 2016 年和 2017 年发布了专项行动方案，通过打造光网西安、无线西安以及建立“一带一路”大数据中心西北分中心、城市运行大数据中心等，有效提升数据共享开放能力，切实丰富大数据资源。据测算，2020 年陕西省软件服务，计算机、通信和其他电子设备制造等数字经济核心产业产值增长 40%，成为驱动陕西省经济高质量发展的重要动力引擎。

### （二）智能硬件

智能硬件设备是智慧健康养老服务入口，也是智慧健康养老产业中最令人瞩目的产品。智能硬件可以帮助解决部分空巢老年人的照顾与生活需求问题，例如发展健康管理类可穿戴设备、便携式健康监测设备、自助式健康检测设备、智能养老监护设备和家庭服务机器人等。

通过智能硬件设备对老年人血压、血氧、血糖、心率、运动及睡眠进行监测，实时向平台传输数据，子女可通过平台查看老年人每日的健康数据，若数据超出安全范围，平台将通过 APP 推送、短信和电话等方式提醒用户。

陕西省在智能硬件研究方面汇聚了西安交通大学、西北工业大学、西安电子科技大学和西安邮电大学等高校，汇聚了西安中兴通讯终端科技有限公司、彩虹集团等一批企业，在集成电路、显示、存储、软件等方面技术处于国内领先水平。但出于产业配套的原因，智能硬件整机方面除智能手机外，其他智能终端批量都不大。

### （三）大数据

大数据（Big data）是指无法在一定时间范围内用常规软件工具进行捕捉、管理和处理的数据集合，是需要新处理模式才能具有更强的决策力、洞察发现力和流程优化能力的海量、高增长率和多样化的信息资产。具有以下特点：

1. 数据量大（Volume）

大数据的起始计量单位至少是 P（1000 个 T）、E（100 万个 T）或 Z（10 亿个 T）。

2. 类型繁多（Variety）

大数据的类型包括网络日志、音频、视频、图片和地理位置信息等，多类型的数据对数据的处理能力提出了更高的要求。

3. 价值密度低（Value）

随着物联网的广泛应用，信息感知无处不在。信息海量，但价值密度较低，如何通过强大的机器算法更迅速地完成数据的价值“提纯”，是大数据时代亟待解决的难题。

4. 速度快、时效高（Velocity）

处理速度快，时效性要求高。这是大数据区分于传统数据挖掘最显著的特征。

大数据技术让人类拥有了海量数据的管理与处理方法，能够帮助企业从海量非结构化数据中挖掘老年人真实需求。

陕西省大数据产业起步早、发展快。2012 年 12 月，陕西省率先在北京举办“西咸新区大数据高峰论坛”，发布陕西省大数据发展战略；2015 年 11 月，省政府第十八次常务会议提出要把大数据产业打造成陕西省战略性新兴产业。目前，陕西省已形成了“大数据集团+基地+大数据研究院+产业基金+大数据交易+行业云+培训机构+社区数据服务中心+数据资产评估中心+产业协会”十位一体的大数据产业生态体系。通过秦云工程推动汇聚政府、行业和社会三类数据资源，涌现出陕西大数据集团、美林数据技术股份有限公司和陕西云基华海信息技术有限公司等领军企业，为智慧健康养老产业的发展奠定了基础。

**（四）人工智能**

人工智能是研究、开发用于模拟、延伸和扩展人的智能的理论、方法、技术及应用系统的一门新的科学技术，人工智能可以理解为用机器不断感知、模拟人类的思维过程，使机器达到甚至超越人类的智能水平。人工智能是一种引发诸多领域产生颠覆性变革的前沿技术，当今的人工智能技术以机器学习，特别是深度学习为核心，在视觉、语音和自然语言等应用领域迅速发展，已经开始像水电煤一样赋能于各个行业。

智能应用成为互联网下一演进阶段周期的核心要义，人工智能部分技术已经进入产业化发展阶段，带动新的产业兴起。基于机器学习技术快速进步，互联网正凭借快速发展的人工智能技术，为用户提供个性化、精准化和智能化服务，大幅提升业务体验，并与生产生活的各个领域相融合，有效提升各领域的智能化水平，给传统领域带来变革机遇。

人工智能技术的发展能够赋予机器更多的“智慧”，使其在交互与运行过程中更加适老化和智能化。陕西省科教资源优势明显，人工智能领域的人才和技术实力在全国领先，形成了西安交通大学、西北工业大学和西安电子科技大学领先，其他高校和科研院所各有所长的格局，这在一定程度上引领了国内人工智能技术的发展。

**（五）物联网**

物联网（Internet of Things，IoT）是指通过信息传感设备，按约定的协议，将任何物体与网络相连接，物体通过信息传播媒介进行信息交换和通信，以实现智能化识别、定位、跟踪和监管等功能。物联网典型体系架构分为3层，自下而上分别是感知层、网络层和应用层。感知层实现物联网全面感知的核心能力，是物联网中关键技术、标准化、产业化方面亟须突破的部分，关键在于具备更精确、更全面的感知能力，并解决低功耗、小型化和低成本问题。网络层主要以广泛覆盖的移动通信网络作为基础设施，是物联网中标准化程度最高、产业化能力最强、最成熟的部分，关键在于为物联网应用特征进行优化改造，形成系统感知的网络。应用层提供丰富的应用，将物联网技术与行业信息化需求相结合，实现广泛智能化的应用解决方案，关键在于行业融合、信息资源的开发利用、低成本高质量的解决方案、信息安全的保障及有效商业模式的开发。

物联网技术的发展让感知及监测成为可能，能够满足老年人健康监测等需求。对物联网的信息感知和采集设备来说，陕西省在传感器技术方面处于全国领先，涌现出麦克传感器股份有限公司、西安中星测控有限公司和西安航天自动化股份有限公司等领军企业，并创办了物联网行业全国唯一的专业期刊——《物联网技术》。

**（六）陕西省的技术优势**

陕西省科教资源优势明显，现有各类科研机构1340家、高等院校115所、国家级重点学科126个、国家级园区平台324个、国际创新合作平台71个，有两院院士69人，目前已逐步形成软件及信息服务、集成电路、智能终端、太阳能光伏和高端装备等优势产业集群。

近年来，陕西省先后认定了光电子集成制造业、智能机器人和半导体器件等多个省级创新中心，目前正在积极筹建先进显示及新一代通信技术装备创新中心。目前，全省电子信息产业领域共拥有20多个国家级重点实验室、工程中心和企业创新中心，科技成果转化优势明显。在大数据方面陕西省有西安交通大学的徐宗本院士、在人工智能方面陕西省有西安电子科技大学的焦李成教授（俄罗斯国家科学院院士，欧洲科学院院士）、在机器人方面陕西省有西安交通大学的郑南宁院士、在物联网方面陕西省有西安交通大学的蒋庄德院士等领军人物，这为陕西省智慧健康养老产业的发展奠定了良好的基础。

“十四五”期间，陕西省电子信息产业将围绕集成电路、光子、太阳能光伏、智能终端、新型显示和智能传感器6个重点方向，积极实施产业基础再造和产业链提升工程，力争2025年产值突破3300亿元，年均增长12%，努力将陕西省打造成全国先进的电子信息产业基地。

## 二、智慧健康养老平台

智慧健康养老平台及系统是指依托信息化和智能化等新一代信息技术，创新应用O2O运作模式，通过对老年人服务需求信息的感知、传送、发布和对服务资源的整合共享，将医疗服务、运营商、服务商、个人和家庭连接起来，满足老年人多样化和多层次的养老需求。陕西省现有的应用范围广、社会影响大的智慧健康养老服务平台有：

### （一）陕西省智慧健康养老服务平台

陕西省智慧健康养老服务平台由陕西省民政厅和省移动公司合作搭建。2020年4月26日，由陕西移动承建的12349陕西省智慧健康养老服务热线正式开通。12349服务热线是整合各类养老服务资源，采取“互联网养老”服务模式打造的“无围墙的养老院”。老年人足不出户，一个电话即可享受专业养老机构提供的查询、政策解答、助洁、助餐、助医、助护等服务。

### （二）咸阳市12345便民服务平台

咸阳市12345便民服务平台是智慧城市“六个一”应用工程的重要组成部分，建成于2014年7月1日，通过12345便民服务一号通为咸阳市民提供便利的政策咨询和信息查询服务。它搭起政府与市民沟通的桥梁，进一步提升了政府的行政效率，推动服务型政府的建立和转型。平台的服务内容涵盖百姓需要的方方面面，通过加盟企业向老百姓提供的服务评价积累，建立强有力的政府信用平台，提高为人民服务的质量和效率，建立严密、有效的信用管理制度，树立服务行业的诚信服务形象。

**（三）西安民政智慧健康养老信息服务平台**

西安民政智慧健康养老信息服务平台由西安市如亲智慧健康养老发展中心建设运营。平台始建于 2011 年初，经过多次升级优化，变集中式架构为分布式架构。平台终端延伸到区民政局、9 个街道办、131 个社区，连接老年人和服务组织，实现区、街、社区三级联动态势。平台包括服务热线、网站、短信和微信平台、养老政务服务、社区养老服务、业务管理、老年人能力评估系统、服务监督系统（手机 APP）、嵌入式以床养老管理系统九大部分。在开展养老公共信息服务的基础上，聚合加盟商资源，提供家政、生活照料、医疗健康、购物配送、旅游旅居、储蓄保险和保健等服务。

**（四）西安家庭呼叫医生**

西安家庭呼叫医生成立于 1997 年 1 月 18 日，是经西安市卫生局批准的一家以家庭医生全年 365 天 24 小时送医送药上门服务为主的专业医疗机构；主营家庭医生出诊、巡诊、家庭病床医疗、长短途病员转诊和家庭医生健康管理业务；承接各种公益或商业大型活动并提供医疗保障。同时，西安家庭医生呼叫中心也是德国安邦集团全球医疗服务定点机构，与陕西省各大医院均建立了转诊、分诊服务体系，提供上门看病、救护车送人和重症转诊等服务。

**（五）虚拟养老院**

莲湖区民政养老服务平台，是由陕西金宝美养老服务有限公司（集智慧健康养老、健康管理、医养结合和生活便民服务为一体的综合性养老服务机构）建设运营的虚拟养老院，利用信息化手段、互联网和物联网技术搭建面向老年人群体的服务系统与信息平台，为老年人提供实时、快捷、高效、低成本的物联化、互联化、智能化的养老服务。

“莲湖区虚拟养老院”项目是在西安市莲湖区民政局的批准和支持下启动运营的多元化智慧健康养老信息服务平台。运用“互联网+”思维，将互联网、物联网、云计算、大数据与养老服务相结合，通过信息化手段整合社会专业养老服务资源，共同构建的新型智慧健康养老服务。以手机“APP+呼叫中心+虚拟养老院”网络平台为载体，整合政府、养老服务机构、家政服务机构、为老服务机构等资源，服务范围覆盖整个莲湖辖区，面向社区居家老年人提供安全监测、老年助餐、老年文化娱乐、便民生活、老年辅具供应、陪护护理、陪医、智能适老设备等 16 类 186 项服务。目前服务项目仍在持续开发并稳定增加，以满足老年人多样化、多方面和多层次的养老服务需求。

**（六）宝鸡市智慧健康养老综合信息服务平台**

宝鸡市民政局运用“互联网+养老”的创新思维，2020 年 3 月上线宝鸡智慧健康养老综合信息服务平台，承担了全市养老服务的信息管理、政策咨询、业务指导、服务监管及评估反馈等功能。老年人可拨打全市统一养老服务热线 12349 预定服务，平台统一接单和派单，并进行统一监督和考核，形成可视化、数据化的服务流程，确保每位有需求的老年人都能享受到应有的服务，保证居家和社区养老服务的质量。截至 2020 年 10 月，已有 54 所养老机构依托该平台开展业务。据悉，该平台扩建项目将于 2021 年内完成，届时智慧健康养老将融入智慧宝鸡“城市大脑”，12349 将联入 12345 热线，形成更大范围调度协同、互联互通的城市养老云场景，实现“速度+精度+温度”的实时在线服务。近期上线的“宝鸡城乡居民养老 APP”，随时随地可以轻松搞定所有居民养老保险业务，足不出户办理参保、缴费、查询、认证和转保等业务。

**（七）燕尾帽“互联网+护理”服务平台**

该平台以“医—护—康—养”中的护理为主线，打造专业护理服务平台，解决养老和康复过程中的护理服务问题。通过移动互联网的技术和应用，以“护士上门”业务为核心和先导，助力各级医院和社区医疗机构将专业的护理服务延伸到院外、社区和家庭，为治疗患者、康复患者和居家养老群体提供全病程的延续护理及健康管理服务，解决专业护理服务的可及性问题，提升医疗服务机构的护理信息化和智慧化水平。

平台目前为合作医院提供免费上线服务，根据医院情况协助开展适合医院的护理服务项目，开展院外延续性护理服务建设，并提供培训、标准化质控流程指定等技术和服务支撑。该平台由西安燕尾帽医疗科技有限公司研发，获得了2020年第二届全国智慧健康养老创新创业大赛（服务组）金奖。现有的（院内）医疗服务体系以应急和救治为主，居家（院外）是养老、康复和慢病管理的主要场所，解决老年人经常性往返于医院、养老机构及家庭，家庭负担重、患者就医体验差及效率差等问题。

平台服务内容包括：

（1）为出院康复、居家养老的患者或老年人提供“线上预约，线下服务”的上门护理项目，由医院等医疗机构派遣的专业护士进行上门服务。

（2）提供患者与机构医护关系的延续、信息沟通信息平台，可全病程（住院期间及出院后）参与医院护理管理及互动，包括治疗信息提醒、护理评估、健康宣教、满意度调查、随访、延续护理服务等业务。

（3）提供互联网在线护理问诊服务，用户就某些居家护理症状、病情、操作等向平台注册认证的医护专家咨询，专家利用医学知识及临床经验在线解惑并提供建议。

（4）扩展提供其他照护服务，如救护车转诊、日常护工照护、陪诊服务等。

**（八）金讯通智慧健康养老平台**

西安金讯通软件技术有限公司是一家专业从事通信软件技术及“互联网+”应用开发的高新技术企业。公司一直致力于呼叫中心及行业应用解决方案开发与研究，其产品聚焦于12345政务热线、社会治理大数据、呼叫中心等领域，客户群体以政府和企业为主。金讯通智慧健康养老平台运行系统见图9-1。

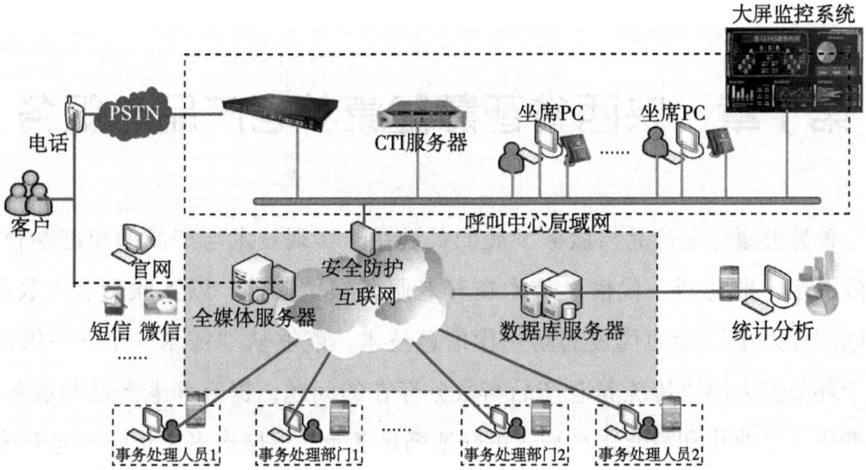


**图 9-1　金讯通智慧健康养老平台运行系统**

金讯通智慧健康养老平台，以 12345 市民呼叫中心为依托，老年人及子女通过一键呼叫 12345 市民服务热线，即可下单给服务商家，并按老年人定期护理需求派单给服务商家，满足老年人家政服务、居家康复、精神慰藉、助餐助浴和陪同就医等不同养老需求。

该方案基于呼叫中心、AI 人工智能、工单流引擎、知识库管理、全媒体渠道管理（电话、微信、网站、APP、视频等）、大数据分析等先进技术，结合各行业应用实际需求打造出符合各行业应用特色的行业解决方案。

# 第十章　陕西省智慧健康养老产品与服务

智慧健康养老产品与服务发展的关键在于实现技术与产品的高度融合和有效衔接，推动新一代信息技术在养老服务领域落地。以互联网、大数据、物联网和人工智能为代表的新一代信息技术，能够从“需求—生产—供给”三个环节发力解决传统养老产品与服务存在的问题，提升养老产品与服务的精准化、专业化和智能化水平，更好地满足老年人多层次多样化的养老需求。

## 第一节　智慧健康养老产品

智慧健康养老产品是紧密结合新一代信息技术，且具备显著信息化和智能化特征的新型智能终端养老产品。根据工信部、民政部与卫计委联合发布的《智慧健康养老产业发展行动计划》，将智慧健康养老产品分为健康管理类可穿戴设备、便携式健康监测设备、自助式健康检测设备、智能养老监护设备和家庭服务机器人五大类。这些设备要具备独立的设备标识码和标准化传输模式，如无线蜂窝通信、短距离无线通信、低功耗广域网等模式，且推荐使用低功耗广域网以及加密传输和通信方式。同时，还应具备数据实时传输及与大数据平台对接服务的能力，数据系统应符合相关信息安全标准和电气安全等相关国家标准。

### 一、健康管理类可穿戴设备

健康管理类可穿戴领域当前重点发展健康手环、健康腕表、可穿戴监护设备等，可对血压、血糖、血氧、心电等生理参数和健康状态信息进行实时、连续监测，实现在线即时管理和预警。典型产品有以下两种：

### （一）智能腕表

西安航天恒星研发的北斗智星智能腕表，核心功能为北斗与 GPS 双模式精准定位，可实现快速、精准的紧急呼叫，健康管理与关爱提醒等功能，具备吸附式充电、触摸滑屏操作、医用级硅胶材质表带和生活防水等特点。

### （二）智慧轮椅

西安电子科技大学研制的智慧轮椅基于眼球控制的智能居家轮椅系统，通过对眼球进行识别与追踪来获取眼球视线聚焦位置、有效凝视时间等信息，通过计算可判断“渐冻人”或老年人当前的行为意图。“渐冻人”可自主控制轮椅移动路径以及门锁、灯光、窗帘、电视和空调等智能家居设备。同时，项目还加入了音乐部分，让“渐冻人”可以用眼睛选歌和听歌。这一代的智慧轮椅充分展现了其研发宗旨——为“渐冻人”等罕见病患者的生活带来更多的便利，让每个人平等地感受智能带来的便捷，实现智慧生活。

## 二、便携式健康监测设备

便携式健康监测领域当前重点发展用于家庭、家庭医生、社区医疗机构的集成式和分立式智能健康检测应用工具包，便于个人、医护人员和机构在家庭和移动场景中实时检测各种生理指标，并能借助在线管理系统实现远程健康管理等功能。典型产品有以下两种：

### （一）骨密度监测仪、糖尿病监测仪

陕西康荣信智慧医学系统股份有限公司（Kanrota）是一家具有海外技术背景的专业从事现代医学仪器研究、开发、生产、销售的高新企业，其中国总部设在深圳西丽大学城，生产基地坐落于陕西省西安咸阳开发区，并在全国各地区设有服务机构。主要产品有 UBS 全品种全系列超声骨密度（桡骨+胫骨、跟骨、指骨、额骨，婴儿/儿童/成人型）、DEXA 周围及全身双能 X 射线骨密度、VIPBody/BestBIS 多频/全频人体成分监测、SPR 全品种全系列呼气与心肺功能（呼气分子诊断、通肺、运动心肺，婴儿/儿童/成人型）、Escan 糖尿病检测（电导体感诱发与健康测估和人体成分）、CGMS 实时动态

智能血糖监测、POCT 生物基因、iCheck 综合智能大体检（公共体检、移动动态监测、可穿戴监测）等十几个品种。

### （二）无创连续血压监护仪

该产品由西安力邦医疗电子有限公司生产，且具有以下特点：可用于监测无创伤、无感染及血栓形成的并发症等；可连续监测脉搏血压值、血压波形及其瞬间变化；测量快捷、便利；抗患者肢体躁动能力强；长时间使用不影响患者肢体血液循环及神经传导；无须特殊操作技能；无须昂贵耗材，从而减轻患者负担；在低灌注状态下仍可测量，且在配有高能锂电池时可支持突发情况下使用。

## 三、自助式健康检测设备

自助式健康检测领域当前重点发展用于社区机构、公共场所的自助式智能健康检测设备，便于用户在不同社区、机构中随时随地完成基础健康状态检测，以此提升用户自我健康管理能力。典型产品有以下两种：

### （一）智能微养产品与系统

智能微养产品与系统由西安华昌智能科技有限公司联合苏州泓乐智能科技有限公司研制。该项目取得了多项知识产权，已在西安市浐灞半岛社区、长安泓润医院、西安市莲湖区虚拟养老院以及北京、石家庄、烟台、银川、兰州、常州和南京等地落地实施。其中，家庭床位生命体征监测系统运用非接触传感技术采集生命体征数据，并创建动态生命体征传感网络，可通过在社区内高龄、独居的老人家中部署智能呼吸心率监护设备，对老年人的生命体征和居住环境进行监护。老年人出现异常情况时，系统会自动预警，监护人员能够及时发现，服务人员能够精准响应，可实现“家属+社区+服务中心”三方共管老年人，降低老年人在家中发生意外的概率，规避其发生意外不被发现的现象。智能微养产品与系统主要通过智能呼吸心率监护仪 SR-2（由压电薄膜微动传感器和中继器两部分组成）来运行。

（1）传感器采集：心率、呼吸率、体动、打鼾（鼾症监测及判断）、呼吸暂停检测、REM（做梦）浅睡眠、深睡眠。可放置于枕头下或枕头位置床垫下，可采集 5~50 厘米的数据。

（2）中继器：可实现 Wi-Fi、移动物联网大数据传输。中继器连接适配器，适配器插在床头插座距离 3 米以内。

该系统能够实现以下功能：

（1）四健康。

即呼吸心率异常监测、鼾症及呼吸暂停监测、心肺功能衰竭监测和睡眠状态监测分析评价。

（2）四安全。

即长期卧床翻身提醒、异常离床实时提醒、居室活动异常提醒和室内环境异常提醒。

（3）四管理。

即个人健康档案管理、预警阈值自主设定、消息微信短信提醒和机构系统数据统计分析。

**（二）极简自助辅助护理机器人床**

该产品具有高静音、强推力的特点，拥有人体工学扶手和零重力模式设计，产品无遥控、无须学习，可自主辅助起身，对睡眠生命体征进行实时监测，可静态分散体压、微按摩，从而预防褥疮、改善睡眠。该产品适用于高龄长者，病后康复、认知症以及起床困难者，能有效帮助独居老年人。

## 四、智能养老监护设备

智能养老监护领域当前重点发展用于家庭养老及机构养老的智能轮椅、监护床等智能检测、康复和看护设备，开发预防老年痴呆症患者走失的高精度室内外定位终端，实现自主自助的养老功能，提高用户自主养老、自主管理的能力，提升社会和家庭养老资源的使用效率。陕西省从事这类产品研发和生产的企业较多，典型产品有以下两种：

**（一）"孝为先"跌倒报警器**

该产品由西安中星测控有限公司的子公司——西安益路邦穿戴电子有限公司研制，通过实时监测老年人身体姿态，在其意外摔倒时，产品自动发出报警短信及跌倒位置信息。也可在老年人身体感觉不适时触动按键三秒，启动通话功能，与子女或指定人员进行双向通话，并得到及时救助。它主要包括跌倒自动短信报警（单/群发）、跌倒现场语音提示、跌倒轮流拨打设置号码（5~10 个）、紧急情况按键短信报警（单/群发）、机主状态短信问询、定时温馨提示、电量不足短信提示、开机短信提醒、吃药提醒功能、GPS（北斗）定位以及免提通话等功能。

“孝为先”系列产品融合了 MEMS 传感技术、数据处理技术、GSM、4G 无线通信技术以及贴合老年人特点的应用软件技术。其外形美观、操作简单、按键内凹、标识外凸、语音清晰，可挂扣在腰间或绳挂在颈上，四周圆角过渡，是当前市面上典型的物联网产品。它拥有 8 项中国专利和 1 项 PCT 国际发明专利。截至目前，产品已远销国内外十几个国家，获得广大客户的一致好评，并已通过 CE/FCC/A-tick 及 PTCRB 认证。

### （二）脑机接口上下肢康复训练系统

该产品由西安臻泰智能科技有限公司依托西安交通大学“836 计划”科技成果转化而来。主要包括脑机接口上下肢康复训练系统（医院版）、脑机接口下肢康复训练系统（社区版）、国内首款全兼容脑电采集分析系统和业内首款无线便携式脑电头带。

针对传统康复手段被动单一、疗效不佳的问题，臻泰智能首次提出“BCI+VR+机器人”脑机智能康复行业整体解决方案。即通过脑机接口技术进行运动意念识别，将被动训练转换为患者的主动运动，进一步提高患者的主观能动性，并在患者受损的中枢神经中形成实时监测与反馈，大幅提高康复疗效。基于该方案，臻泰智能研发了“脑机接口康复训练系统”，可供累计数千例患者临床使用，缩短了 1/3 的治疗时间，目前该产品已进入二类医疗器械注册流程。

## 五、家庭服务机器人

家庭服务机器人领域当前重点发展满足个人和家庭家居作业、情感陪护、娱乐休闲、残障辅助以及安防监控等需求的智能服务型机器人，它能提供轻松愉快、舒适便利、健康安全的现代家庭生活，提高老年人生活质量。典型产品有以下两种：

### （一）瑞泉关爱老年机器人

瑞泉关爱老年机器人居家养老服务体系基于百度技术打造了“健康管理”和“养老秘书”板块，并通过智慧机器人，结合瑞泉养老线下服务站点，将居家老年人、子女、平台及服务商进行整合，完善了服务流程。该产品是由陕西瑞泉养老北斗科技公司依靠强大的百度信息和技术支撑，为老年人解决身边的问题，与国内 AI 智能机器人的领先者——马成科技共同打造的。老年人可通过语音呼叫、语音下单与语音聊天等方式，直接将需求发送到平台上，平台再根据老年人的需求派单。智慧产品最大的优势在于将电话、微信、视频、监管和数据上传等多项功能融为一体，老年人只需语音下达指令即可。他们可通过呼叫“养老秘书”，并与其聊天，就可完成心理慰藉和精神慰藉等多项居家养老服务的下单，子女也可通过手机端为老年人定制服务及生活便捷管理。设备内嵌的“健康管理”可直接与医生连接，医生可随时通过平台对老年人健康数据进行管理，给予健康指导意见，并通过智能机器人语音播报给老年人。

### （二）服务机器人

西安牛人机器人科技有限公司（Niurobot）是中国西部率先实现智能服务机器人自主研发、生产、独立运营管理的科技企业。公司产品主要功能为送餐、点餐、支付、迎宾、导游、讲解、人机互动、安防监控、教育、教学、老年人看护、家庭陪伴、政务系统服务、商务服务、商业办公、远程互动、空气净化、室内清洁等。目前，该公司旗下已经拥有“灰姑娘”送餐迎宾机器人、“彩虹妹妹系列”送餐迎宾机器人、“女神”送餐迎宾机器人、“嘟嘟小管家”家庭安防陪护机器人、“智善云”智能商务办公机器人系列、“niurobot”智能互动家用机器人系列、“牛人云小宝”智能互动陪伴机器人、“智善智能”DIY 益智机器人系列、“牛人大谷”智能教育教学产品系列和“niurobot 酷洁”家庭清洁机器人系列等多个品牌系列。

该公司研发的陪伴机器人是基于情感引擎驱动、语音识别和语义理解，来实现自主导航、娱乐互动、语音对话、知识问答等功能。清洁机器人是在老年人的指挥下，帮助老年人打扫卫生。这些机器人既减轻了老年人的体力劳动，又丰富了老年人的精神生活。

## 第二节　智慧健康养老服务

智慧健康养老服务主要包括慢性病管理、居家健康养老、个性化健康管理、互联网健康咨询、生活照护、养老机构信息化等。其致力于推动企业和健康养老机构充分运用智慧健康养老产品，培育智慧健康养老服务新业态。陕西省从事智慧健康养老应用服务的企业众多，形成了自身服务特色。

### 一、慢性病管理

即利用智能健康管理设备和互联网平台等手段对居民进行慢性疾病的管理。当前发展重点是疫情监测、档案管理、个性化评估、趋势分析、诊疗建议、异常预警、紧急救助及康复服务等。典型服务案例为西安松鹤养老院。

西安松鹤养老院依托西安唐城医院先进的医疗设备、雄厚的技术力量、优秀的护理团队和完善的服务设施，将现代医疗技术与养老保障模式有效结合，主要服务对象为失能、失智、半失能人员及临终关怀人员。该养老院以“替政府分忧、为家庭解难、替天下儿女尽孝”为目的，利用智能医疗设备和互联网，积极探索提高失能、失智及临终人员生活质量的护理理念，真正做到“无病养老、有病治病”，为老年人提供专业的健康管理、慢性病干预、康复护理、药物管理等规范服务。

### 二、居家健康养老

即以家庭为核心、以社区为依托、以专业化服务为依靠，利用智能健康养老产品，为居住在家的老年人提供以解决日常生活困难为主要内容的社会化服务。当前发展重点是健康体检、居家环境监测、远程看护、亲情关怀、健康干预及健康评估反馈等。典型服务为靖边颐靖轩居家养老服务中心。

靖边颐靖轩居家养老服务中心，是一所以居家养老服务为依托、以老年人家庭为载体、提供居家养老服务的综合型服务中心。其依托智慧健康养老服务平台，通过一站式“服务超市”，为老年人提供居家养老“11 助”（助餐、助洁、助急、助浴、助医、助行、助购、助学、助游、助娱和护理）等服务工作。服务中心为每位老年人建立一份电子健康档案，包含既往病史、用药记录等，并实时上传保存老年人健康监测数据，包括血压、血糖、血氧和心电数据等。它将健康数据实时上传到平台，当健康指标出现异常时，平台会自动报警，服务人员根据提示提醒老年人主动就医，预防突发状况的发生。一旦老年人出现紧急状况，医院可及时调出老年人健康数据作为救治参考。

## 三、个性化健康管理

即基于个体的健康现状，利用互联网建立健康管理档案，提出个性化的健康管理指导方案；基于个体的健康档案和智能健康监测设备，为高健康风险的老年人提供紧急援助服务、健康维护与疾病预防，降低医疗开支，提高生命质量。当前重点发展信息采集、健康计划、健康教育、健康跟踪、病情诊断、风险筛查和健康信息查询等。典型服务案例为西安家庭医生呼叫中心。

西安家庭医生呼叫中心是经西安市卫生局批准的一家以家庭医生全年全天送医送药上门服务为主的专业医疗机构。其主营家庭医生出诊、巡诊、家庭病床医疗、长短途病员转诊和家庭医生健康管理业务，承接各种公益或商业大型活动并提供医疗保障。同时，它也是德国安邦集团全球医疗服务的定点机构，与陕西省各大医院均建立了转诊、分诊服务体系，主要提供上门看病、救护车送人、重症转诊等服务。针对老年人开展的特色服务有以下几种。

### （一）出诊、巡诊，全科医生上门看病

当老年人身体出现不适时，呼叫中心会派出全科医生和护士直接到患者家里开展上门就诊服务，解决老年人群、行动不便人群和无人陪护人群等“看病难”“住院难”的问题，实现“小病不出门，大病上医院”的目标。

### （二）签约家庭医生服务

中心通过与社区和个人签订家庭医生健康管理服务，为签约用户提供完善的健康管理医疗服务，如家庭医生定期上门体检与回访，建立完善的个人医疗档案，提供快速医疗绿色通道，向患者提供有针对性的医院转诊服务，快速办理住院手续等。同时，通过可穿戴式智能设备以及云数据，为签约对象提供紧急求救服务，通过及时定位服务，并进行数据的收集、整理和分析，加上自身的医疗团队支撑，可更加准确地应用在个人身体指标预警、常规健康管理，乃至慢性病干预之中。

## 四、互联网健康咨询

互联网健康咨询即利用互联网实现健康咨询预约，获取专家预约服务和在线咨询服务或互联网医疗服务，通过互联网咨询网站获取多种医疗健康保健知识，在医与患、医与医、患与患的健康交流平台上进行互动交流。当前，互联网健康咨询发展重点是依托互联网平台，开展在线咨询、预约挂号、诊前指导和诊后跟踪等服务。典型服务案例有西安宏朴网络科技有限公司和空军军医大学唐都医院互联网医院。

### （一）西安宏朴网络科技有限公司

西安宏朴网络科技有限公司是一家专注于在线中医教育和咨询的公司，其开发运营的菁问学社是专门输出健康知识的教育平台，平台由多位医学行业资深专家组成，通过平台传播中医健康知识，让更多的人学习并受益。当前开发的课程有慢性病课程（包含脂肪肝、颈腰椎疾患、高血脂症、糖尿酸血症、超重或肥胖、慢性浅表性胃病、胆囊疾患、肾结石、前列腺增生、慢性/过敏性鼻炎、高尿酸、糖尿病和冠心病等）、百病百讲（日常生活中一百个病种）、妇科专篇和骨科专篇。课程受到广大中老年人的高度认可，通过与多家智慧养老机构合作，已完成全国范围内课程覆盖 10 万余人次，让更多的中老年人“未病先防，小病不慌”，慢性病通过按摩和锻炼、饮食等方法来缓解，提高中老年人的健康意识。

### （二）空军军医大学唐都医院互联网医院

空军军医大学唐都医院于2021年7月5日上线互联网医院全功能，有34个科室500余名专家团队在线提供服务，且患者仅需8元诊查费就能得到教授级别的专家在线问诊服务，同时复诊开药、药品配送、预约检查和预约住院等流程在手机就可以全部搞定。值得一提的是，唐都医院还是全市首个打通省市医保平台的互联网医院，患者在手机上就可以直接进行医保支付，实现了“人在家中坐，手机上问诊，线上开检查，药品送到家”的便捷服务。

## 五、生活照护

生活照护是指向老年人提供饮食、起居、清洁及卫生照护等服务。当前，生活照护的发展重点是基于互联网平台，为老年人提供家政配餐代买等智慧便民服务和关怀照料等养老互助服务。典型服务案例为陕西金宝美养老服务有限公司。

陕西金宝美养老服务有限公司是一家集智慧健康养老、健康管理、医养结合和生活便民服务为一体的综合性养老服务机构。其利用信息化手段、互联网和物联网技术搭建面向老年人群体的服务系统与信息平台，构建了虚拟养老院，面向社区居家老年人提供安全监测、老年助餐、老年文化娱乐、便民生活、老年辅具供应、陪护护理、陪医和智能适老设备等16类186项服务。同时，金宝公司以“线下体验+线上购买”的创新模式，开办了陕西省首家养老用品超市，满足了居家养老用品一站式购买的需要。

## 六、养老机构信息化

养老机构信息化是指利用信息技术在养老机构内为老年人提供智能化服务。当前重点发展机构内老年人的无线定位求助、跌倒报警、夜间监测、老年人行为智能分析、老年痴呆症患者防走失、视频智能联动、门禁系统联动、移动定位和消费娱乐等服务。典型服务案例为西安力邦医疗网络科技有限公司。

西安力邦医疗网络科技有限公司是聚焦基层医疗卫生，基本公共卫生服务，慢性病管理软硬件研发、生产、营销和服务的现代化高科技企业。公司专注于慢性病检测、监测、治疗、康复和AI产品的研发生产，聚力打造互联网+慢性病医疗服务生态闭环链。项目将PC互联网、移动互联网、云计算、大数据、物联网、智能穿戴与线下医疗、养老、康复、护理服务紧密结合，并部署相应的硬件设备与软件服务体系，主力打造符合目前医疗环境的“智慧医疗慢性病管理服务云平台”。

公司业务类型主要有两类：一是“互联网+慢性病管理”项目；二是智能设备研发生产及销售。目前，公司已入选全国科技型中小企业且获得国家高新技术企业与陕西省第四批省级中小企业成长梯队企业“创业之星”称号，已获得第七届中国创新创业大赛陕西赛区优秀奖、陕西省中小企业服务平台特约服务机构等荣誉，并被西安市工信局评为2020年度38项重点创新型项目，拥有21项自主研发的计算机软件著作权。

智慧健康管理云平台由软件系统和硬件系统两部分组成，软件系统包括慢性病管理平台、圣优理TA网络医院、家庭医生呼叫中心和“慢病诚医”APP（开发中）；硬件系统包括圣优理TA智慧查询系统、同城E生智慧健康检测管理系统、同城E生中医体质辨识管理系统、圣优理TA营养评估管理系统、圣优理TA移动健康检测管理系统、圣优理TA老年人能力评估系统、圣优理TA老年痴呆（认知障碍）评价筛查系统和智能腕表等。

# 第十一章　陕西省智慧健康养老产业示范推广

陕西省智慧健康养老产业发展具有较好的基础，并呈现出快速发展的势头。在2020年11月5日发布第四批智慧健康养老应用试点示范名单后，陕西省已有30家单位成功入选，在全国533个入选试点示范项目中占比达到5.62%。在2020年第二届智慧健康养老创新创业大赛中，陕西省西安中科微光影像技术有限公司的“投影式红外血管成像仪”拿下产品组金奖，西安巴斯光年医疗科技有限公司的“燕尾帽互联网+护理服务平台”拿下服务组金奖，成为大赛中唯一的金奖获得省份，同时陕西金宝美养老服务有限公司的“虚拟养老院”项目还获得服务组铜奖。本章将选择陕西省具有代表性的国家级试点示范单位进行介绍。

## 第一节　智慧健康养老产业示范基地

### 一、全产业链模式：西安市碑林区

#### （一）示范单位基本情况

碑林区是西安市中心城区，是全国“百强区”，且连续十年荣获陕西省经济和社会发展“五强区”称号。全区总面积23.36平方公里，下辖8个街道、98个社区，户籍人口72.44万，老年人口11.98万。碑林区早在建设环大学创新产业带“十三五”规划中就明确提出大力发展信息服务业和健康服务业，现已建成总面积2100平方米的老年人综合服务中心，建有社区居家养老服务站98个；已建成国家级孵化器2个、国家级创业孵化基地2个、国家级大学科技园1个、国家级众创空间11个，培育了中航创世机器人、陕西瑞泉养老服务公司等一批创新性、影响力强的智慧健康养老企业，初步形成产业聚集效应。同时，碑林区全面推进医养结合，智慧健康养老体系也不断完善，区政府已出台相关配套政策12个，从事智慧健康养老服务的专（兼）职人员980人。2018年财政资金在智慧健康养老产业培育、服务落地等方面投入4655万元，同时，引入西安企业资本服务中心、六禾创投等社会资本投资3000万元；已聚集50个产品生产和服务提供企业，推广应用智慧健康养老产品41类、智慧健康养老服务62种，现全区智慧健康养老产业规模已达到6.22亿元，具备较好的智慧健康养老应用示范条件和产业基础。

**（二）示范单位现有应用/现有发展**

碑林区以“智能+”为引领，产学研紧密合作，大力发展数据智能产业，并积极创造条件推进数据智能科技成果、创新产品广泛地用于健康养老领域，在智能健康养老产品研制和服务创新方面形成两大相对完整的生态链。碑林区成立了西安设计联合会和丝绸之路创新设计产业联盟，设有中国好设计西安中心、人工智能创新实验室等产业高水平研发平台，陆续研发出智能康复机器人、高端分子诊断仪器、投影式红外血管成像仪（“扎针神器”）、英卓智能公寓、超静音空气宝、“关护通”腕表、生命体征检测仪和基于眼球控制的智能居家轮椅等创新性优质智慧健康养老产品，并申请国家百余项相关专利。同时，碑林区全面推进医养结合发展，建成智慧医保系统、联众远程（移动）会诊系统、关护通云平台、福乐康智慧养老综合服务平台、全乐智慧社区健康管理及养老服务系统等多个智慧健康养老服务平台，建立并完善了预约服务、远程医疗、移动支付、互联网医院在养老领域的应用。

近年来，碑林区加快社区养老阵地建设步伐，于2017年底前完成了社区养老设施的全覆盖，并引导社会力量兴办养老机构，积极落实养老机构床位补贴和运营补贴政策，推进机构的医养融合发展。同时积极整合医疗资源、养老资源、信息资源、护理资源和社会服务资源，打造以“医护养”为服务特色的新型社区居家养老服务新模式。碑林区以“互联网+养老”为依托，构建精准“医护养”体系；以社区服务站为依托，构建全方位精细服务体系；

以服务中心为依托，构建专业化志愿服务体系。同时出台了多项产业政策、资金保障政策、基地标准、地方标准或团体标准，形成了规范的建管格局。

**（三）示范单位创新性分析**

碑林区以智慧健康养老特色产业集群的建设高效配置现有资源，在全面整合高校院所科技资源、智力资源，整合政策机制、金融平台的基础上，培育发展以碑林区智慧健康养老产业孵化中心为核心，以环大学数据智能小镇、长乐健康小镇为承载产业聚集区的产业空间格局，初步形成了智慧健康养老产业生态圈。

建设碑林区智慧健康养老基地，既是老城区培育新的增长点，也是为实现可持续发展探索新路径。碑林区积极探索养老服务规律，创新推行符合碑林实际的“一核四驱”特色养老服务模式：“一核”，即以“碑林区掌上养老院”为核心动力；“四驱”，即“嵌入式”以床养老、“全覆盖”社区养老、“融合型”机构养老和“社会化”养老服务的“四轮驱动”模式。碑林区围绕老年人的健康需求，探索出了“医养结合”四种模式，并因地制宜分类指导，四种模式分别是：医疗机构兴办养老服务机构模式、养老机构内增设医疗机构模式、社区院落养老的医养结合模式和社区卫生服务中心的医疗护航模式。

**（四）示范单位创建目标和创建内容**

截至 2022 年，碑林区建立完善“以居家养老为基础、社区为依托、机构为补充、医养相结合”的养老服务体系，有效促进了信息产品、医疗卫生资源及养老服务资源优化配置和使用效率提升。碑林区建设基础设施完备、创新体系先进、服务功能齐全、服务特色突出、示范带动作用强的智慧健康养老特色产业生态，形成了覆盖全生命周期的智慧健康养老产业体系，培育了一批具有示范引领作用的龙头企业和服务品牌。截至 2022 年，碑林区将全面建成“产业特色鲜明、应用服务创新、智慧信息平台支撑、示范应用带动”的智慧健康养老服务基地，以连锁方式和云服务的方式建设“没有围墙的智慧养老院”，形成可复制、可推广的“碑林智慧健康养老模式”。碑林区示范基地创建目标与内容如下：

一是建设特色产业聚集区。建设以碑林区智慧健康养老产业孵化中心为支撑，环大学数据智能小镇、长乐健康小镇为承载的“一核两镇”智慧健康养老产业聚集区。到 2022 年，将引进和培育 10 家具有示范引领作用的行业骨干企业，聚集智慧健康养老领域企业达 200 家，树立一批智慧健康养老服务品牌。

二是推进智慧健康养老产品创新和服务创新。研发生产具有自主知识产权和核心竞争力的创新产品，推广满足多元化健康养老需求的服务项目。到 2022 年，研发 50 个智能健康养老产品，提供 90 种智慧健康养老服务，面向全区 12 万老年人提供智慧健康养老服务。

三是建立智慧健康养老信息平台，整合线上线下服务。建立智慧健康养老服务云平台，推广“碑林掌上养老院”应用，围绕老年人“居、吃、玩、护、养、学”等多个领域整合线上、线下服务资源，制定相关服务标准，打造“15 分钟居家养老服务圈”。

四是实现碑林区智慧健康养老人群全覆盖。依托碑林区智慧健康养老信息平台，进一步提升居家养老、医养结合服务体系的智慧化程度和覆盖面。以“嵌入式”以床养老、“全覆盖”社区养老、“融合型”机构养老和“社会化”养老服务“四轮驱动”实现健康管理、居家养老等智慧健康养老服务全面普及，吸纳智慧健康养老产业专业人才 1 万人，带动相关就业 5 万人。

五是推动智慧健康养老六大示范应用。深耕智慧健康养老垂直领域，以“政府引导、企业主导、多方参与”的方式，推动智能化适老改造示范应用、智慧医护系统示范应用、智慧健康管理示范应用、智能监护示范应用、“互联网+”身心健康涵养示范应用，以及居家养老、社区养老和机构养老的联动示范“六大示范应用”。在每个垂直细分领域培育引进 1 ~ 2 家示范企业，推出一批有代表性的示范项目，以连锁加盟和云服务的方式建设“没有围墙的智慧养老院”，将服务拓展至全省，并带动一批智慧健康养老示范街道建设。

## 二、多维综合模式：咸阳市渭城区

### （一）示范单位基本情况

渭城区是 1987 年 5 月成立的县级行政区，位于咸阳市区东部，全区总面积 272 平方公里，辖 10 个街道办事处、102 个行政村、66 个社区居委会。渭城区总人口约 44 万人，其中 60 岁以上共 8.69 万人，占总人口的 19.75%。2016 年渭城区政府工作报告中提出“加快发展医疗健康产业”。目前，渭城区智慧健康养老体系不断完善，区政府已出台相关配套政策 2 个，从事智慧健康养老服务的专（兼）职人员 948 人，基地人数 302 人；2016 年财政资金在健康养老方面投入 4531 万元，同时，引入陕西大数据集团公司等社会资本投资 3000 万元；已聚集 78 个产品生产和服务提供企业，孕育智慧健康养老产品 38 类、智慧健康养老服务 59 种，现全区智慧健康养老产业规模已达到 6.93 亿元。总体来说，渭城区已具备较好的智慧健康养老应用示范条件和产业基础，出台了相关配套政策和专项资金，聚集了一批从事健康养老服务的龙头企业。

### （二）示范单位现有应用/现有发展

渭城区于 2011 年启动实施了智慧城市建设，且已整合了民政、卫计、工信等各部门业务专网和广电视频网，形成了智慧城市统一的传输网和视联网，有效促进了网络互联互通，为智慧建设、养老建设提供了坚实的信息化支撑。渭城区医疗资源丰富，现有各类医院和卫生院（所）37 家、床位 2720 张、卫生技术人员 4063 人。近年来，渭城区智慧健康养老服务业以日间照料中心和社区卫生服务站建设为重点，积极构建“以居家养老为基础、社区养老为依托、机构养老为支撑、医养结合为补充”的渭城特色社会养老服务体系。现已整合市内陕西瑞泉养老服务有限公司、咸阳明慧健康科技有限公司等 34 家智慧健康养老产品智能制造商，广泛吸纳具有相关行业服务资质、信誉良好、规模较大、服务规范的社会组织。同时，在区委、区政府的领导下，已建成的智慧健康养老服务中心，成为全区智慧健康养老服务提供商联系老年人的纽带，形成低成本、高效率、大应用的渭城区智慧健康养老新模式，开启渭城智慧健康养老事业的新篇章。

渭城智慧健康养老服务基地已形成一套涵盖基础云平台、智慧终端、老年餐厅、陪医就诊、紧急救助、娱乐活动、老年旅居、日间照料、人文关怀、精神慰藉、娱乐活动和法律援助等多个板块的智慧健康养老服务链，形成了智慧渭城“一平台，两枢纽，六个一，N 项应用”的建设格局。目前已建成渭城区智慧健康养老基础云平台、智能养老设备［如定制电话一键通（老人机）、惠民资金“一卡通”、金融一体机、惠民服务一体机（惠民工作站）、健康一体机、掌上“一点通”、智能手环、智能家居］、社区日间照料中心以及明厨亮灶。现已落地的应用及相关业绩包括：针对基层监管服务力量薄弱、社区底子不清的问题，搭建了包括社区服务、养老服务、综治维稳等内容的渭城统一的网格化管理系统平台；目前，渭城智慧健康养老服务基地已经向辖区内 7. 63 万老年人提供紧急救助、日常身体检测、一卡通充值和社保办理等多项服务；现已打通 12345“一号通”呼叫平台与老年应急救援服务平台，受理并处置老年人诉求、查询、紧急求助求救事项。

### （三）示范单位创新性分析

渭城区智慧健康养老示范基地集聚优势资源，实现强强联合，整合养老服务产业链，推动产业链不同环节间互动，实现养老服务产业资源的优化配置，不断调整养老的结构和方式组合，在政府政策引导下不断引入相关产业，打造“大健康、大养老”的养老服务产业链。养老示范基地形成产业集聚效应，产业规模不断扩大，产业聚集优势凸显。繁荣的养老服务和产品市场成为渭城区健康养老产业快速发展的助推器。渭城智慧健康养老示范基地，为老年人提供高标准的养老服务，探索西部欠发达地区健康养老产业发展体系，形成“政府引导、企业参与、多方共赢”的可复制、可推广、可持续发展的养老服务示范基地发展模式。

渭城智慧健康养老服务基地联合了各养老领域企业与高端人才，融合智慧健康养老基地养老资源，研发了“一站式”健康养老服务平台——“e 养天年”养老院；结合健康养老服务发展趋势，进行探索和创新，提供定制化养老服务，实现老年人机构养老、自主居家养老、旅居养老等；同时，采用

PPP 模式或通过开展合作共建节约资金，引进企业投资，破解资金难题，培育新的经济增长点。

### （四）示范单位创建目标和创建内容

依托现有智慧健康养老产业基础和政府政策环境，逐步建立“以居家养老为基础、社区为依托、机构为补充、医养相结合”的养老服务体系框架，聚集智慧健康养老领域企业和行业专家，培育一批具有示范引领作用的龙头企业，打造“产学研医用五位一体”的协同创新机制，建设基础设施完备、技术体系先进、服务功能齐全、服务特色突出、示范带动作用强的渭城区智慧健康养老服务基地，实现“到 2022 年，老龄事业发展整体水平明显提升，养老体系更加健全完善，及时应对、科学应对、综合应对人口老龄化的社会基础更加牢固”这一发展目标，引领西部欠发达地区智慧健康养老健康、快速、可持续发展，为全国健康养老服务业发展探索新路径、开创新模式。

渭城智慧健康养老服务基地将围绕“一园区、两体系、三平台、四示范”进行打造，形成“渭城模式”并在全国推广。一个园区为智慧健康养老示范产业园区；两个体系为政策体系、标准体系；三个平台分别为智慧健康养老大数据云平台、虚拟养老平台（“e 养天年”养老院）、医养结合养老平台；四个试点示范为“e 养天年”养老示范、智能养老示范、医养结合体示范、产学研医用合作创新试点。培育一批具有示范引领作用的龙头企业，打造“产学研医用五位一体”的协同创新机制，走出一条适用于经济欠发达地区的可复制、可推广的智慧健康养老之路。

## 三、全域养老模式：西安市莲湖区

### （一）示范单位基本情况

莲湖区地处西安市中心，面积 43 平方公里，下辖 9 个街道办事处、131 个社区。截至 2020 年 5 月，莲湖区户籍人口为 76.6 万，60 岁及以上老年人口达 17.6 万，占全区总人口的 22.9%。西安市“十三五”规划中将莲湖区定位为全市的核心城区。作为西安的核心城区，莲湖区主要有五个鲜明特点：历史悠久的文化名区、全市最大的少数民族聚集区、区位优越的中心区、转型发展的重点区以及城市综合改造的集中区。2019年末全区共有医疗卫生机构428个（医院机构46个）、床位数8788张（医院床位数8573张）、卫生技术人员13244人，其中医院卫生技术人员10203人、执业（助理）医师4703人。按年底常住人口计算，全区每万人拥有卫生技术人员169人，同比增速为5.6%。全年直接医疗救助3381人次，救助金额563.51万元。莲湖区人民政府构建以公共养老服务设施为基础，产业化养老为补充的养老服务结构，形成区、街道和社区三级养老服务设施体系和社会养老服务体系。

**（二）示范单位现有应用/现有发展**

莲湖区智慧健康养老示范基地结合区域内人口、经济、资源、环境、民族文化等特点，因地制宜，节约土地，充分发掘现有建筑用地，利用社会闲置设施，兴办智慧健康养老服务设施。其中，莲湖区集约养老资源主要体现在两方面：一方面，对现有社区养老服务设施类型进行补充、完善和提升；另一方面，社区养老服务设施与其他非独立占地的社区级公共设施综合设置。莲湖区按照市政府要求建设覆盖131个社区和所有居民院落的“智慧健康养老”体系，构建设施智能、服务便捷、管理精细、环境宜居的“智慧健康养老”体系。2018年起，莲湖区开始推行“智慧城市”建设，同电信公司签署移动云业务体验协议，设立从智慧健康养老、社区安防、社区管理到智慧物业的轻型化智慧生活平台，通过移动互联网与用户建立更加紧密的沟通和服务方式。同时，将科技与“双创”相结合，依托桃园开发区建设了莲湖众创空间，并先后建成运营了蔚蓝丝路众创空间、宏府倍格硅巷等多个科创载体，累计建成43个众创空间，目前正在打造的汉城国际产业园区入驻企业和团队近700家。为营造公开公平、便捷高效的营商环境和法治环境，莲湖区组建了行政审批服务局，用PPP方式建设全市最大的市民中心，全力壮大科技资源。莲湖区还引入了专业的养老服务机构，委托专业社会组织运营条件成熟的服务站，实现政府、机构和服务对象的互利共赢。在医疗机构内部长期空闲的情况下，鼓励其内部设立照护型养老服务机构，先后确定3个市级医养结合试点单位和7个区级医养结合试点单位。同时，莲湖区也出台了相应的政策和资金支持，建立了莲湖智能健康养老基地标准体系，帮助莲湖区民营养老机构创造较高收益。

**（三）示范单位创新性分析**

将养老服务的重点放在家庭养老服务和养老机制的创新上，让每个老年人都能及时得到医疗及养护服务。

一是将智慧健康养老一体化融合发展。莲湖智慧健康养老示范基地通过利用互联网和大数据技术，提供基于可穿戴智能设备的智慧健康管理信息系统、健康管理服务和家庭健康服务，打造智慧健康养老大数据应用平台，线上、线下结合，构建居家、社区和机构养老的一体化服务。

二是深入推进“互联网+医养结合”。现代互联网和智能电子产品的普及，为“互联网+医养结合”提供了重要媒介。互联网及智能电子产品中常采用的射频识别技术、传感器技术、网络通信技术和大数据处理技术等，已经被应用到各种医疗产品之中，如便携式心电监测系统可通过传感器采集人体心电图、呼吸等数据，通过移动信号将数据传输至处理器，处理器对数据进行计算和处理后将数据发送至患者或医生处。医生根据这一数据对患者进行专业和全面的介绍、分析和治疗。依托智慧健康养老示范产业园区，整合莲湖区健康医疗卫生服务资源，人们也能通过微信公众平台进行挂号、随访、开药、医患沟通等医疗行为。随着云计算、云管理以及大数据等概念的提出和应用，莲湖区形成“政府引导、企业参与、多方共赢”的可复制、可推广、可持续发展的养老服务示范基地发展模式。

三是在服务或模式上的创新。莲湖区智慧健康养老示范基地运用“互联网+”思维，将互联网、物联网、云计算、大数据与养老服务相结合，通过信息化手段整合社会专业养老服务资源，共同构建起新型智慧健康养老服务。其以“手机 APP+呼叫中心+虚拟养老院”网络平台为载体，整合政府、养老服务机构、家政服务机构、为老服务机构等资源，服务范围覆盖整个莲湖辖区，面向社区居家老年人提供安全监测、老年助餐、老年文化娱乐、便民生活、老年辅具供应、陪护护理、陪医和智能适老设备等 16 类 186 项服务，且服务项目仍在持续开发并稳定增加，以满足老年人多样化、多方面和多层次的养老服务需求。同时构建医、康、养、护、全场景一体化智慧综合服务体系，让智慧健康养老向集成化、便捷化发展，且更加突出人文关怀。

### （四）示范单位创建目标和创建内容

莲湖区逐步健全区域养老服务网络，构建幸福养老系统；提高信息化管理服务水平，打造智慧社区居家养老系统；探索医养结合服务模式，建立智慧健康养老医疗系统。

搭建以“居家养老”为主要特色的养老服务体系框架，创新发展智慧健康养老产业。基地激活了智慧健康养老的“中枢神经”，运用“物联网+”思维，把各类养老资源整合为一张网，打造智慧健康养老云服务平台，使数据从孤岛向共享转变、功能从管理向服务转变。对全区老年人实行动态管理，完成养老电子地图绘制，包含各类养老服务设施基本情况、老年人服务特色、机构老年人入住情况、地理位置等信息。下设养老机构、居家养老、尊老金、日间照料管理、能力评估及安全用电监测评估管理等子平台，实现业务办理、资金发放、综合监管、数据统计、科学决策和产品选择。

# 第二节　智慧健康养老产业示范街道

## 一、陕北塞上明珠的“智慧爱老”：榆林市靖边县张家畔镇

### （一）示范单位基本情况

榆林市靖边县张家畔街道办位于靖边县城所在地，是靖边县政治、经济、文化中心。总土地面积212.2平方公里，下辖4个社区服务中心、14个社区和16个行政村，总人口24万人，其中60岁及以上人口38000余人。张家畔街道企业众多，形成以租赁市场、农贸市场、建材市场、服务市场、家具市场、房产市场、金融市场和文化市场为主的八大市场，经济效益良好，吐纳功能明显。教育、医疗、科技、卫生等各项事业蓬勃发展，人民生活水平显著提高。

靖边县张家畔街道办先后通过与驻地单位共驻共建、与专业养老机构合

作服务等形式，建立了大数据智慧健康养老平台，设立日间照料、老年餐桌、文体娱乐、代购代买、康养理疗、心理咨询等基础服务项目，实现“互联网+大数据+智慧健康养老”的新模式，取得了良好的社会反响。依托14个社区居家养老服务站和2个专业养老服务机构，整合了线下的医疗健康机构、文化娱乐机构、生活服务机构等，向居家老年人提供以生活照料、医疗保健、精神慰藉、文化娱乐等为主要内容的服务，为居民带来“居家智慧健康养老”的便利。

**（二）示范单位现有应用/现有发展**

靖边县张家畔街道办积极响应政策号召，大力支持靖边县颐靖轩居家养老服务中心、靖边县爱心老年公寓、靖边县夕阳红日间照料中心的建设。积极采用智慧化手段，通过智慧健康养老大数据平台、便携式上门查体随诊包、心冲击生命体征监测仪、智能血压计、智能血糖仪、智能定位一键急救手环“孝心手环”、呼叫器“一键呼叫”等手段为辖区老年人提供智慧健康养老服务，确保了老年人的身心健康。目前，靖边县张家畔街道办从事智慧健康养老专职工作人员40名、志愿者80余名，合作企业2家，累计为12000余名老年人提供养老健康服务。从人员投入数量和企业合作情况来看，该街道具备智慧健康养老的服务能力。具体提供的服务可分为六大类：生活照护类、医疗保障类、法律维权类、文化教育类、体育健身类、义工服务类。靖边县颐靖轩居家养老服务中心是以居家养老服务为依托，以老年人家庭为载体，提供居家为老服务的综合型服务中心。它为老年人提供居家养老“11助”（助餐、助洁、助急、助浴、助医、助行、助购、助学、助游、助娱和护理）一站式“服务超市”，让全县老年人有归属感、亲切感、依赖感。

为顺应老龄化社会发展形势，靖边县张家畔街道14个社区均建有居家养老服务站。其中，5个社区日间照料中心与靖边县颐靖轩居家养老服务中心合作运营，通过服务企业搭建的智慧健康养老信息平台，为辖区老年人提供实时、快捷、高效、低成本的居家养老服务。在居家养老服务站内提供基本医疗、居家养老服务的基础上，与辖区卫生服务中心对接，让“家庭医生”走进社区、走进院落，建立老年人健康档案，并依托智慧健康养老信息平台的大数据，定期为老年人提供慢性病诊疗及医疗服务，通过将现代医疗服务技术与养老保障模式有效结合，不断提高老年人生活质量和健康水平。

在专业养老服务机构的大力支持下，智慧健康养老水平持续提高，努力构建政府主导支持、社区积极参与、居家养老为主、机构养老为辅的社区智慧健康养老服务体系。同时，建设并规范为社区提供智慧健康养老服务的相关养老服务机构，确保社区智慧健康养老服务的规范化实施，对提升养老服务质量起到至关重要的作用，保证了该街道智慧健康养老事业的顺利发展。此外，靖边县颐靖轩居家养老服务中心先后建立了管理、安全、服务等多项制度，规范了服务流程。

**（三）示范单位创新性分析**

一是打造覆盖范围内线上“15 分钟便民生活圈”。“15 分钟便民生活圈”建设是社区规范化建设的一项重要内容，同时也是关注民生、切实提高社区居民生活质量的重要举措。为了进一步推进“15 分钟便民生活圈”建设，完善社区服务体系，让广大居民更多更好地享受社区建设带来的便利，应结合靖边县张家畔街道养老现状，多方合作，挖掘第三方养老服务产业资源，打造线上“15 分钟便民生活圈”。

二是紧贴政府政策，打造线下“慈善爱心超市”。目前，各社区居家养老服务中心相继开办“慈善爱心超市”，依托专业养老服务机构联合多个签约合作伙伴在多个区域实现。通过多重模式的积分方式，换取丰富实用的生活用品，可以让贫困群众通过参与家庭环境卫生、扶贫政策问答等评比活动获得积分，有尊严地兑领所需物品，使生产生活积极性显著提高，家庭环境卫生明显改善，脱贫致富的信心决心不断增强。

三是打造志愿者“时间银行”互助养老模式。靖边县张家畔街道办居家养老服务中心利用大数据平台打造时间银行“互联网+养老”模式，鼓励有劳动能力的老年人参加志愿服务，然后把志愿服务时数存入“时间银行”，自己有需要时就可以兑换支取。此举是养老服务的创新模式，通过以老助老既缓解了政府部门的压力，也让更多老年人实现了老有所为、老有所养和老有所乐，同时在一定程度上也缓解了街道养老服务的压力。

### （四）示范单位创建目标和创建内容

1. 整合资源，健全社区养老设施

街道要完善两类功能性设施和场所：一是社区养老服务设施场地，如日托、全托、助餐等设施，以及社区生活护理站、康复场所等；二是为老服务综合管理设施场地，如为老服务受理、办事办公以及信息平台设施场地。同时，注重设施整合利用，尽可能将社区卫生服务站、生活服务、文体娱乐等与本社区老年人需求密切相关的服务设施相对集中或邻近设置。社区综合为老服务中心作为枢纽型设施，与社区内及周边的其他资源进行有效整合，形成为老服务的全面、便捷的一站式服务网络，同时，与专业居家养老服务站形成“一中心多站点”的养老服务网络，进一步打造“15 分钟服务圈”。

2. 整合服务，深化社区养老服务体系

街道着眼于社区各类老年人的需求，搭建为老服务平台，提供生活照料、精神慰藉、健康管理、医疗护理、文教体娱、紧急援助等服务，并为其他发展较为缓慢的社区为老服务站点输送资源。社区养老服务体系主要发挥三方面的服务统合作用：一是发挥服务补缺作用，充分考虑社区为老服务短板，引入社区最需要、最缺乏的服务项目；二是发挥服务连接作用，链接分散的服务资源，依托综合体对各类服务进行统一调配、转介；三是发挥服务增能作用，形成“为老服务”的信息集散地，提高服务效能，让老年人更方便、快捷地获得就近、方便的养老服务。

3. 系统管理，提高社区养老资源使用效率

针对辖区内各社区内为老服务资源分散、资源统筹机制尚未形成等问题，以社区居家养老服务中心为依托，对政府、社会、市场等各类资源进行统筹。积极协调民政、卫生、文化等多部门力量，实现在养老服务中心内服务资源的统筹管理和配置。依托社会力量、市场主体的优势，逐步实现将基本公共服务资源、市场化资源进行有机整合，把本项目打造成为老服务的综合枢纽和资源储备库。

4. 虚实结合，为社区养老提供科技支撑

街道依托专业养老服务机构，加大资源整合作用，通过完善智慧健康养

老平台建设，打造“虚拟养老社区”，建设“没有围墙的养老院”，充分发挥虚拟平台的作用，调度各类社会资源为养老服务提供支撑。

## 二、关中咸阳古渡的“智慧亲老”：咸阳市渭城区文汇路街道

### （一）示范单位基本情况

咸阳市渭城区文汇路街道办事处位于咸阳市主城区东北部，辖区总面积3.6平方公里，总人口7.6万人，其中常住人口7.2万人，辖区内中央、省、市属企事业单位23家。截至2016年底，辖区60岁及以上老年人约1.3万人，占辖区总人口的17.1%，其中70岁及以上老年人4700人，占辖区老年人数的36.2%。

2014年，街道办事处结合辖区实际情况，建成首家社区日间照料中心，同时也结合老年人的实际情况，免费为社区老年人提供日间照料服务，并通过各种文艺活动丰富老年人的文化生活。通过开展老年病预防、保健知识讲座和健康义诊等活动，提高辖区老年人的健康意识，还为老年人提供健康档案建档等贴心服务。

### （二）示范单位现有应用/现有发展

文汇路街道提供公益服务、居家养老服务、便民服务、智慧服务、周边服务等五大健康养老服务。在开展智慧健康养老建设的同时，成立工作领导小组，建立相关制度，加强部门协作，并在资金和技术上为其编制规范、标准和开展试点工作等标准化建设提供相应支持。同时，文汇路街道积极采用智慧健康养老的智能设备和产品，以老年人的需求为出发点，通过公益服务、居家养老智慧终端、便民服务、智慧服务等方式，为老年人享受高质量养老服务奠定了硬件基础。积极开发居家养老模式，建成了首家社区日间照料中心，新成立了12张床位的日间照料休息室和夕阳红餐厅，定期组织丰富多彩的老年文化活动，定期为老年人开展老年病预防、保健知识讲座、健康义诊等活动，全力推进街道内老年人的健康服务。

### （三）示范单位创新性分析

一是服务模式方面的创新。文汇路街道形成的“医养结合”型养老服务

模式是“身心并护”责任制整体照护模式。它可为老年人提供量身定制的健康管理服务，集医疗、养老、娱乐、休闲、护理等于一体，将居家式养老和机构式养老完美结合，包含中医养生、休闲娱乐、康复治疗、医疗绿色通道等完美医养、颐养服务。

二是服务能力方面的创新。街道利用信息技术的集成提高服务质量和效率，从多个层面完善社会保障体系，可以解决护理人员不足及护理费用过高的问题，实现服务的优质和高效。同时，依托社会公共信息平台或单独建设的智慧健康养老系统，将老年人的养老服务需求和企业、社会组织进行对接，为老年人提供精准便捷的服务，实现服务的供需平衡。此外，通过对涉老数据的收集，建立老年人基本信息数据库，为政府给予老年人相关补贴、制定相关政策提供依据，提高政府为老服务能力。

三是服务形式方面的创新。街道运用实惠便捷的包对点服务形式，从家庭及社区层面创新社会保障形式。传统养老的服务形式主要有点对点、包对包两种。点对点服务形式，即老年人在家接受钟点工或保姆的上门服务，该服务形式针对性强，能满足老年人的个性化需求，但成本较高，且需要较多的人力。包对包服务形式，即将老年人集中在一起，提供统一的养老服务，该服务形式可以实现规模效应，但服务较为单一，众口难调。智慧健康养老可打破以上两种服务形式，运用相关技术将养老信息集成到一个载体，该载体同时连接个人（点）和服务终端（服务包），通过网络和信息技术，为老年人提供多样化选择，实现“自助式”服务。

四是服务内容方面的创新。在服务内容上满足老年人多层次需求，从个人层面落实社会保障内容。传统的照护和医疗等方面的服务普遍位于需求层次的低端，随着信息技术与社会的发展，传统的服务内容已难以满足老年人的尊重需求和自我实现需求。而智慧健康养老的内容突破了传统的“助老”范畴，同时兼顾“孝老”和“用老”，让老年人摆脱被“监控”、被“服务”的束缚感，通过“嵌入”的方式进行智能提示来提供友好的养老服务，让老年人实现被尊重的需求。“智慧用老”即通过网络技术及社交平台，利用老年人的经验智慧，使老年人发挥余热，做到“老有所为”，满足老年人的自我实现需求。

### （四）示范单位创建目标和创建内容

一是打造特色应用，满足多样需求。基于街道已有的养老产品资源及服务能力，结合街道现状，因地制宜，有的放矢，做好建设规划工作。充分发挥工业转型升级资金、专项资金、地方财政资金等财政资金扶持作用，加大对街道智慧健康养老的扶持力度。同时，打造一批具有街道特色的应用，范围涉及健康、生活、文化和安全等方面，满足老年人日常的吃、住、行、学、医、玩、乐等基础活动，为老年人提供各色不同的服务，做到精准健康养老。

二是拓宽服务渠道，提升服务水平。针对社区不同人群，为孤寡贫困和空巢老年人、长期患病生活不能自理的老年人、伤残老年人、烈军属老年人以及高龄且生活不便的老年人等提供不同类型的服务。在此基础上，着力拓宽服务渠道，从加大自助设备投放和推出微信公众号等方面入手，进一步扩大服务范围、提升服务水平，更好地服务广大老年人群体。力求精确发现需求，准确定位问题，及时解决问题。

三是促进多方参与，凸显建设效益。街道加强政企合作模式，加大对智慧健康养老产品投入。通过项目建设，提高老年人养老生活质量，使老年人老有所学、老有所乐、老有所为，帮助老年人切实解决生活中和精神赡养的问题。同时，引导民营养老服务机构和非营利组织参与智慧健康养老服务，形成政府、非营利组织、企业多方参与的、协作共进式的新型养老服务模式。这将带动街道的商业化发展，拉动投资及其他项目的衍生，也将带动其他企业参与行业竞争，为社会创造更多的经济效益。

## 三、关中长安古都的“智慧敬老”：西安市新城区解放门街道

### （一）示范单位基本情况

解放门街道位于新城区的城中位置，面积 0.97 平方公里，常住人口 4.2 万人。辖区内 7 个社区共有 60 岁及以上人口 6199 人，占总人口的 14.76%，且独居老年人多。街道借助地区医疗资源丰沛、养老机构成熟的优势，积极探索建立“1+1+1+N”的养老服务模式，开展为老服务。具体来说，“1+1+1

+N”包括：一个支点，即医养结合；一个基地，即街道养老服务中心；一个平台，即智慧管理平台；N，即多层次的老年分阶、多维度的服务供给和多元化的参与群体。解放门街道综合养老服务中心于2018年10月投入运营，总面积2000平方米，设置健康医疗、日间照料、营养助餐、老年大学和心理咨询等五个功能分区，可同时为上百名老年人提供社区养老服务。此外，该街道还先后培育引进了新城区爱心护理院、陕西心为养老服务机构等社会组织入驻。

**（二）示范单位现有应用/现有发展**

解放门街道现有综合养老服务中心，筛选了社会组织和企业进驻中心，提供低偿服务。下设有微型养老站、营养配餐中心、老年大学和心理咨询室等服务部门，以满足老年人的不同需求。其中，微型养老站由街道孵化的社会组织新城区爱心护理院已运营，分为接待区、日间照料区、中医理疗区、康复训练区、阅览区和文化娱乐区六个部分。应用智能手表、生命体征监测垫、红外生命体征仪、日照中心（微型养老站）管理一体机、PASESA动脉硬化检测仪等五类智能设备搭建解放门社区“六位一体”智慧居家养老信息服务系统。同时，建立60岁及以上老年人共计11556人的信息库，提供日间照料、中医理疗、现场问诊、常规体检等服务。营养配餐中心由陕西心为养老服务公司运营，面积200平方米，证照齐全。配餐中心分为操作间、洗涤间和就餐区，就餐区同时可容纳50人用餐，餐厅实行社区登记、月卡消费，早餐3元、午餐7元、晚餐5元，费用标准经过精细核算，在保证食品质量的同时，确保企业能长期经营。目前，根据周边需求，餐厅将服务辐射到了周边街道，在西一路街道建立了送餐点，由当地社区负责组织专人配送，扩大了服务覆盖面。老年大学根据居民需求开设了书法、烘焙等免费课程，也开设了太极、舞蹈等13门收费课程，学费一学期为200~300元，为老年人提供多项兴趣培训，丰富了其业余生活，而且在学习的同时，社区的文化活动也为他们提供了展示自我的平台，提高老年人的学习热情。

部分家庭根据自身需求为老年人购买了智能腕表、体征监测垫和红外生命体征仪等设备，解放门街道也为困难老年人配发了相关设备，且在综合养老服务中心配备了PASESA动脉硬化检测仪和智慧健康养老一体机。同时，街道也开展了营养餐、中医理疗、日间照料、兴趣培训、文化娱乐和政策咨询等服务项目，服务对象不局限于街道辖区，也辐射周边街区，逐渐形成“15分钟综合养老服务圈”。

**（三）示范单位创新性分析**

解放门街道党工委发挥政府主导作用，积极引进社会组织，建设解放门社区“六位一体”智慧居家养老信息服务系统项目。“六位一体”即以信息化建设为基础、以居家养老为核心、以社区监管为依托、以医疗机构服务为补充、以文化建设为形式、以社区党群服务为保证。其为老年人及其子女提供多层次居家养老服务，并通过统一的信息化平台对“六位一体”医养结合居家养老服务体系进行监管。

一是在服务上的创新。解放门街道创建综合养老服务中心，并配套便民服务中心、居民活动中心、心理咨询室等，为老年人提供集餐饮娱乐、医疗健康、政策咨询办理等于一体的全方位服务。街道在社区安排老龄工作专干，专门负责老年人工作，建立老年人数据库并及时更新，将有服务需求的老年人与综合养老服务中心对接，将餐饮服务、医疗健康服务、文化娱乐服务、政策咨询办理服务等第一时间送到老年人身边。

二是在模式上的创新。街道应用智能手表、生命体征监测垫、红外生命体征仪、日照中心（微型养老站）管理一体机、PASESA动脉硬化检测仪等五类智能设备搭建解放门社区“六位一体”智慧居家养老信息服务系统，实现居家老年人、平台、医师、亲属之间视频通话，对老年人健康情况进行咨询答复及指导，全天候为老年人提供紧急医疗支援、信息查询、远程医疗、老年人健康监测、社区服务等服务项目。

三是在服务拓展能力上的创新。街道建立营养配餐点，为辖区外有需求的老年人提供服务，拓展了服务范围。目前，在新城区西一路街道建立了一个配餐点，由营养配餐中心将饭做好后，用保温车送至配餐点，当地社区工作人员配合组织管理。发挥解放门社区“六位一体”智慧居家养老信息服务系统的作用，应用视频设备和智能医疗设备提供远程问诊服务。医生通过视频连线与老年人面对面问诊，智能设备将老年人的生理指标传到医生的电脑上，医生依据交流沟通和生理指标情况实现远程问诊。

### （四）示范单位创建目标和创建内容

1. 创建目标

创建目标分为三点：第一，通过解放门社区“六位一体”智慧居家养老信息服务系统项目在互联网线上、线下成功结合，为西安市、陕西省乃至全国推广奠定良好基础，总结出一套成熟的居家养老运作模式，为政府购买养老服务提供一个成功的案例和实践落地经验。第二，盘活养老服务资源，提高资源使用效率。第三，提高为老服务管理效能，减少政府监管成本。通过本项目建设，利用信息化手段，提高体系运行效率，可以变人工管理为自动、半自动网络管理，减少了政府的监管成本。

2. 创建内容

创建内容分为两点：一是建设解放门街道综合养老服务中心。以政府主导、企业参与为思路，集微型养老站、营养配餐中心、老年大学等为一体，为辖区和周边老年人提供餐饮娱乐、医疗健康、政策咨询办理、学习培训等专业低偿服务。二是建设解放门社区“六位一体”智慧居家养老信息服务系统。应用智能设备和信息系统构建以互联网为支撑的信息化平台，将老年人、服务、政府职能三方有效衔接，为职能部门提供及时、详细的可视化老年人数据信息、服务机构信息、服务质量监管等核心功能，使养老服务实现信息化与标准化管理。

## 四、关中炎帝故里的“智慧助老”：宝鸡市金台区中山西路街道

### （一）示范单位基本情况

中山西路街道办事处隶属宝鸡市金台区，辖区东至红旗路北口，西到西关纸坊头，南邻陇海铁路，北倚金台森林公园，总面积 2.7 平方公里，下辖 2 个行政村、4 个板块型社区，总人口 2.3 万人。2015 年被评为全国和谐社区建设示范街道。辖区有中山路社区卫生服务中心及新维巷卫生服务站、村卫生室等医疗机构 5 家，目前已建成东门口社区日间照料中心、福泽居家养老

服务中心、胜利村老年人互助幸福院等为老服务机构，辖区 60 岁及以上老年人 4300 余人，占总人口的 18.7%，人口结构趋于老龄化。目前，中山西路街道已初步以社区、村为基点，整合养老服务资源，依托智能网格化管理平台，为老年人提供良好的生活服务。街道采取“以家庭为核心、社区为依托、机构为补充”的形式，开展以老年人日间照料、生活护理、家政服务和精神慰藉为主要内容的服务。近年来，街道推行智慧健康养老服务“123456”养老工程和“6+”养老服务运行模式，为辖区老年人提供多重养老服务。

**（二）示范单位现有应用/现有发展**

中山西路街道养老服务网络健全，医养结合条件成熟，公共配套体系完善。街道现有东门口日间照料中心、福泽老年人居家养老服务中心、中山路社区卫生服务中心、新维巷社区卫生服务站及村卫生室等为老服务机构 7 家，专业从事养老服务的社会组织 12 家。街道多方借力，协调辖区多家企业特别是中国电信宝鸡中山路营维中心、陕西吉安特电子科技有限公司和宝鸡市爱尔眼科医院等社会力量参与智慧健康养老事业。这些机构及单位可以覆盖辖区各个村和社区，方便老年人在生活圈内接受高品质养老服务。还组建了居家养老服务团队和日间照料服务团队，为高龄、独居、困难、失能家庭老年人提供居家养老服务和日间照料服务。同时，积极采用智慧健康养老产品，如呼叫器、老人机、健康一体机、电子血压检测仪、助听器、信息化全科诊断系统和心电图机等，为老年人提供全方位的保护和健康服务。社区提供的养老项目和居家养老服务项目主要包括自主训练服务、医养结合心理慰藉服务等，帮助老年人制定个性化的训练项目，通过智能设备了解健康情况，接受心理健康指导服务等。

**（三）示范单位创新性分析**

中山西路街道以社区为依托，以日间照料中心和社会各类资源为支撑，构建强大的服务体系；以老年人数据库、综合服务管理及智能养老产品为基础，采取居家养老、医养结合、精神关怀三大服务方式，形成以“公益化为前提、社会化为基础、市场化为补充”的健康养老新模式，开展居家和社区养老服务；支持嵌入式养老机构开展“喘息服务”，向老年人提供月托、周托、日托等短期托养服务项目，满足老年人就近、就便的养老服务需求。

1. 服务创新

中山西路街道立足实际，依托社区日间照料中心、社区卫生服务中心、金台区大数据平台和社区网格化平台等，坚持以人为本、周到热情、关怀体贴、服务至上的工作理念，以满足辖区老年人的精神需求、生活需求、社交需求为出发点和落脚点，为辖区广大老年人提供养老服务。一是居家养老服务。通过政府购买、市场参与、社会资源运作模式为辖区老年人定期提供服务，满足老年人不同的养老需求。二是家庭医生签约服务。与辖区医疗机构联合，为辖区老年人提供家庭医生签约服务，签约医生定期上门对老年人身体健康进行检查并建立个人档案。三是独创喘息服务。辖区日间照料中心独创喘息服务，针对辖区瘫痪在床、身患重病、身有残疾、需要 24 小时照顾陪护的老年人，由中心护理员上门服务或将老年人接到中心精心照料。四是互动交友服务。在中心设置有活动室、棋牌室、手工室等多个老年活动场所，在这里老年人可以开展丰富的活动，同时可以结交周边的“玩伴”，拥有自己的活动圈子，享受到晚年生活的乐趣。五是健康档案管理服务。每年为辖区 60 岁及以上老年人免费体检，建立个人健康管理信息档案，通过过往的病例和实时的检查数据，医护人员为老年人制订具有针对性、专业化的疗养方案和治疗方案。

2. 模式创新

中山西路街道借助先进信息技术构建社区养老服务平台，以老年人需求为导向、以信息化建设为抓手、以政府购买服务为推手、以培育社会组织为支撑，整合社会各类为老服务资源，为老年人提供包括紧急救援、家政服务、日常照顾、康复护理、家电维修、心理慰藉、法律维权和休闲娱乐等综合性的服务项目，并建立信息化、智能化和多层次的居家养老服务体系，构建了一个没有围墙的养老院。同时，通过“党建+养老、项目+养老、普惠+养老、社区+养老、网络+养老、文化+养老”的“6+”模式，从生活的方方面面关爱辖区的老年人。公益创投项目每年设立专门的为老服务项目，让老年人的业余生活丰富多彩。

在服务拓展能力上，社区在关注老年人身体健康的同时，从老年人的精神需求出发，通过智慧化的手段提供情感沟通交流渠道，提高生活的幸福感、满足感。通过实施公益创投为老服务项目开展百岁老年人生日庆祝、好家风金婚留念、手工编织及志愿者上门服务等活动，让老年人感受到社会的温暖。

**（四）示范单位创建目标和创建内容**

中山街道希望发展社区嵌入式养老机构，发挥养老机构的辐射带动作用，充分发挥信息技术对智慧健康养老产业的提质增效支撑作用。

近年来，居家和社区养老服务在养老服务体系建设中的核心作用进一步凸显，服务水平全面提升。街道将建成东门口社区日间照料服务中心、福泽老年人居家养老服务中心、胜利村农村幸福院等一批布局合理、功能完善的居家和社区养老服务设施，基本形成符合实际、配套完善的居家和社区养老服务政策体系，打造一支精通业务、熟悉管理的居家和社区养老服务人才队伍，构建一个互联互通、线上线下服务流畅的养老信息服务平台。到2020年，建成长青社区日间照料中心、南门口社区老年人服务中心、新维巷社区老年人服务站。

## 五、陕南汉水之滨的“智慧为老”：汉中市汉台区老君镇

**（一）示范单位基本情况**

陕西省汉中市汉台区老君镇，位于汉中市北郊，辖区内有各类信号塔5座，移动、联通、电信等移动网络信号已实现全覆盖，为智慧健康养老建立大数据平台、有效采集老年人移动设备数据提供了技术支撑。辖区面积35.2平方公里，下辖12个行政村、2个社区，共有人口26900余人，其中60岁及以上老年人5600余人，占全镇总人口的22%。老君镇交通条件便利，距离汉中市几家三甲医院只有5公里左右路程，距离机场、高铁站和汽车站等均不远，交通便捷，且气候宜人、绿色健康无公害农产品品类众多，休闲旅游资源丰富，是最适宜养老养生的地方之一，这得益于“旅居在汉中”“医养在汉中”政策的实施推进。汉中文化旅游投资集团有限公司和汉中益嘉福居家养老服务有限公司作为老君镇智慧健康养老的合作企业，在医疗保健、养生养

老、休闲度假、旅游观光及智慧健康养老等方面具有丰富的经验，拥有一支专业的养老服务队伍，具有发展智慧健康养老产业的坚实基础。

**（二）示范单位现有应用/现有发展**

老君镇已成立智慧健康养老领导小组，主要负责全镇智慧健康养老创建的组织、协调和指导等。近年来，老君镇紧盯智慧健康养老发展趋势，结合区位、交通、医疗、气候、旅游资源、无公害绿色农产品等独特优势，积极与汉中文化旅游投资集团有限公司、汉中益嘉福居家养老服务有限公司开展深度合作，建立“一社区、两平台、五中心、六产品、六服务”的智慧健康养老体系。通过向老年人提供智能化健康医疗检测设备、可穿戴设备，采用云计算、移动互联网和物联网等先进的信息技术，构建老年人健康信息管理云平台，构建“互联网+智慧养老”生态圈，发挥数据创新潜能，为老年人提供慢性病医治、健康预防等方面的咨询建议和服务。全镇老年人智能化养老水平稳居全区前列，智慧健康养老产业发展迅猛、潜力巨大。

目前，依托汉文投公司兴汉新区水云台智慧健康生态运动康养社区项目和汉中益嘉福居家养老服务有限公司，老君镇针对政府、养老机构、村（社区）和个人的养老服务体系或已基本搭建，或已完成规划设计，其中体现服务老年群众的能力水平的有智慧健康养老服务系统齐全、智慧健康养老医疗服务体系健全及 AI 全科服务能力优质。此外，老君镇还建立了无偿服务、低偿服务、有偿服务、义工服务及社会力量认购服务等服务模式，依托益嘉福智慧健康养老服务平台，建立了线上线下协同的三级分级智慧健康养老服务生态体系。同时，搭建辖区智慧健康养老服务信息平台，完成辖区 60 岁及以上老年人的健康档案登记，协助辖区社区居家养老服务中心、养老服务组织、养老服务机构、爱老幸福食堂和日间照料中心智慧化升级；建立健全老年人能力评估信息化平台；建立健全辖区互联网智慧健康养老服务平台搭建，实现线上、线下养老服务一体化，打造“15 分钟养老服务圈”；建立健全养老服务组织准入、评估、退出和诚信机制；建立健全养老服务人员培训就业信息化平台，推动养老服务生态体系建设；完成辖区孤寡、失独、空巢、低保、高龄等困难老年人的居家智能照护信息化；建立健全辖区养老服务体系透明化、公开化和规范化，搭建统一的服务受理入口，建立规范的养老服务诚信体系、养老服务黑名单；建立辖区养老服务大数据平台，实时采集和汇总辖区养老服务动态数据，为政府决策提供数据依据；建立健全辖区养老服务补贴申请审批监管机制，提供规范透明的养老服务各项补贴申请、审批、发放、验收和审计的信息化解决方案。

### （三）示范单位创新性分析

一是全面应用的信息服务技术。老君镇结合智慧健康养老要求，加大与企业合作力度，率先在汉台区推出智慧健康养老，积极推进信息技术在养老领域的应用，建成智慧健康养老生活服务中心平台，覆盖辖区内80%以上养老服务对象，实现了养老服务轨迹化管理，基本构建了以居家为基础、社区为依托、机构为支撑、医养相结合的多层次养老服务格局。

二是种类多样的养老服务产品。依托大数据信息平台，将辖区内各村（社区）和养老服务机构设施统一集中设置，统筹为老服务资源，提供多样化服务，方便群众办事，有效实现了“网格化智慧养老、一站式服务老年人”功能。通过重点推进以互联网、云计算、物联网为代表的信息技术在民生领域的规模化应用，辖区内老年人的生活智能化水平稳步提升，使智慧健康养老产业发展迈上新的台阶。

三是健全完善的养老服务体系。联合社会优质资源，以完善的信息管理系统和专业的家庭服务团队为基础，实现个人、家庭、村（社区）、机构与健康养老资源的有效对接和优化配置，推动了健康养老服务智慧化升级，提升了智慧健康养老服务质量效率水平，加快了地区智慧健康养老产业发展，规范了服务标准、服务体系和服务模式，建立了“生有希望、老有所养、病有所医”的全周期智慧健康养老体系。

### （四）示范单位创建目标和创建内容

一是鼓励企业加大智慧健康养老产品研发和引进力度。老君镇进一步加强智慧科技与健康养老产业的融合发展，围绕医养、旅居养老的特点推动关键技术产品研发，包括突破核心技术与丰富智能健康养老服务产品供给。同时，积极开发和引进健康管理类可穿戴设备、便携式健康监测设备、自助式健康检测设备、智能养老监护设备和家庭服务机器人等智慧健康养老产品，做到适用于健康管理终端的健康生理检测、监测技术开发以及推进健康状态实时分析、健康大数据趋势分析等智能分析技术发展，不断满足多样化和个性化的健康养老需求。

二是加快智慧健康养老服务平台建设。原有的数据中心、呼叫中心和智慧健康云平台推动了关键技术、核心器件和重点产品研发，完善了产品检测认证、知识产权保护。但是也应看到，老年健康领域亟待突破，完善提升智慧健康养老产业的协同创新能力和产业化能力势在必行。今后，应充分利用现有健康信息、养老信息等信息平台，建设区域人口健康信息平台，建设统一规范、互联互通的健康养老信息共享系统，积极推动各类健康养老机构和服务商之间的信息共享、深度开发和合理利用，开展健康养老大数据的深度挖掘与应用，推动建立一批智慧健康养老产业生态孵化器、加速器，为投身加盟智慧健康养老领域的初创企业提供资金、技术、市场应用及推广等多方面扶持。

三是健全智慧健康养老标准体系。结合智慧健康养老产业的实践，进一步总结经验教训，统一个人、家庭和社区的血压、血糖、血氧、心律和心电五大类常用生理健康指标智能检测数据服务标准，不断完善智慧健康养老服务流程规范、评价评估体系，构建智慧健康养老信息安全标准并加强隐私数据管理和使用规范。

## 六、陕南秦巴北麓的“智慧孝老”：安康市岚皋县城关镇

### （一）示范单位基本情况

岚皋县城关镇位于陕西省安康市岚皋县，2010 年被评为“空中看陕西最美县城”，地处县域中心地带，是岚皋县政治、经济和文化中心，也是县政府所在地。2020 年底安岚高速将完成通车，规划中的西渝高铁将从辖区一穿而过。岚皋县城关镇总面积 111.09 平方公里，下辖 20 个村，总人口 5 万人，其中老年人 6000 余人。辖区内有 2 家公办民营的养老机构、3 家老年人日间活动照料中心、3 家医疗机构、15 家民营大药房。岚皋空气中负氧离子含量极

高，被誉为最理想的“天然氧吧”。县城全年空气质量优良天数平均350天。岚皋县全境稀有元素硒含量达到富硒级别，被誉为“中国硒谷”，是养老养生的最佳居住地。岚皋县城关镇以智慧健康养老服务平台为核心，以互联网为纽带，依托辖区内养老服务优势资源，建立政企联合、协同发展的养老机制，构建信息化、智能化养老综合服务体系，建立集助行、助急、助聊、助乐、助浴、助洁、助餐、助医和助陪等服务于一体的智慧健康养老服务平台，打造“互联网+养老”服务新模式。

**（二）示范单位现有应用/现有发展**

近年来，岚皋县城关镇高度重视养老服务事业，通过一手抓养老、一手抓发展，成立了社会养老服务体系建设领导小组，建立了老年协会、老年活动中心等老年群众性组织，广泛开展敬老、爱老、助老的宣传活动，在全社会树立尊重、关心和帮助老年人的良好社会风尚。建立了智慧社区居家养老服务平台、卫生服务中心、养老服务中心和智慧健康管理服务中心等平台，为老年人第一时间提供更便捷和优质的生活服务，实现智慧健康照料。岚皋县城关镇内从事智慧健康养老专职工作人员有5名、志愿者75名，合作企业1家，从人员投入数量和企业合作情况来看，岚皋县城关镇具备智慧健康养老的服务能力。岚皋县城关镇建立养老服务的标准规范，积极利用乡镇智慧居家养老平台，为社区老年居民提供满意的服务。并且，岚皋县城关镇委服务人员可根据老年人需求在“互助式”多样化服务、“家庭式”个性化服务和“陪伴式”专业化服务的服务模式下提供家政便民、物业维修、精神文化娱乐、心理慰藉、卫生保健、法律和健康养老设施等服务。

**（三）示范单位创新性分析**

岚皋县城关镇依托智慧健康养老服务平台整合各类资源，以信息化系统为重要载体，以信息化、智能化呼叫求助服务平台为支撑，以建立老年人信息数据库为基础，以生活帮助、健康护理、紧急救助、日间照料、人文关怀、精神慰藉、娱乐活动和法律援助为基本服务内容，立足智慧健康养老基地，有效整合辖区内社会服务资源，建立完善的智慧社区居家养老服务体系，实现真正意义上的智慧养老、科技助老。

一是服务方面的创新。老年人可通过智能设备呼叫平台坐席中心，呼叫中心按照老年人需求在系统记录，系统自动派送工单，服务人员接到工单，按照需求提供服务。街道建立智慧健康养老服务监管平台，推广健康评估仪等智能设备的应用，让老年人对自己身体状况的掌握更加及时和准确，子女不用担心老年人健康状况，使他们可以放心把更多的精力投入到工作中。智能养老产品替子女尽孝，让老年人真正感受到家庭的温暖，实现让老年人颐养天年的愿望。

二是模式方面的创新。首先，大力发展社区居家养老服务网络，加强社区居家养老服务站点建设，确保一社区一站点，通过网点服务和上门服务等形式，为居家老年人提供助餐、助洁、助浴、助医、助行和助急等生活服务以及文教娱乐、心理关爱、法律援助和安全保护等定制服务，并且鼓励发展志愿者、邻里互助养老服务。其次，大力发展智慧社区建设，培育发展“互联网+健康养老”智慧化养老服务新模式，支持企业和养老服务机构以现代通信、智能呼叫、互联网及电子商务为技术依托，建设社区居家养老服务信息化平台，为老年人提供紧急呼叫、家政预约、健康咨询、物品代购和服务缴费等服务项目，满足老年人多样化养老需求。城关镇组建企业承接为老服务，引进组建一家养老服务企业，围绕老年人衣、食、住、行、医、养等需求提供专业服务。鼓励养老企业结合县域旅游资源、富硒农产品等优势，建立养生养老基地，承接县内县外老年人旅游、养生等服务。同时，与各地养生养老基地开展互助合作，让各地的老年人循环互动，充分挖掘“候鸟式”与“旅居式”养老的巨大市场潜力。最后，积极推进医疗卫生与养老服务相结合。推行养老机构与医疗机构合作的养老服务模式，促进医疗卫生资源进入养老机构、社区和居民家庭。鼓励有条件的养老机构内设医疗机构，方便入住老年人就医。此外，鼓励养老机构提供托老服务，针对老年人慢性病疗养、病后术后疗养及失智失能护理等开展个性化服务，真正实现医养结合。支持县级医疗机构开设老年病科，增加老年病床数量，开通为老年人提供挂号、就医等便利服务的绿色通道。

三是服务拓展能力方面的创新。通过建立智能养老平台来拓展服务能力。

城关镇建设了智慧社区居家养老服务平台，老年人或子女可通过平台购买智能设备。并按照养老政策联系县民政局、县残联，对智能养老产品进行政策性补助，促进智能养老设备的普及，提升了服务能力，通过常态化培训养老服务人才，拓展服务能力。街道联合专业的养老机构，组织子女、志愿者和服务工作人员进行养老服务知识的培训，通过培训提升服务质量、增强服务能力，按需提供服务，拓展养老服务方式。同时，根据老年人的身体状况和需求，对老年人进行服务分类，安排专人和团队进行服务，提高服务效率，增强服务能力。

**（四）示范单位创建目标和创建内容**

岚皋县城关镇利用高科技可穿戴设备，结合养老基地搭建的智慧社区居家养老服务平台，整合医疗、养老、信息、社会服务资源，将便捷、智慧融入到养老服务中，让每一位老年人能够随时随地享受到优质的养老服务，形成具有岚皋县城关镇特色的智慧健康养老服务模式，在全市乃至全国进行示范推广。

城关镇以现有健康养老基地开发的智慧社区居家养老服务监管平台为基础，整合辖区内的养老、医疗、服务和餐饮等资源，建立完善的智慧社区居家养老服务体系。通过完善现有智慧健康养老服务应用模式，规范各个服务环节衔接，扩大服务范围。利用新技术、新产品，做好城关镇 1.3 万老年人养老服务工作，同时，监督养老机构提高服务质量、改进管理体系，完善智慧社区居家养老服务体系，打造智慧社区居家养老特有服务模式，实现真正意义上的智慧养老、科技助老。

# 第三节　智慧健康养老产业示范企业

## 一、系统集成：秦云公司

### （一）示范单位基本情况

咸阳秦云信息技术有限公司（以下简称“秦云公司”）是由咸阳市财政投资控股有限公司出资成立的全资国有公司，秦云公司以建设和运营智慧城市为己任，紧抓“互联网+”机遇，不断探索符合中国国情的智慧城市新模式。

由秦云公司承担建设和运营的智慧咸阳平台和应用系统，得到了中央领导和国家有关部委的充分肯定。2014 年，秦云公司参加国家信息惠民评审荣获全国第八名；2015 年，其建设经验入选住房和城乡建设部“全国智慧城市建设经典案例”，被写进国家行政学院教材，获评“全国年度十佳智慧城市”称号；2016 年，时空云平台考核荣获全国第二名。陕西省委书记娄勤俭在秦云公司调研后，专门指示要求全省复制“咸阳模式”，促进陕西大数据建设。秦云公司已经面向 500 万咸阳群众发放公共服务“一卡通”，推广“掌上咸阳一点通”，并逐步拓展在公共服务、社区生活及第三方支付等方面的应用，由此获得海量的社会数据。目前，秦云公司建设了咸阳市智慧健康养老服务中心，服务中心位于咸阳市乐育北路 3 号，共 8 层，每层 1000 平方米，为老年人提供快捷高效的健康养老服务。

### （二）示范单位现有应用/现有发展

2014 年，咸阳市大胆决策，以秦云公司为主体启动实施了智慧健康养老建设。坚持“问题导向、需求驱动、顶层设计、统筹实施”的原则，以理顺体制机制为保障，直面改革难点，紧盯老年人痛点，着力推进三个融合（技术融合、数据融合和业务融合），全力打造咸阳智慧健康养老，形成了智慧健康养老“一平台、两枢纽、六个一、N 项应用”的建设格局。“一平台”即为智慧健康养老提供基础支撑的智慧健康养老基础云平台；“两枢纽”即支撑全市各级各部门数据交换共享的数据枢纽和覆盖市、县（区）、乡镇（街办）、村（社区）的网络枢纽；“六个一”即便民服务一号通、群众办事一站通、惠民资金一卡通、掌上咸阳一点通、无线城市一网通、精细服务一格通；“N项应用”即覆盖养老、社区和医疗健康等为老年人提供方便快捷服务的应用，包括“e养天年”养老院、社区居家养老服务系统和健康医疗管理服务平台等，基本形成了智慧健康养老服务新格局。

“e养天年”养老院下设服务接待中心、呼叫中心、加盟企业管理中心和老年人服务投诉中心。通过养老信息服务平台实现老年人和服务企业之间的信息交互，可为全市老年人提供保健康复、心理慰藉、家政便民、生活照料、医疗卫生、法律咨询、娱乐学习、日常陪护、家电维修、临终关怀和饮食11大类200多项服务。社区居家养老服务系统基于12345平台推行了老人机服务、SOS紧急救援服务、定位服务与阳光政务服务，为老年人的办事、救援等提供方便；基于办事“一站通”在社区建立的办事“一体机”，实现了老年人办证、办事“不出村”。同时发行了“资金一卡通”与“金融一体机”，整合了粮补、低保、医保等51项惠民补贴资金，也整合了居民健康信息，老年人凭一卡通即可享受咸阳80%以上正规医疗机构的挂号、就诊和报销等全流程服务，还能缴纳水、电、通信等费用。健康医疗管理服务平台采用云计算技术，以市民电子健康信息（电子病历、健康档案）为基础，集成金融IC卡、资金一卡通、电子钱包和身份识别等功能，率先在西部地区实现网上挂号、实时报销、一卡通用和村头兑付等应用。

为落实市政府相关要求，秦云公司结合自身产品/服务实际，发布了《咸阳12345便民服务呼叫中心管理制度》《便民服务一号通工作人员考核评分办法》和《一卡通运营组管理制度》等相关文件，明确服务内容和服务考核指标，为提供更标准、更高效的健康养老服务奠定基础。秦云公司已经取得了基础云平台、健康医疗信息云平台、政府数据共享分析服务平台、智能交通管理软件、政务服务一站通、社会服务一格通、刷卡服务一卡通、话务服务一号通及掌上服务一点通等健康养老领域计算机软件著作权登记证书，并且正在申请社区居家养老服务系统、老年人阳光医药监管平台和老年人医疗健康大数据分析系统等相关产品知识产权。

### （三）示范单位创新性分析

秦云公司作为咸阳市健康养老服务龙头企业，与咸阳市政府、街道及社区等各级单位紧密合作，根据老年人实际需求，结合健康养老服务发展趋势，在健康养老平台提供、数据共享、业务办理和服务入口等技术方面进行了一系列大胆的探索和创新，整合各方资源，实现健康养老各项服务快速、高效发展。为解决建设资金难题，秦云公司积极探索市场化运作的路子，协助咸阳市政府转变职能，由“政府包揽”转变为“政府引导，多元共建，放管结合”的发展模式，吸引社会资本共同投入参与健康养老服务提供。目前已形成了政府引导、企业主导、市场运作、多元化投入的机制，有效缓解了政府投资压力，破解了资金难题，也催生了健康养老各项应用的深度使用。

秦云公司在提供健康养老服务的过程中，不断总结经验，与政府、企业、街道及社区保持密切合作，以老年人实际需求为出发点，以“六个一”的通用应用聚合养老服务总入口，以大数据养老创新健康养老新模式，以政企合作开创养老产业发展新业态。目前，80%的信息资源掌握在政府部门手中，养老数据也不例外，秦云公司作为咸阳市政府国有控股企业，有能力协助咸阳市政府对养老数据进行分析挖掘加工，通过养老数据深度挖掘再利用，不断提供多样化的养老服务，体现大数据综合价值。

### （四）示范单位创建目标和创建内容

依托已有基础，到2020年将秦云公司打造为“以老年人为核心、以服务为根本、以网络为纽带”的中西部地区智慧健康养老领域经济社会效益显著的示范企业。公司总资产达到5亿元，在智慧健康养老领域服务收入达到2亿元，服务人群达到50万人，探索出一条适用于中西部经济欠发达地区智慧健康养老发展的新路径，立足咸阳，走向全国，引领智慧健康养老行业发展。

未来秦云公司将扩大服务范围，形成覆盖全市智慧健康养老服务体系；突破关键技术，研制一批可复制、可推广的示范产品；加大宣传推广力度，树立秦云公司健康养老品牌；创新发展方式，构建自我造血、良性发展的商业模式。在现有智慧健康养老“一平台、两枢纽、六个一、N 项应用”的建设格局基础上，秦云公司将以“系统+服务+老人+终端”为手段，以社区为依托，以智慧健康养老服务平台为支撑，以智能终端和热线为纽带，整合社区养老服务设施、专业服务队伍和社会资源，重点打造以“呼叫救助、居家照料、健康服务、档案管理”为中心的智能居家养老服务网络，为老年人提供综合性的养老服务。

## 二、科技赋能：航天恒星

### （一）示范单位基本情况

西安航天恒星科技实业（集团）公司（2019 年已更名为陕西航天技术应用研究院有限公司，简称“陕航院”）成立于 1996 年，隶属于中国航天科技集团第五研究院西安分院（原航天五院五〇四所），是航天五〇四所实现航天技术成果转化、推动航天技术应用产业发展的重要平台。公司是陕西省高新技术企业、陕西省军民结合重点企业、西安市技术创新示范企业，其多项产品被列入国家重点技术创新项目、国家重点新产品和国家战略性新兴产业项目。

公司从 2013 年起进入智慧城市相关领域，提供面向智慧旅游、智慧健康及公共安全等领域的“网络化、智能化、服务化、协同化”的智慧城市产业生态系统解决方案。2014 年起积极参与智慧健康养老产业的规划和发展，参与国家标准化智慧养老标准起草制定，提供智慧健康养老服务平台建设以及智慧养老信息服务系统解决方案、终端产品与运营服务，形成“平台+终端+服务”模式，并于 2017 年获得首批“国家级智慧健康养老示范企业”称号。

### （二）示范单位现有应用/现有发展

1. 企业智慧健康养老应用

结合企业本身离退休职工健康养老需求，通过对诸多国有大中型企业养老模式、现状、存在问题进行深度调研分析，公司从关注企业职工身体健康角度入手，搭建企业级智慧健康云平台，结合企业健康服务中心及智能终端设备，为企业职工精准提供多样化健康服务。服务项目包括 24 小时私人医生、精准医疗资源对接、三甲医院门诊服务、专业健康体检服务、职工健康电子档案、专属积分服务卡片、专属“互联网+”服务、专属处方药配送及专家定期主题讲座等。同时，智慧健康养老系统与当地医院对接，实现与三甲医院及企业医院医疗资源的有效整合。在航天五院及下辖的多个社区服务中心内，社区服务工作者与专业医疗团队在综合管控中心、云呼叫中心、大数据平台、综合业务平台和智能终端设备等智慧手段的帮助下，为4000多位离退休老年人提供智慧化、便捷化、人性化的健康养老服务，打造“智慧长者友善社区”标杆与企业离退休职工养老关爱示范基地。公司的智慧健康养老产品未来有望为航天四院、六院、九院及中国兵器和中船集团等大型国有企事业单位提供相关服务，智慧健康服务对象也可扩展到企业的在职员工。

2. 民政智慧健康养老应用

民政智慧养老解决方案可为辖区内每一位老年人建立电子健康档案，通过建立社区健康体检屋和居家养老监护系统，采集老年人的健康信息并进行健康评估，使民政部门对辖区内老年人的健康状况了然于心，引导居民形成健康的生活方式，提高居民对自我健康的关注和管理意识。同时，该方案还为空巢老年人、五保老年人和失能老年人等特殊人群提供专业化监护方案，解决老年人走失、紧急求助等问题。目前已应用于重庆、浙江余姚和嘉兴、河南洛阳及福建福州等地市。

### （三）示范单位创新性分析

公司智慧健康养老项目的服务对象为国有大中型企事业单位离退休职工，通过B2B商业模式，为企事业单位离退休办提供系统解决方案。针对国有企事业单位生活区特点，以智慧健康养老助推“社区养老”和“居家养老”的服务模式，为离退职工提供日常生活帮扶服务。同时，增强老年人健康管理，提供安全救助；增强企业凝聚力，增强员工归属感；降低医疗支出，减轻家属负担，从而提升企事业单位离退休办服务管理质量，促进企业可持续发展。

在智慧健康平台打造与数据挖掘分析的基础上，公司通过航天工程体系搭建大平台云计算并行处理技术，以及平台大数据挖掘技术，突破智能终端信号处理高灵敏度算法，通过航天云、阿里云形成混合云架构，并利用鉴权机制，同时保证数据脱敏后应用，强化信息安全保障能力，实现信息安全多重保障。智慧养老系统采用“1+2+1”架构模式，即“1个SaaS云综合服务平台”、“2种服务场景”（社区健康养老服务中心+智能穿戴设备）、“1批运营服务”（私人电话医生、健康咨询、健康讲座、专家坐诊、就医绿色通道、家政服务、上门陪护、送餐服务、物业服务等）。

### （四）示范单位创建目标和创建内容

公司在航天科技集团“军民融合、强军富国”的发展战略背景下，依托航天技术优势，通过航天工程体系、卫星应用技术，集中优势资源大力开发面向智慧城市、智慧旅游和智慧健康养老的产品和系统，并且已经在陕西、山西、浙江、西藏等地进行多个项目实施，后续的市场拓展工作也在有序进行中。公司将发挥自身优势，联合战略合作伙伴，积极参与各省市智慧城市总体战略规划，实施战略合作城市“智慧健康养老板块”系统建设，力争通过智慧健康养老软硬件产品销售、智慧大健康、社区健康养老服务中心建设与运营、健康养老大数据挖掘与运营，实现智慧健康养老生态圈一体化运营，发展成为深受各级政府和国有大中型企事业单位信赖的行业领军企业，打造航天智慧健康养老服务品牌，推动航天技术应用产业蓬勃发展。

## 三、国企引领：全乐养老

### （一）示范单位基本情况

陕西省水务集团全乐养老服务股份有限公司（以下简称“全乐”）于2014年11月14日成立，注册资本为2040万元，于2018年实现国有资本的注资，成为年度陕西省59家混合所有制企业中的一员。它是一家集养老、健康、医疗、商务为一体的“互联网+”创新型企业，拥有经验丰富的管理团队与技术雄厚的科研实力，现有员工105人，并不断发展壮大。业务领域涵盖居家养老、社区养老和机构养老，截至目前已建成并运营社区养老服务中心21个，覆盖156个小区，社区总人口数19万，注册用户2.2万，服务覆盖14万人次，举办活动1500余场。2019年全乐进一步明确了企业的商业模式——“一驱、双引、多融合”，且已经形成了“品牌化、连锁化、标准化、轻资产”的运营模式。全乐把创新服务模式作为企业持续发展的命脉，把家庭养老需求作为创新服务的核心。成熟的服务体系最大限度地延伸上下游产业链，必将推动同业及异业共生共享、融合发展的进程，从而进一步促进“互联网+”健康养老产业的新模式、新业态的形成，推动养老产业的良性发展。

**（二）示范单位现有应用/现有发展**

全乐智慧健康养老系统是在深刻理解国家政策和养老服务体系特点的基础上，运用各种先进的信息技术（物联网、互联网、移动互联网技术、智能呼叫、云技术、GPS 定位技术等），创建“系统+服务+老人+终端”的智慧健康养老服务模式，并且涵盖了机构养老、居家养老、社区日间照料等多种养老形式。通过跨终端的数据互联及同步，连通各部门及角色，形成一个完整的智慧管理闭环，实现老年人与子女、服务机构、医护人员的信息交互，对老年人的身体状态、安全情况和日常活动进行有效监控，及时满足老年人在生活、健康、安全和娱乐等方面的需求。其系统功能全面，操作简单，界面友好，涵盖居家养老、日间照料、机构养老多种养老业态。系统可对接多类别终端产品（一键通呼叫器、老人机、健康检测、安防设备、穿戴设备、人脸识别等多类别、多型号可选），满足不同老年人的个性化需求。它具备良好的稳定性、开放性和扩展性，拥有先进的呼叫中心，可提供大数据统计分析。服务主要包括生活服务类、商品订购类和紧急救助类等，可通过呼叫中心智能位置识别系统，精准确定老年人所属社区并将老年人呼入电话智能转接到对应社区服务中心。功能包含老年人档案管理、基础数据管理、会员管理、服务订单、定位管理、危险预警和主动关怀等。

全乐还成立了陕西省智慧健康养老服务协会，牵头制定《社区智慧健康养老服务导则》地方标准并得到实施。该标准适用于为社区提供智慧健康养老服务的相关养老服务机构，其中对社区智慧健康养老服务的术语和定义、服务体系及架构、线上服务平台功能要求、线下服务内容与要求、平台建设与运行进行了规定。构建的智慧居家养老服务平台主要由业务运营管理子系统、社区服务中心子系统、服务商子系统、用户自助子系统、健康管理子系统、政府监管子系统、网站子系统、系统管理、中间件接口程序以及应用支撑子系统共10个部分构成，为使用平台服务的老年人提供全面便捷的服务享受。

### （三）示范单位创新性分析

智慧健康养老平台框架可兼容多个厂家设备接入协议，根据客户需求免费对接多个厂家各类定位设备、老人机、健康检测设备、安防设备、穿戴设备和一体机等，使得运营方在硬件采购方面处于主动地位。智能硬件的更新换代速度也为运营方带来可持续发展的运营能力，可满足不同养老人群和业务场景的个性化需求。其“居家养老+互联网+多元服务”理念可为老年人打造没有围墙的虚拟养老院，让老年人在家舒享专业养老服务，尽享健康管理与远程医疗，保证独居老人的居家安全，同时针对老年人的需求不断增加个性服务。

为关注民生，切实提高社区居民生活质量，全乐利用合作的第三方养老产业资源打造独有的线上“15分钟便民生活圈”，并且紧贴政府政策，打造线下“慈善爱心超市”新模式，让贫困群众通过参与家庭环境卫生、扶贫政策问答等评比活动获得积分，有尊严地兑领所需物品。同时，打造志愿者“时间银行”互助养老模式，“时间银行”是志愿服务时间共享的代名词，指的是志愿者将参与公益服务的时间存进“时间银行”，在自己遭遇困难时就可以从中支取被服务时间。鼓励有劳动能力的老年人参加志愿服务，然后把志愿服务时数存入“时间银行”，自己有需要时就可以兑换支取，这一做法会对那些子女不在身边又缺少人照顾的老年人有极大帮助，同时在一定程度上也缓解了我国养老服务的压力。

### （四）示范单位创建目标和创建内容

全乐的目标服务对象包含但不限于60岁及以上的老年人，其智慧健康养老服务项目旨在以政府社会福利事业的资金扶持为基础，为养老服务提供强大的信息平台，同时也具有长远的经济效应和社会效益。

全乐未来将秉承以下发展思路来创建：一是合理配置服务内容，实现“一站式综合服务”。社区综合为老服务中心可重点发展社区托养服务、医养结合、生活服务和家庭支持服务等，并依托中心设施向社区辐射。二是整合各类为老服务资源，实现“一体化资源统筹”。充分发挥综合为老服务平台的枢纽作用，重点统筹好行政资源、社会资源和市场资源等，实现服务效益最大化。三是建立信息化助老服务平台，实现“一网覆盖的信息管理”。以信息技术作为支撑，积极发挥双方信息化平台的作用，形成“三级网络”（区、街道、社区三级网络）的总体框架。形成全区统一的为老服务网络门户和为老服务决策数据库，通过区级平台功能的延伸，实现咨询、受理、社区层面资源调配、服务质量监管、需求调查以及各类为老服务的具体组织实施。四是实现“一个办事窗口”的便利服务机制。提供为老基本公共服务、社会化和市场化的各类为老服务，为老年人和家属获取信息和办事提供方便，以期健全社区养老设施网络，深化社区养老服务体系，提高社区养老资源使用效率，为社区养老提供科技支撑。

## 四、房企转型：荣华养老

### （一）示范单位基本情况

荣华养老服务有限责任公司（以下简称“荣华养老”）成立于 2015 年，注册资本 5000 万元，目前养老机构 4 个、社区服务站点 30 余个、总床位 2500 张，年服务周边老人 10 万多人。它是一家以现代信息技术实施“医护养”服务的新型智慧健康养老服务单位。荣华养老通过云计算、物联网、大数据等技术，开展“1 个数据中心+1 个平台+N 个应用”的总体设计，全面提升养老服务的管理效率及服务质量。荣华养老以“替天下儿女尽孝，为党和政府分忧”为企业使命，打造“养老社区、社区养老、医养结合、人才培养、资本驱动”五位一体的产业平台。同时，荣华养老积极发挥自身优势，联合省内外知名医疗机构，以物联网应用为基础，以慢病管理为着力点，以健康讲座和咨询为辅助，在阎良、安康、商洛等地开展健康慢性病管理及咨询等服务，为更多消费者提供养老与地产融合、文化与地产结合、品质与价值汇聚的康养新生活方式。

### （二）示范单位现有应用/现有发展

荣华养老专注和深耕“医养结合”健康养老服务领域，致力于传统养老和医疗康复护理体系有机结合的开拓创新，形成了业务涵盖养老、医疗、护理、教学、科研、文化、贸易和咨询等八大领域的完整产业链，追求老年品质生活。其中生活秘书、健康秘书、快乐秘书三大秘书为健康老人提供贴心服务，专业团队为失能、半失能老年人提供“医师+护师”照护，老年医院为老年人提供 24 小时健康医疗服务，实现老年人医疗、居家、护理“一站式”生活体验。

荣华养老服务体系是以现有荣华信息中心为基础建立荣华养老信息管理平台，信息中心有效整合通信网络、智能呼叫、互联网等客户手段，以信息化、智能化呼叫求助服务平台为支撑，以建立老年人信息数据库为基础，以紧急救助、健康护理、生活帮扶和心理慰藉为基本服务内容，以机构、社区为依托，有效整合社会服务资源，建立机构、居家养老服务数据库。

荣华养老系统平台建立 12 个模块，分别为人员定位、手动报警、会员管理、日常管理、人事管理、财务管理、物资管理、膳食管理、药品管理、配置管理、报表管理和活动管理。其中，人员定位系统包括在住老人园区位置确定、人员报警提醒和人员信息提报等；手动报警系统主要是老年人在房间内通过拉绳和按钮进行报警；会员管理模块包括会员档案、预约占床、会员入住、退住登记、外出管理、业务变更、物业管理和设备维保等；日常管理模块包括事故登记、部门工作协调和事项提醒等；人事管理模块包括员工管理、团队管理、岗位/职级管理、部门配置、考勤管理和行政管理等；财务管理模块包括收款管理、退款管理、机构账户管理、会员账户管理和会员卡费管理等；物资管理模块包括固定资产、物资查询、出入库管理和库存盘点等；膳食管理模块包括菜品管理、点菜管理、就餐提醒管理和备餐管理等；配置管理模块包括餐次维护、房间配置、费用类型配置和照护等级配置等药品管理、报表管理和活动管理。

报表统计养老数据资源库采用多层设计，自下而上共分为四层，即数据标准层、融合与文件层、信息共享层和整合服务层，并将信息安全体系和管理体系覆盖到每一层的每个环节。同时，荣华养老根据平台线上、线下服务体系建设情况，制定了 144 项相关服务标准，为更多老年人提供专业细致的养老服务，形成荣华养老特有服务模式，现已建成 3 座服务体系机构和社区示范点。

**（三）示范单位创新性分析**

荣华养老基于养老服务运营管理核心能力来构建产业生态整合平台，基于三层次组织架构来促成内生式增长和整合式成长。公司不断发现、培育、孵化和淘洗业务板块，完成产业布局与资本运作，建立养老服务产业链，推进跨越式发展，建设西北养老第一品牌与城市养老综合服务运营商，让每位接受荣华养老服务的老年人都过上多彩的晚年生活。荣华养老服务体系以现有荣华养老信息中心为基础，委托第三方进行荣华养老平台开发，平台投入运营后所有知识产权均为荣华养老所有，而平台提供智能可穿戴产品知识产权与一卡通定位产品知识产权均为供方所有。

荣华养老现已建立荣华养老信息中心，并在此基础上建立荣华养老信息平台，信息中心有效整合通信网络、智能呼叫与互联网等客户手段。其落地服务的主要特色有：一是 36.5℃专业的暖心化服务。园区提供生活、健康和快乐三大体系以及 36 项服务。二是健全规范的管理制度。园区编写服务标准化文件 164 项、应急预案 13 项、管理制度 48 项、岗位职责 39 项、收费标准 5 项及护理院制度汇编 1 册。三是优良的医疗保障体系。园区内与森工医院合作，对常见病及多发病进行诊断和治疗，并引入先进的检查、调理和康复治疗仪器，配备专业人员提供运动康复指导。四是浓厚的娱乐文化氛围。园区充分整合荣华文化公司资源，每周开展大合唱、书画、朗诵、葫芦丝、模特步、广场舞及微信教学等兴趣班课程，每月开展邻里会、生日会和各节庆活动，并且定期组织老年人外出旅游。五是“80 后”服务“80+”，打造年轻的团队。园区服务人员均为“80 后”人员，园区老年人平均年龄 81.3 岁。利用隔代亲的服务理念，以年轻人的激情与活力服务在住老年人，引领老年人享受具有活力的养老时光。六是树立老年人主人翁意识。老年人选举代表作为理事会成员与园区管理层、集团领导成立理事会组织，参与园区发展规划和日常服务管理。七是“新 24 孝”发扬孝老文化。园区根据日常服务，推广“新 24 孝”内容。

### （四）示范单位创建目标和创建内容

荣华养老将做养老生态平台的构建者，荣华·清荷园养老社区、清荷之家康复护养院、西安曲江老年公寓、莲湖区养老服务中心（荣华·银龄馨家）、荣华康源·北城长者屋、荣华·悦馨老年服务中心、秋兰乐养和欢乐颂社区养老服务中心等各业务协同运作，形成围绕现代养老新生活的融投资和运营服务为一体的产业链。

在推广智慧健康养老服务应用模式的同时，荣华养老将结合现有基础规范运营信息中心及信息管理平台，加大对智能终端设备的投放量，扩大应用规模。将通过云计算、物联网、大数据等技术，开展“1个数据中心+1个平台+N个应用”的总体设计，以建立老人电子档案为基础，以“医养结合”为核心，形成基于泛在网的智慧机构养老平台。同时，积极发挥现有站点线上线下服务相结合的示范效应，建立多个社区智慧健康养老服务站点，拓展服务范围，不断引进新技术和新产品，提高服务质量，改进管理体系，完善荣华养老服务体系。

## 五、社会资本：瑞泉养老

### （一）示范单位基本情况

陕西瑞泉养老服务有限公司（以下简称“瑞泉养老”）成立于2015年，注册资本5500万元，它是一家集医疗资源、养老资源、信息资源、护理教学资源和社会服务资源等为一体的养老服务机构，是中国卫星导航定位协会“百城百联百用行动计划”示范项目，也是陕西省基于北斗定位应用的“关护通”智慧健康养老服务系统的示范企业。瑞泉养老联合百度大健康、中国联通、长虹佳华、广电网络、蓝创科技和各行业服务资源推出以智能移动终端、智能穿戴设备、智能信息交互设备、智能网关、智能语音机器人设备和智慧养老信息服务平台为依托，以“医护养”为服务特色的社区居家养老服务模式。

瑞泉养老发挥自身优势，整合各方资源，为居家养老与智慧养老树立了典范，逐步解决“居家养老”模式的精准服务问题。2018年入选由民政部、国家发展改革委、全国老龄办牵头评选的养老典型案例企业，2019 年被列为全国第三批智慧健康养老示范企业。公司在国家政策引导下，积极开展智慧健康养老产业投入，陆续研发并推出了“北斗关护通”、“智能腕表”、北斗关爱平台 APP 以及基于智能机器人的智慧健康养老服务体系，拥有了 10 项软件著作权及 12 项商标权。2020 年 12 月，瑞泉养老被评为高新技术企业，同时也是所有入选公司中唯一的养老服务公司。

瑞泉养老推出了瑞泉居家养老服务品牌和北斗瑞泉关爱服务体系。北斗瑞泉关爱服务体系在运营中通过不断更新技术、改善用户体验、完善线上线下服务并叠加增值服务，使公司获得了广大客户的好评和稳定订单，近三年来公司年均销售收入以 20%的速率增长。

**（二）示范单位现有应用/现有发展**

瑞泉养老在西安市建成了拥有 12 个席位、100 台辅助席位的关爱呼叫平台；已在西安、咸阳和宝鸡建成社区智慧居家养老服务站点 50 余个，总建筑面积 1.9 万平方米，收住日间照料老人近百名；每个站点配备了 2 台专用车，以“15 分钟车程服务圈”为半径，全方位地为近 12 万社区居家老年人开展紧急救援、生活服务、位置服务和健康监测等服务；投资建成了一个配备 32 种体质健康全信息智能测评云系统的中医康复医院，并建起了 2 个中央厨房、3 个中央洗衣房。

北斗瑞泉关爱服务体系以现有瑞泉信息中心为基础建立北斗瑞泉关爱平台，以信息化、智能化呼叫求助服务平台为支撑，以建立老年人信息数据库为基础，以智能 AI 管理体系为核心，以紧急救助、健康护理、生活帮扶和心理慰藉为基本服务内容，以社区为依托，有效整合社会服务资源，建立居家养老服务数据库，开发北斗瑞泉关爱平台及智慧老年机器人。平台及智慧养老机器人的 8 个模块分别为助急、助餐、助医、助洁、助浴、助行、助乐和助买，使用本平台通过终端机器人和智能可穿戴设备为老年人提供紧急救助服务、语音呼叫、生活帮助、健康参数检测及统计分析、居家养老服务与社区服务等落地服务。平台软件系统标准在线上采用大型关系型数据库，提供了高性能、伸展性、可用性和安全性；在线下制定了服务相关的标准，通过全新的养老服务标准和智慧养老服务体系，为更多老年人提供专业细致的居家养老服务，从而形成北斗瑞泉关爱特有服务模式。同时，瑞泉养老现已建成三座北斗瑞泉关爱服务体系社区示范点，为实现更好的老年人服务奠定了基础。

### （三）示范单位创新性分析

在模式创新上，北斗瑞泉关爱服务体系包含智能语音遥控创新技术、智能收看服务、智能语音视频陪伴服务、老年人与子女间的亲情互动服务、智能健康管理服务、智能养老服务及医疗资源服务居家老年人等七项创新服务模式。具体创新功能包括：老年人通过平台购买智能可穿戴设备可轻松实现智能语音控制，只需语音指令即可实现频道调换；人工智能养老服务产品可完全代替传统电视机顶盒，为老年人省掉有线电视费用，安装后可免费收看多个电视台节目（直播节目）及15000多部电影，并且持续更新；老年人可通过智能电视遥控器呼叫子女、孙辈、老同学、老同事及老战友的名字，实现电视双向视频聊天；子女可通过手机APP上传照片、短视频，老年人可在家里通过电视实时获取，通过电视查看子女近况照片和经典短视频；平台汇集国内权威医疗专家（老年慢性病、常见病专家）资源，可拍摄海量诊断视频、诊治视频和指导视频，根据老年人健康状况及需求，利用人工智能算法精准推送相应的专家视频和健康建议，为老年人健康进行专业干预，同时基于大数据管理，形成老年人健康档案；平台通过整合当地养老服务资源可为老年人在电视端提供客厅里的药店、客厅里的超市、客厅里的餐馆与客厅里的家政，满足老年人助洁、助医、助餐、助行、助浴和助急等家庭养老需求；平台打造了依托于医联体（医共体）和签约医生的服务模式，将最近的社区卫生中心、乡镇卫生院、二甲医院作为服务载体，满足老年人在居家环境下的任何医疗服务需求，也可一键与医生在线视频连接，实现视频轻问诊。

### （四）示范单位创建目标和创建内容

瑞泉养老希望利用高科技可穿戴设备结合信息中心搭建瑞泉北斗关爱平台，整合医疗、养老、信息、护理教学与社会服务资源，将便捷、智慧融入到养老服务当中，让每一位老年人能够随时随地享受到优质的养老服务，形成具有特色的智慧健康养老服务模式，在全省乃至全国进行示范推广。公司基于平台的智能交互模式，集双向视频、健康管理、医疗救助、生活服务和可视呼叫等功能于一身，打造以医养结合为特色的智能化老龄服务新模式，重点解决老年人怕孤独、慢性病多，子女工作忙碌，政府养老压力大等核心痛点。

通过北斗瑞泉关爱平台的搭建及投入运营为政府排忧解难，彻底解决居家老年人“养老难、养老贵”问题，同时解决老年人、子女、家庭养老难题，促进社会稳定发展。该平台的运行让老年人在家中即可获得便捷、系统、全面的服务，子女也可实时掌握老年人的健康状况、健康干预、健康护理、生活照料和心理慰藉等信息。同时，将促进为老服务的社会资源、服务标准、服务质量和收费标准等进一步标准化，实现养老服务标准化、规范化和统一化快速发展；将极大地提升上门养老服务频次，直接推动区域范围内的就业，为下岗职工、应届毕业生和闲散劳动力上岗就业提供机会，带动区域经济快速发展。对老年人健康实施全方位监管和干预，科学合理控制老年人疾病发生率，减少老年人住院及各种大额花费，也将极大地降低辖区内老年人医保报销比例，节省巨额财政拨款。

## 六、综合解决：麦邦智航

### （一）示范单位基本情况

西安麦邦智航智能电子科技有限公司（以下简称“麦邦智航”）成立于2011年9月，是一家主要从事智慧健康养老软件系统开发，智能终端设备研发、生产、销售及服务的公司。公司结合现有资源以及“智养结合”的最新养老理念，利用新一代信息技术，融合养老产业运营理念，进行用户服务和运营管理，提出实现互联网化、智能化的养老解决方案。

公司旗下的陕西福乐康智慧养老服务中心（民非企业资质）坚持品牌化、标准化的发展思路，分别在碑林区、莲湖区共开设了15个社区智慧养老服务中心，构建了福乐康智慧养老综合服务平台，同时与多家实力企业签订合作协议，满足社区居民日常生活的全方位需求。截至目前，福乐康服务的老年人数已超过2万人次，其中黏性用户达到1.6万余人，计划到2020年底在全省建设运营100个社区智慧养老服务中心，能够为超过100万老年人提供高质量、高标准的智慧养老服务。

2018年4月26日，在陕西省民政厅、陕西省老龄办、西安市老龄办、西安市民政局、碑林区民政局和西安市老龄产业协会等各级政府及社会组织的大力支持下，举办了“2018年陕西省智慧养老高峰论坛”，得到了省政府及社会各界的高度认同。

**（二）示范单位现有应用/现有发展**

麦邦智慧健康养老系统平台是利用新一代信息技术手段，搭建麦邦智慧健康养老管理平台，通过平台有效整合社会资源、政府资源和信息资源，借助平台及各类终端设备，按照养老服务规范和服务标准向老年人及其家属提供涉及安全看护、健康管理、生活照料、休闲娱乐和亲情关爱等五个方面的服务，达到“多位一体、齐心和谐”的服务效果，打造“没有围墙的养老院”。

麦邦智航已建成符合国家标准的智慧健康养老服务系统平台，为了完善落地为老服务，2017年向陕西省民政厅申办了民非资质“陕西福乐康智慧健康养老服务中心”（旨在为老年人提供助医、助浴、助餐、助急和助行等为老服务），并与15个社区日间照料中心服务网点合作，建立了智慧健康养老信息平台与大数据综合管理预警中心。同时，推广智慧健康养老终端设备，设立7×24小时值守服务，做到了对社区与居家老年人的有效链接，为空巢、独居、失独和孤寡老年人的居家养老提供健康安全保障。

麦邦智慧健康养老系统及产品自2016年进入市场以来，得到了诸多养老单位合作机构的认可和高度评价。它建设了社区、居家、机构养老院和社区日间照料中心等智慧健康养老系统，目前，碑林区和莲湖区开设了15个社区居家养老服务站，构建了福乐康智慧健康养老综合服务平台，同时与多家实力企业签订合作协议，满足社区居民日常生活的全方位需求。

**（三）示范单位创新性分析**

智慧健康养老要解决老年人养老问题，而养老又是多元化、多需求、多层次及多角度的项目，所以麦邦科技开发了四款信息化系统平台，即民政智慧健康养老信息化系统平台、智慧社区信息化系统平台、智慧健康养老机构养老院信息化系统平台和智慧健康养老社区居家养老信息化系统平台。为了更好、更接地气地为老年人居家生活健康做好服务，麦邦科技软件系统开发相对完善，结合养老多元化需求及各种为老服务开发了诸多实用性系统。麦邦科技的特色是不仅拥有信息化系统平台和智能终端设备，还有麦邦科技注资成立的福乐康智慧养老服务中心为落地服务做支撑，使系统平台不再是虚无缥缈的空中楼阁，为养老服务解决了“最后一公里”的服务难题。

麦邦智航的“乐享卡”主要收集老年人基本信息和健康信息，以政府为主导方，以福乐康为经营方，建立了陕西省数据库，将不同老年人的身体状况实时通过智能腕表、睡眠检测仪等记录进数据库，使养老服务的提供者能够根据数据进行分析，使政府能够对养老机构的运行情况与运行效率进行监控评估。并且利用智能技术的时效性与便利性来减少社会对老年人独自在家的担心与忧虑，子女们也能更安心地在外工作，利用互联网加强“医养结合”，实现网上数据监控、网上就医预约、网上实时问诊与专家会诊，减少医疗相对于养老的滞后性，为居家养老提供实时的健康安全保障。福乐康中心还可以利用由“乐享卡”搜集而成的数据库，进行个性化养老服务设计，对于有上门服务要求的老年人提供定期上门、理发以及检查身体情况等服务，提高服务质量。智能预警系统与生理检测系统提高了老年人的养老服务水平和质量，从一定程度上减少了人工监控，节省了人力资源，让专业的工作人员提供更为精准和专业的服务。其市场化的特点既弥补了敬老院式的“国家养老”资源不足的缺憾，又满足了人们不同的个性化养老需求。

**（四）示范单位创建目标和创建内容**

麦邦智航依靠专业的软硬件研发团队，总结多年实体服务经验，研发了符合市场需求的智慧居家养老综合服务平台，为日益增长的养老需求提供精准、高效、个性的居家养老服务。麦邦智航将不断创新进取，力争成为全国智慧健康养老先锋带头企业，为促进陕西省健康养老产业的智慧化升级、提升健康养老服务质量与效率水平以及全面推动陕西省智慧城市的建设做出贡献。现将麦邦智慧健康养老系统平台及服务体系面向全国推广，陕西省目前已服务中老年人20000余人，且已启动大西北、西南计划，预计两年之内服务人数达100万人，全国服务人数达200万人。

麦邦智航将创建4个系统平台，分别是民政局智慧健康养老系统平台、智慧社区系统平台、机构养老院管理系统平台和社区居家养老系统平台。这些平台各自有不同的功能定位，以机构为切入点，最终形成政府、机构养老、社区养老和个人的统一云端平台。同时，麦邦智航还建立了陕西福乐康智慧健康养老服务中心，主要结合系统及智能终端设备做好落地服务，组建了50人的为老服务团队，入驻了15个日间照料中心，全心全意为老年人提供生活所需和优质服务。

## 七、体贴入微：中星测控

### （一）示范单位基本情况

西安中星测控有限公司（以下简称“中星测控”）1996年4月成立于西安高新区，是国内外知名的智能传感器、物联网（智慧城市/智能制造）及智能可穿戴电子产品及其系统综合解决方案提供商。2014年注册运营控股子公司——西安益路邦穿戴电子有限公司，专营老年人跌倒报警系列产品和老年人关爱系统业务。通过了ISO9001、GJB9001认证及国际IECEx防爆体系认证和欧洲ATEX防爆体系认证。作为国家高新技术企业，中星测控坚持研发技术创新，已获96项专利（含8项国内发明和1项美国发明）、5项软件著作权、22项中国注册商标、1项美国注册商标和1项欧盟注册商标。中星测控坚持专业化国际化的全球视野，锐意创新技术和商业模式，市场遍及全球80多个国家，项目产品面向全球养老市场，2018年其销售收入突破1000万元，其中出口占比达到60%（工业品出口占比50%）。

### （二）示范单位现有应用/现有发展

中星测控依托互联网、物联网和多年在传感器行业积淀的雄厚技术实力与市场品牌优势，形成了业务横跨工业自动化和民用消费电子领域的格局。在工业领域致力于提供工业压力传感器、惯性传感器以及物联网监测智能终端及系统；在民用消费电子领域以智慧健康养老可穿戴智能终端系列和老年人关爱系统解决方案为主，主要产品服务有：老年人跌倒报警（包含个人版、网络版）、老年人区域自动检测系统（用于养老院、康复中心等老年人聚居区域）和智能关爱系统（用于居家养老）。

中星测控开发了带定位功能的人体跌倒检测系统，融合了比较复杂的姿态判断算法，可准确检测人体当前的状态，通过 GSM/GPRS 网络发送给机主的监护人或指定人。其主要是通过传感器实时监测人体的姿态，将两种传感器的数据通过相关的融合算法进行处理，来减少误报漏报的情况，判断有跌倒事件发生时启动定位和免提通话功能，并通过 GSM 短信的形式发送给监护人手机，或通过 ZIGBEE 无线方式将跌倒事件及所在的具体位置发送给监控中心。同时，此装置具有手动报警功能、状态查询功能、定时温馨提示功能、定时提醒功能、保时功能、身边温度监测功能和免提通话功能等。此外，此装置还具有跌倒检测功能、定位功能、紧急呼叫功能、显示历史数据、血压脉搏和睡眠监测的功能，被高新管委会展团评为“优秀参展展品”，并获创新型产品奖。

### （三）示范单位创新性分析

一是在技术创新方面。中星测控项目产品结构简单、体积小、携带方便、操作简便、使用效果好且具有无线通信功能，能够有效解决现有基于穿戴式传感器的人体跌倒检测装置存在的体积较大、穿戴不便、功能较少以及无远程无线通信功能等多种缺陷和不足。具体创新点是结构简单、设计合理、体积小、外形美观且携带及佩戴方便。它采用 GSM 无线通信模块对报警信息进行同步传输，由于 GSM 网络在全国范围内实现了联网和漫游，因而该产品具有网络能力强、双向数据传输功能、性能稳定可靠和费用低廉等优点，也是一款电池供电、功能全面且具有无线通信功能的人体跌倒检测报警器。实际使用时，可通过测量佩戴该仪器的个体运动过程中三个正交方向上的加速度矢量信号来感知其身体姿态的变化，并配合现有的 GSM 网络，利用短信来实现跌倒报警。同时，它适用范围广，可广泛应用于家庭、医院等领域并进行有效的人体跌倒监测及报警，主要适合自理能力和自我保护能力比较差的老年人和儿童。

二是在模式创新方面。随着移动互联网的迅猛发展，以及现代物流和支付手段的便利化，传统销售模式已被颠覆，公司积极探索新时代的销售模式，打破线上与线下局限，形成 B2B、B2C、O2O 的立体式销售网络，以方便客户和用户为原则，提高用户体验。

### （四）示范单位创建目标和创建内容

中星测控欲将这项国际首款、中国首创以及西安发明的产品进行产业化，以此推动公司成为国内智慧健康养老系统智能终端制造推广的示范性企业，造福广大老年人群，发挥示范作用，带动上下游产业链共同发展，推动我国养老市场的繁荣，为社会稳定和谐贡献力量。

首先，通过对个人佩戴的跌倒报警器进行推广，加大老年人个体的广泛使用，不仅使得老年人在跌倒时可得到及时救助，同时可实时监测老年人的相关生理特征，使老年人在生病前得到预防，使子女可以放心地工作，促进家庭的和睦。其次，通过给养老院、养老社区或智慧社区安装跌倒监测报警系统，可实时监护老年人的身体状况，在跌倒事件发生时可及时提供救助，提高使用机构的服务能力。最后，建立健康监控平台，通过监控平台的数据，如血压、血糖、脉搏等进行分析，了解老年人的生理特征，为老年人的健康长寿保驾护航。

中星测控将新建设科研、生产场地 1000 平方米，购置研发生产测试设备和软件等，攻克项目产品面临的关键技术，优化产品工艺，降低生产成本，增加三条自动化生产线，形成跌倒检测报警器系列产品年均产量达到 5 万只的生产能力，实现规模化生产。未来，中星测控将力争成为中国智慧健康养老领域的产品制造示范企业和全球技术领先的智能工业传感器规模化供应商，为中国物联网、智慧城市、智慧健康养老与智能制造技术客户提供领先的综合解决方案和服务。

# 第十二章　智慧健康养老产业高质量发展策略

本书依据新时代智慧健康养老产业的发展方向，在厘清内涵、借鉴经验、剖析现状的基础上，提出“推进思路—战略规划—实施路径”智慧健康养老产业高质量发展策略（见图 12-1）。

（1）推进思路是产业高质量发展的方向把握，即紧跟国家战略方针，并将其融合运用于智慧健康养老产业，以“5+1+1”推进思路为导向，以满足老年人日益增长的美好生活需要为落脚点，促进产业转型升级，引领产业高质量发展。

（2）战略规划是产业高质量发展的路线选择，即把握新时代产业治理发展的主体脉络，通过“五侧十化”战略，从智慧健康养老产业链的政策制度、基础要素、技术平台、产品服务、模式布局等 5 个层面探寻有利突破口，指导探索有效发展路径，形成新时代高质量发展模式。

（3）实施路径是产业高质量发展的行动方案，具体需构建“234”整体性实施路径，即从横向和纵向 2 个方向明晰产业发展导向，构建家庭、社区、机构 3 个场景有机融合的居家养老服务体系，以人才培养、平台建设、社会氛围、体制改革 4 个保障为支撑，推动传统养老模式升级，使其成为新时代的支柱性产业。

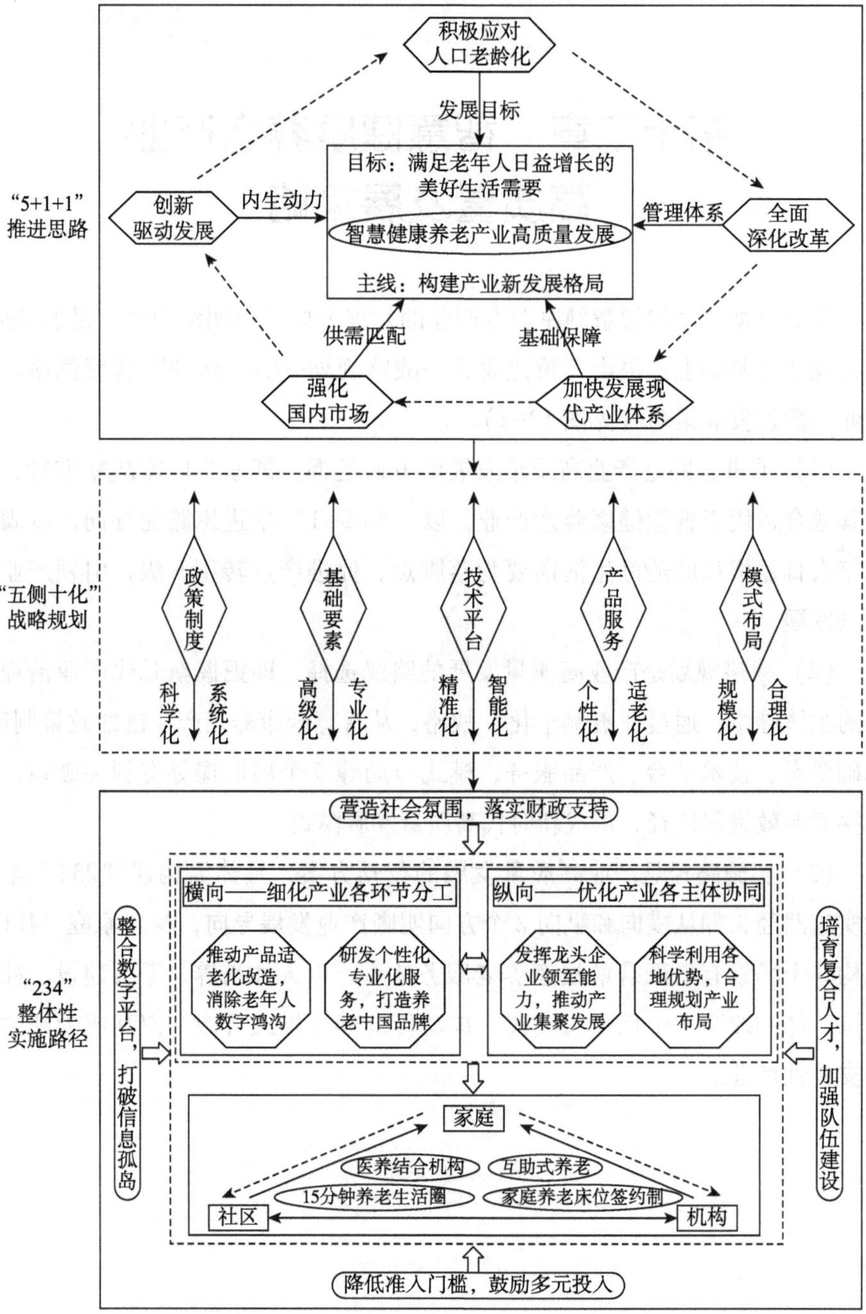


**图 12-1　智慧健康养老产业高质量发展策略**

# 第一节 “5+1+1”推进思路

本书基于国家发布的《中华人民共和国国民经济和社会发展第十四个五年规划和2035年远景目标纲要》中相关大政方针与战略规划，明确了智慧健康养老产业高质量发展“5+1+1”推进思路——5个战略、1条主线、1个目标，即在积极应对人口老龄化、全面深化改革、加快发展现代产业体系、强化国内市场和创新驱动发展5个国家战略引导下，围绕构建产业新发展格局这条主线，以满足老年人日益增长的美好生活需要为目标，指导智慧健康养老产业高质量发展稳步推进。

## 一、“5个战略”指导发展全局

### （一）积极应对人口老龄化：智慧健康养老产业发展目标的高质量

“积极应对人口老龄化”要求以满足老年人日益增长的美好生活需要为目标。人口老龄化不只关乎老年人，其对经济运行全领域、社会建设各环节、社会文化多方面乃至国家综合实力和国际竞争力都具有深远影响。满足老年人需求是积极应对人口老龄化的重要方面，智慧健康养老产业不仅要关注当下老年人的需求，还要考虑未来多样化的养老需求。要营造良好的社会氛围，要以更加积极的态度、政策和行动来应对人口老龄化，整个公共政策体系都要有积极应对人口老龄化的视角。这有利于全社会进一步凝聚共识，调动各方主体的积极性，促进智慧健康养老产业高质量发展。

### （二）全面深化改革：智慧健康养老产业管理体系的高质量

“全面深化改革”要求推动有效市场与有为政府的良好结合。政府要以现代技术手段辅助推进产业管理体系与治理能力现代化，打破产业一切体制机制的弊端，优化提升营商环境。要以问题为导向，灵活改进产业现有制度政策，协调各部门联动机制，完善产业标准体系建设，推动顶层设计优化升级。同时，应建设统一开放、有序竞争的现代市场体系，放宽市场准入限制，精简行政许可与审批程序，激活各类市场主体活力，健全产业监管与评价体系，推动智慧健康养老产业高质量发展。

**（三）加快发展现代产业体系：智慧健康养老产业基础保障的高质量**

“加快发展现代产业体系”要求提升产业基础能力与产业链水平。我国要深入推进智慧健康养老产业基础高级化与产业链现代化建设，加快补齐产业基础零部件及元器件、基础软件、基础材料、基础工艺等瓶颈短板，努力提升产业基础能力，打造安全可靠、自主可控的产业链；要强化要素保障，加快完善复合型养老人才队伍、新型基础设施、信息数据等产业要素建设；要打造高效服务，扩大多元化服务供给，提高服务效率和品质，深化服务领域改革；要鼓励企业兼并重组，提升产业竞争力，促进智慧健康养老产业集聚形成。

**（四）强化国内市场：智慧健康养老产业供需匹配的高质量**

“强化国内市场”要求产业供给与需求相适应、相协调。国家要将供给侧结构性改革同需求侧管理相结合，充分利用新一代信息技术，促进总供给和总需求在更高水平上实现动态平衡，使生产、分配、流通、消费各环节更多依托国内市场实现良性循环；要充分挖掘市场潜力，提升智慧健康养老产品和服务质量与用户满意度，适应品质化、个性化消费需求，释放消费潜力，以需求牵引供给、供给创造需求，提升供给体系对国内需求的适配性，完善智慧健康养老产业内需体系。

**（五）创新驱动发展：智慧健康养老产业内生动力的高质量**

“创新驱动发展”要求坚持以自主创新驱动智慧健康养老产业未来的发展。政府要建立以企业为主体、以市场为导向、产学研结合的创新体系，提高产业自主创新能力；要优化产业科技计划体系和运行机制，建设重大产业科技创新平台，推动产业重点领域项目、基地、人才、资金一体化配置，让高新技术与养老产业全面结合；要加大关键产品与核心技术攻关力度，加强科技成果转化，打造产业特色品牌，提升养老企业与机构综合竞争力，保障智慧健康养老产业链供应链安全稳定。

### 二、“1 条主线”明确发展脉络

面对日益加深的人口老龄化问题，全产业链需基于国家战略，围绕构建产业新发展格局这条主线，进一步推动产业高质量发展。产业新发展格局的内涵在于坚持扩大内需，打通生产、分配、流通、消费各环节的堵点，补齐产业链上下游短板，畅通国内大循环，培育产业高质量发展新动能，从而带动国际循环，最终形成“以国内大循环为主体，国内国际双循环相互促进”的产业新发展格局，以此推动产业高质量发展。

### 三、“1 个目标”指明发展方向

四个战略相辅相成，紧扣满足老年人日益增长的美好生活需要这个目标，共同作用于构建产业新发展格局与推动产业高质量发展。国家应以满足老年人需求为目标，号召全民关注或参与其中，深入探索老年人多样化需求动态升级；从供需两侧发力，推动信息精准对接，以创新驱动新技术新模式发展，盘活存量资源；研发推广中高端适老化个性化智慧产品，完善产业体系及标准建设，最终构建以国内大循环为主体、国内国际双循环相互促进的产业新发展格局；建设产业现代流通体系，提高产业发展质量和效率，形成强大国内市场，实现产业高水平的自立自强。

## 第二节　“五侧十化”战略规划

智慧健康养老产业高质量发展作为积极应对人口老龄化的有力手段，加快推动其高质量发展是在考虑当前的国情与产业现状下需要做好的重要工作。本书基于上述推进思路，将从智慧健康养老产业链的政策制度、基础要素、技术平台、产品服务、模式布局等 5 个方面，以构建产业新发展格局为主线，聚焦打通生产、分配、流通、消费四大环节的堵点，提出“五侧十化”的产业高质量发展战略规划。

## 一、政策制度体现科学化与系统化

即要全面深化体制机制的改革与创新，建立科学的顶层设计的统筹协调机制，政策举措要可操作、可落地；要建立和完善系统的监督管理体系与评估机制，并着力保障老年人信息隐私；要以简政放权来增强企业活力，放宽市场准入门槛，优化营商环境；要建立统一开放、有序竞争的现代市场体系，打破行业垄断和地域割裂，缓解要素流通不畅的情况；要加强产业标准体系建设，突破技术壁垒，完善产权保护制度；要充分发挥政府投资撬动作用，鼓励民间投资，形成市场主导的投资内生增长机制。

## 二、基础要素突出高级化与专业化

即加快解决一批“卡脖子”的核心零部件与关键技术问题，以科技创新创造替代产品进口，以服务水平提升激发市场潜力，让产业链实现高级自主可控。当前，我国智慧健康养老产业基础能力提升面临着创新引领意识不足、科技创新体系不完善和研发投入中基础研究持续偏低等问题，未来应健全知识、技术、管理等创新要素参与利益分配的机制建设，同时要加强复合型人才队伍建设，为产业储备优秀的专业人才，以保障产业高质量发展。同时，要以更加积极的态度、政策和行动来应对人口老龄化，营造良好的社会氛围。

## 三、技术平台注重精准化与智能化

即利用新一代信息技术，建设统一开放的省级养老综合信息平台，构建各方沟通协同机制，完善线上数据对接，优化线下资源配置，突破部门间信息壁垒。可以根据各省养老服务发展和产业细分，进行数据添加、系统扩展、用户扩充等，避免智慧健康养老平台大拆大建。打通智慧养老服务平台、政府医疗信息服务平台以及商业智慧养老服务平台等，实现信息和技术的整合，避免低水平重复建设。要以产品或服务是否契合消费者的需求为导向进行产品链整合，以需求牵引供给和供给创造需求为手段提升供给体系与国内需求的适配性，并以此来精准满足老年人不断增加的美好生活需求。

### 四、产品服务凸显个性化与适老化

即探索满足老年人心理精神、社交互助等高层次需求的方式，打造全方位、多层次的健康服务体系，为老年人提供个性化的服务。智慧健康养老服务要满足不同地域、不同层次、不同健康状况老年人的多元化需求，进一步提高老年人的社会存在感和生活质量。要加快推动产品适老化改造，让老年人脱离只能被动接受新技术的局面。要开展互联网适老化及无障碍改造专项行动，扩大适老化智能终端养老产品供给，切实保障老年人隐私信息安全，提供更优质的电信服务，尽快解决老年人的“数字鸿沟”问题。

### 五、模式布局实现规模化与合理化

即智慧健康养老产业发展过程中缺乏中长期规划，尚未形成规模化和产业化集群，难以获得规模效益，导致产业链各环节零散，企业因成本高，利润低而经营困难，依赖政府补贴，缺乏自我造血能力。我国应以优势企业为主导带动中小企业发展来优化产业资源配置，以规模经济和连锁化经营来实现智慧健康养老产品供给的高效率与低成本（廖喜生等，2019），以企业之间的相互作用和养老场所的优化为抓手来实现产业资源空间配置的迭代，以产业合理布局和因地制宜来推动产业特色化、差异化发展。

## 第三节　“234”整体性实施路径

随着中国特色社会主义进入新时代，智慧健康养老产业也逐步趋向高质量发展。未来我国应紧紧围绕满足老年人日益增长的美好生活需求这条主线，坚持供给侧结构性改革与需求侧管理并重，强基础，补短板，高质量发展智慧健康养老产业。本书针对目前产业在高质量发展过程中存在的问题与挑战，构建了“234”整体性实施路径策略，即 2 个方向、3 个场景、4 个保障。如图 12-1 所示，“234”整体性实施路径是对智慧健康养老产业高质量发展路径的高度概括。

## 一、2 个方向：智慧健康养老产业高质量发展的导向与结构

即从横纵两个方向来推动产业高质量发展，横向应细化产业的研发、生产、流通、消费等环节，精准剖析用户需求，促进产品适老化、服务个性化发展，消除“数字鸿沟”，打造本土养老品牌。纵向要求产业链各类主体分工协同，推动产业集聚发展，保障产业链安全稳定。横纵结合引导政府、企业、用户、社区、机构各尽其能，优化产业布局，延长产业链，扩大产业内需。

### （一）推动产品适老化改造，消除老年人数字鸿沟

企业应精准对接老年人需求，研发、生产、推广新款智慧健康养老产品，并对现有产品进行适老化改造。要求不仅从老年人生理和安全层面的需求出发，更要包含老年人关系和发展层面的需求。要针对老年人心理生理特征，以通俗易懂、喜闻乐见的方式提高其对智慧健康养老相关知识的了解水平，培养老年人及其子女的消费习惯及需求。政府可充分利用社区资源，组织开展数字培训，与家庭、志愿者、媒体等一起教会老年人使用各种智能设备终端和有关服务软件，并普及智慧生活的购物、社交、出行与甄别诈骗等内容，使其学会网上支付、预约挂号、扫码出行、操控智能家居等新时代的生活技巧，尽力消除老年人的“数字鸿沟”。

### （二）研发个性化专业化服务，打造养老中国品牌

为满足老年人多样化的养老需求，我国应不断深入推动智慧健康养老服务，提升服务专业化程度，以个性化的定制服务形式丰富服务内容。企业应以老年人需求为导向，培养核心竞争力，打造具有影响力的养老品牌，加快科研成果转化。政府可以定期公开近期成果介绍与展示，加深老年人对产业的了解与信任。针对价格较高、需求度高且流动性不强的产品，政府可以以租赁的方式制定推广目录，合理定价，利用社区场地资源，设置租赁共享使用点，解决老年人经济能力不足的问题，同时制订相关管理办法，尽量降低产品折损率。政府应积极提高服务和产品的覆盖率，引导和推动技术与服务齐头并进，加快服务向个性化和专业化转型升级。

### （三）发挥龙头企业领军能力，推动产业集聚发展

政府可在国家公布的试点示范单位中选择几家优势企业作为重点领军企业，引领带动中小微企业规模化连锁化发展，打造一批具有核心竞争力、主营业务突出、有利于细分市场的“专精特新”中小微企业。各企业主体应着力组构核心资源，即原创核心创意、技术、产品，积累用户和数据资源，并进行有效运用，实现从“输血”到“造血”的转变（吕晨等，2019）。同时可通过扩能改造、项目开发、兼并重组、战略联盟、转型升级等方式，延伸产业链，加快产业集聚发展，助推上下游企业协作配套、新建扩能、拓展市场，促进形成成熟的商业模式与产业格局。

### （四）科学利用各地优势，合理规划产业布局

完整的养老产业链应以养老服务、养老地产、养老支柱产业和辐射产业为依托，政府应支持争先创优，以示范带应用，以应用促产业，培育产业利益共同体。并充分结合医疗、基建、交通、生态等因素，促进智慧健康养老服务设施分区分级规划建设，以科学规划引导相关产业向产业试点示范单位集中布局，强化均衡配置、有序开发、协调发展。应凭借各地资源禀赋优势，推进智慧健康养老产业与房地产、医药、旅游、家政、保险等相关领域融合发展，培育养老新业态，彰显区域新特色，因地制宜实现产业差异化高质量发展。

## 二、3 个场景：智慧健康养老产业高质量发展的实践与反馈

我国推行智慧健康养老主要在家庭、社区和机构 3 个场景中。基于“9073”养老格局，家庭养老的服务绝大多数来源于机构和社区，具有为老年人提供上门服务的特征，这是传统养老模式的延伸与发展。我国应深入完善以家庭养老为基础、以社区服务为依托、以机构养老为支撑、3 个场景融合发展的居家养老服务体系。

### （一）新时代智慧健康家庭养老模式

对于中国老年人来说，家庭养老更有安全感，他们更希望在家里度过晚

年生活。因此，我国可以建设“菜单+清单”式居家养老服务，推行家庭养老床位签约制，使老年人足不出户就能享受到专业化个性化的养老服务。并由辖区内的机构或服务中心为老年人提供助餐送餐、医疗护理、生活照料、康复保健、助洁助浴、陪医陪护、心理疏导、精神慰藉、家政保洁等服务。老年人可以根据自己的需求签约不同的服务项目，达成专属的服务定制清单。政府也可给予适当的运营补贴或优惠用房政策，以此吸引社会资本进入养老市场，应建设社区、养老机构、服务中心、志愿者协同的多元服务队伍，使其成为提供居家养老服务的主体。同时政府也要建立各地市的智慧健康养老服务监管中心，有效监管签约家庭养老床位的整个流程，保障老年人利益不受侵犯。

**（二）新时代智慧健康社区养老模式**

社区养老是家庭和机构养老的最佳结合点，我国居家养老服务体系需以社区服务为依托，引入机构化专业化养老服务，打通老有所养“最后一公里”。社区可在建立的智慧健康养老信息平台中上传卫生服务站、养老院、照料中心、文化活动中心等服务资源数据，包括使用及闲置情况。这有利于政府优化资源配置，最大化利用好社区资源。国家可推动政企合作，共建“15分钟养老生活圈”，为老年人提供便利的养老服务。政府应建立社区公共服务设施定期评估制度，结合居民需求、满意度调查和实地情况，完善设施补缺清单，对社区整体环境进行智慧化适老化改造；可通过可穿戴智能设备终端对老年人基础信息进行采集，监测老年人生命体征；可布局一键紧急求助按钮，保障老年人基础生理安全。

**（三）新时代智慧健康机构养老模式**

当前，基层养老机构既无法满足老年人的养老需求，也无法满足其医疗需求。目前中低端养老机构医养结合程度低，床位利用率低，市场占比也不高。高端养老机构硬件条件较好，价格较高，但普通老年人难以支付高额的费用。要实现养老机构高质量发展，政府应将机构的医疗卫生服务质量管理纳入医疗质量管理体系范畴，全面开展医养结合机构医疗卫生服务质量检查，努力提升人员队伍能力，加快推进信息化建设；应提供多元服务项目，包括但不限于：基本服务（生活照料服务、膳食服务、清洁卫生服务、洗涤服务、文化娱乐服务）、医疗护理康复服务、中医药服务、心理精神支持服务；应开放社会养老服务市场，采取公建民营、民办公助、政府购买服务等多种模式，鼓励社会力量兴办养老机构，不断提高社会养老服务水平和效率，促进有序竞争机制的形成。

### （四）新时代其他智慧健康养老模式

除家庭养老、社区养老和机构养老三种模式之外，还有互助式养老、时间银行、虚拟养老院等或以新技术为依托或综合了三大模式优点的新型智慧健康养老模式。其中，互助式养老是融合于三大养老场景中的特殊模式，指的是人与人之间在养老上的互相帮助，既可以是青年人对老年人，也可以是老年人之间，特别是低龄老人对高龄老人、健康老人对失能老人。1998 年我国第一家“时间银行”设立于上海虹桥区，而在 2018 年民政部明确将其列入全国居家养老服务改革试点名单。在三大场景中，开展“义工银行”“银龄互助”“邻里守望”等互助养老活动，可促进形成多方参与的智慧健康养老服务主体。我国应加大宣传推广力度，吸纳有较高信誉度的社会公益组织参与，成立相关志愿服务联合会或签订合作协议，探寻长效保障机制，设置活动场所，确立服务标准，引入第三方协同评估监管机制，保障不同年龄段的老年人均得到个性化的生活照护服务。

## 三、4 个保障：智慧健康养老产业高质量发展的抓手与支撑

要实现产业高质量发展，首先应重视产业的基础性保障建设。本书主要从平台建设、人才培育、社会氛围、体制改革等方面入手，力图解决产业中突出的信息孤岛、人才短缺、社会认知不足和体制桎梏等问题，进一步保障产业高质量发展。

### （一）平台建设：整合数字平台，打破信息孤岛

政府应对相关数据开放应用、统一管理，加快推进智慧健康养老服务平台互联互通。应加快类似浙江省“浙里养”的建设，加强平台技术的研究应用，捕捉老年人需求升级动态。应建立省市县养老大数据服务系统，对产业

链上下游收集的数据进行分析和挖掘，精准对接与预测老年人消费需求，并及时进行平台系统的维护与运营。这有利于促进产业链上下游之间信息数据共建共享，解决政府、企业、机构、社区和老年人之间出现的“信息孤岛”问题，打通横向纵向发展堵点，整合多方面资源，优化资源配置，让智慧健康养老产业高质量发展走上快车道。

### （二）人才培育：培育复合人才，加强队伍建设

推动智慧健康养老产业高质量发展，不仅需要护理、医药、康复、心理学、产品研发等各领域的专业型人才，更需要掌握多领域技能的复合型养老人才。我国应广泛动员社会力量，依托产学研一体化深度融合，打造一支数量充足、全能专业、高素质的智慧健康养老队伍，以保证产业转型升级和可持续的高质量发展。政府应增设专门培养养老人才的高等院校、职业技术学校或是社会培训机构，支持和鼓励现有高等院校、职业技术学校增设养老相关专业和课程，加强人才培养和培训机构建设，不仅要提高人才相关理论知识水平，还应提升其实践能力（温晓君等，2020）。应通过政策引导和社会支持，提升人员的工资待遇和社会声望，降低产业人才流动率。同时应壮大养老服务志愿者队伍，注重培育和扶持相关社会公益组织及慈善机构，鼓励更多人加入队伍。

### （三）社会氛围：营造社会氛围，落实财政支持

我国要努力转变传统养老观念，充分认识智慧健康养老产业高质量发展的必要性、优越性和各省市地区推广实施的可行性，通过各大平台加大宣传力度，营造新型养老氛围，提高全社会对其内涵及优势的认识。建议各地加快完善养老服务部际联席会议制度，明确制度的核心领导部门，强化统筹协调。各成员之间应加强沟通，突破行政壁垒，充分整合与共享资源信息，各尽所能团结协作。通过制定实施有利于产业发展的优惠政策，加大财政金融支持力度，如为几代住同一小区的家庭提供买房补贴，或以“多代屋”的形式鼓励子女履行赡养与照护义务。政府可实行税费适当减免措施，将居家养老高龄补贴改为消费券发放，奖补养老平台和设备等，引导和鼓励企业精益求精。加大政府采购、市场塑造与服务外包力度，扩大市场潜力与产品需求，

培育老年人的消费习惯。

**（四）体制改革：降低准入门槛，鼓励多元投入**

我国应加快完善产业市场准入机制，吸引社会优质力量投身于智慧健康养老产业集群，助力产业高质量发展。政府应建立统一的标准体系，包括产品研发技术标准、养老服务标准、质量标准、信息共享与安全标准等，设立并完善相关法律法规及监管机制，保障老年人的私人信息不被泄露与恶意利用。同时，设置监管系统，形成行业监督管理机制，规范市场行为，确保市场良性运转。建立多元化资金投入机制，鼓励发展多方筹资、合作共建的多元建设模式。发挥好政府的主体作用，同时深入推进简政放权，使市场在资源配置中起决定性作用。降低社会资本进入智慧健康养老行业的投资经营门槛，放宽行业准入，简化、细化和规范行政程序，减免行政事业性收费。完善现行运营补贴政策，建立公平公正的补贴机制，做到可追根溯源、有账可查，且不可篡改，突破体制机制的桎梏，提升社会资本的积极性与效率。

# 参考文献

[1] Hood C C, Margetts H Z. The tools of government in the digital age [M]. London: Palgrave Macmillan, 2007.

[2] Maslow A H. A theory of human motivation [J]. Psychological Review, 1943, 50 (4): 370-396.

[3] Mcdonnell L M, Elmore R F. Getting the job done: Alternative policy instruments [J]. Educational Evaluation and Policy Analysis, 1987, 9 (2): 133-152.

[4] Rothwell R, Zegveld W. An assessment of government innovation policies [J]. Review of Policy Research, 1984 (3): 436-444.

[5] Woolthuis R K, Lankhuizen M, Gilsing V. A system failure framework for innovation policy design [J]. Technovation, 2005, 25 (6): 609-619.

[6] 白忠良，杨静，梅光亮，等．我国健康老龄化事业的 PEST 分析 [J]．中国卫生事业管理，2018，35（3）：161-162+181.

[7] 陈功，赵新阳，索浩宇．“十四五”时期养老服务高质量发展的机遇和挑战 [J]．行政管理改革，2021（3）：27-35.

[8] 崔京智．打造康养之城　济南的底气在哪？[EB/OL]．界面新闻，(2021-05-16) [2021-10-09]. https://www.jiemian.com/article/6099027.html.

[9] 程莉，孔芳霞．长江上游地区农村产业融合发展水平测度及影响因素 [J]．统计与信息论坛，2020，35（1）：101-111.

[10] 陈体强．《智慧健康养老标准体系建设指南》团标发布 [EB/OL]．网易新闻，(2021-01-11) [2021-04-03]. https://news.163.com/21/0111/10/G028P6AD00019OH3.html.

［11］陈文，史小坤．宏观经济不确定视域下货币政策的逆周期调控作用研究［J］．金融与经济，2020（10）：7-15.

［12］曹兴，罗会华．新兴技术产业初始市场结构形成的影响因素研究：基于有序 Probit 模型［J］．中国软科学，2021（4）：94-105.

［13］陈暘，康健，连菲．英国养老设施医养结合模式分析及经验借鉴［J］．建筑学报，2016（11）：84-88.

［14］曹阳昭．新加坡养老模式：从“老龄”到“乐龄”［N］．学习时报，2020-10-09（002）．

［15］杜春林，臧璐衡．从“碎片化运作”到“整体性治理”：智慧养老服务供给的路径创新研究［J］．学习与实践，2020（7）：92-101.

［16］窦金花，覃京燕．智慧健康养老产品适老化设计与老年用户研究方法［J］．包装工程，2021，42（6）：62-68.

［17］杜鹏．科学认识人口老龄化国家战略［N］．经济日报，2021-03-26（010）．

［18］杜鹏，李龙．新时代中国人口老龄化长期趋势预测［J］．中国人民大学学报，2021，35（1）：96-109.

［19］杜孝珍，孙婧娜．我国虚拟养老院发展的优势、风险及路径［J］．上海行政学院学报，2020，21（4）：74-85.

［20］杜焱．旅游产业发展潜力的测度与评价——以湖南省为例［J］．经济地理，2014，34（6）：176-181.

［21］傅双喜，王婷，韩布新，等．老年人心理需求状况及其增龄效应［J］．中国老年学杂志，2011，31（11）：2057-2060.

［22］高传胜．智能养老：智能时代孕育的养老产业新业态——兼论智能养老与中国人口结构双重不利变化趋向带来的挑战［J］．人民论坛·学术前沿，2019（18）：52-60.

［23］顾杰．这部条例本周六起施行，上海老人去江苏浙江安徽养老，可异地享受这些补贴［EB/OL］．上观新闻，（2021-03-18）［2021-10-20］．https：//www.jfdaily.com.cn/staticsg/res/html/web/newsDetail.html？id=350933&sid=67.

［24］国家统计局．第七次全国人口普查公报（第五号）［DB/OL］．国家统计局网站，（2021-05-11）［2021-05-19］．http：//www.stats.gov.cn/tjsj/zxfb/202105/t20210510_1817181.html.

［25］国家统计局．第七次全国人口普查主要数据情况［DB/OL］．国家统计局网站，（2021-05-11）［2021-05-11］．http：//www.stats.gov.cn/tjsj/zxfb/202105/t20210510_1817176.html.

［26］葛丽．中德养老模式中的文化因素探析［D］．哈尔滨：黑龙江大学，2020.

［27］郭立伟，叶峥．基于SEM的新能源产业集群形成影响因素实证研究［J］．科技管理研究，2020，40（9）：228-236.

［28］高远东，张卫国，阳琴．中国产业结构高级化的影响因素研究［J］．经济地理，2015，35（6）：96-101+108.

［29］巩英杰，张媛媛．“互联网+”视角下养老服务产业转型升级路径研究［J］．宏观经济研究，2020（3）：153-163.

［30］韩丹，高红霞，候贵林．政策工具视角下《健康中国行动（2019—2030年）》政策分析［J］．医学与社会，2020，33（11）：20-24.

［31］黄剑锋．中国长三角区域智慧养老政策比较研究——基于主体—目标—工具的政策计量分析［J］．信息资源管理学报，2020，10（6）：122-134.

［32］黄剑锋，章晓懿．中国智慧养老产业政策研究——基于政策工具与技术路线图模型［J］．中国科技论坛，2020（1）：69-79.

［33］黄清峰．以“五化战略”推进武汉智慧康养产业［J］．长江论坛，2020（5）：26-29.

［34］华中生，刘作仪，孟庆峰，等．智慧养老服务的国家战略需求和关键科学问题［J］．中国科学基金，2016，30（6）：535-545.

［35］贾淼．互联网+医疗+养老　山东开启智慧养老新模式［EB/OL］．新华网，（2020-10-29）［2021-08-05］．http：//sd.xinhuanet.com/jkpd/2020-10/29/c_1126673267.htm.

［36］贾妍，蓝志勇，刘润泽．精准养老：大数据驱动的新型养老模式

[J]. 公共管理学报，2020，17（2）：95-103+171.

［37］贾玉娇，王丛. 结构二重性视角下智慧居家养老服务体系释析——从“人技隔阂”到“人技融合”[J]. 社会科学战线，2020（12）：212-220.

［38］吕晨，李莉，姜逸茵，等. 从“输血”到“造血”：互联网新创企业的核心资源构建［J］. 管理案例研究与评论，2019，12（6）：560-579.

［39］廖楚晖. 智慧养老服务总体性问题破解与实现路径［J］. 经济与管理评论，2019，35（6）：5-13.

［40］廖楚晖，周全林. 智慧养老服务资源配置协同的支持模型研究——基于信息集成的数据模拟［J］. 当代财经，2020（7）：38-49.

［41］林晨蕾，郑庆昌. 替代抑或互补：社会养老与家庭养老协同性研究［J］. 统计与决策，2018，34（22）：99-103.

［42］刘飞，鲍身伟，王欣亮. 人工智能时代养老产业高质量发展的抉择：依据、动力与策略［J］. 西北大学学报（哲学社会科学版），2020，50（2）：150-159.

［43］刘鸿雁，雷磊. 中国智慧产业发展水平综合评价与时空特征［J］. 经济地理，2017，37（2）：106-113.

［44］李健，李宁宁，苑清敏. 高新技术产业绿色创新效率时空分异及影响因素研究［J］. 中国科技论坛，2021（4）：92-101.

［45］李瑞. 我国战略性新兴产业体系的政策文本分析——以通用航空产业为例［J］. 科技管理研究，2020，40（16）：31-38.

［46］刘苹苹. 建立宜居社区与“多代屋”——中国应对人口老龄化问题的路径选择［J］. 人口学刊，2013，35（6）：47-53.

［47］雷石标，徐佳. 旅游产业结构优化的影响因素及其作用机理［J］. 山西财经大学学报，2021，43（S1）：7-10.

［48］刘树杰，彭苏颖. “供求决定价格”辨析［J］. 中国物价，2016（6）：35-38.

［49］李晓娣，原媛，黄鲁成. 政策工具视角下我国养老产业政策量化研究［J］. 情报杂志，2021，40（4）：147-154.

［50］李晓萍，张亿军，江飞涛．绿色产业政策：理论演进与中国实践［J］．财经研究，2019，45（8）：4-27.

［51］廖喜生，李扬萩，李彦章．基于产业链整合理论的智慧养老产业优化路径研究［J］．中国软科学，2019（4）：50-56.

［52］梁燕君．新加坡家庭养老模式对中国的启示［J］．税收征纳，2016（10）：7-8+1.

［53］刘宇婧，陈清峰．社会组织参与艾滋病防治工作的 PEST 分析和发展策略研究［J］．中国艾滋病性病，2016，22（3）：194-196.

［54］李育全．产业融合视角下物流业支持商贸流通业高质量发展研究——基于长江经济带的经验证据［J］．商业经济研究，2020（24）：179-182.

［55］马天月．美国人的养老模式及启示［J］．中国社会工作，2018（29）：46-47.

［56］毛子骏，梅宏．政策工具视角下的国内外人工智能政策比较分析［J］．情报杂志，2020，39（4）：74-81+59.

［57］宁朝山．数字经济、要素市场化与经济高质量发展［J］．长白学刊，2021（1）：114-120.

［58］聂奎．创新老龄　供需对接　产业引领　服务引导——首届四川“老博会”在成都举行［J］．中国社会工作，2017（32）：52-53.

［59］邱灵，方创琳．城市产业结构优化的纵向测度与横向诊断模型及应用——以北京市为例［J］．地理研究，2010，29（2）：327-337.

［60］彭仕兰，李玉娟，付明．西部贫困乡村产业转型升级影响因素研究——基于野茶村与晨光村实地调研［J］．新疆农垦经济，2021（6）：6-17.

［61］彭张林，张爱萍，王素凤，等．综合评价指标体系的设计原则与构建流程［J］．科研管理，2017，38（S1）：209-215.

［62］任保平．“十四五”时期我国高质量发展中供给侧的动力重塑和新动能培育［J］．学术研究，2020（12）：85-89.

［63］任保平．现代化战略导向下我国“十四五”经济发展规划的高质量谋划［J］．浙江工商大学学报，2020（5）：106-115.

[64] 冉庆国．产业集群与产业链的关系研究 [J]．学习与探索，2009 (3)：160-162.

[65] 盛朝迅．新发展格局下推动产业链供应链安全稳定发展的思路与策略 [J]．改革，2021 (2)：1-13.

[66] 睢党臣，彭庆超．“互联网+居家养老”：智慧居家养老服务模式 [J]．新疆师范大学学报（哲学社会科学版），2016，37 (5)：128-135.

[67] 石建勋，杨婧．新发展格局下需求侧管理的历史逻辑、理论内涵及实施路径 [J/OL]．新疆师范大学学报（哲学社会科学版），(2021-01-11) [2021-03-20]．https：//doi.org/10.14100/j.cnki.65-1039/g4.20210209.001.

[68] 孙理军，吕雪，周国华，等．战略性新兴产业自主发展水平的测度研究 [J]．宏观经济研究，2020 (1)：81-94.

[69] 孙锐，孙雨洁．青年科技人才引进政策评价体系构建及政策内容评估 [J]．中国科技论坛，2020 (11)：120-128+146.

[70] 邵思齐．日本社区综合照护服务体系的构建与借鉴 [J]．东北财经大学学报，2018 (6)：69-76.

[71] 陕西省统计局．陕西分行业结构掠影及对 GDP 增速影响浅析[EB/OL]．(2019-01-14) [2019-10-01]．http：//tjj.shaanxi.gov.cn/site/1/html/126/131/138/19112.htm.

[72] 沈玉宝．论产业链整合与产业价值实现——剖析“中国青梅之乡”青梅产业的发展方向 [J]．中国市场，2016 (19)：45-47.

[73] 唐开源．日本的介护保险制度 [J]．中国卫生资源，2001 (4)：191-192.

[74] 泰阳，张瑾．新加坡社会保障基金监管模式及其启示 [J]．内蒙古农业大学学报（社会科学版），2021，23 (3)：56-62.

[75] 乌丹星．国外养老产业发展经验对中国的借鉴 [J]．中国保险，2021 (4)：60-63.

[76] 王卉彤，刘传明，刘笑萍．中国城市战略性新兴产业发展质量测度及时空特征分析 [J]．城市发展研究，2019，26 (12)：130-136.

［77］吴金明，邵昶．产业链形成机制研究——“4+4+4”模型［J］．中国工业经济，2006（4）：36-43.

［78］王家庭，梁栋．中国文化产业效率的时空分异与影响因素［J］．经济地理，2021，41（4）：82-92.

［79］王莉莉．中国居家养老政策发展历程分析［J］．西北人口，2013，34（2）：66-72.

［80］吴琼，陈思，朱庆华．产业链视角下我国老年智能可穿戴设备产业竞争情报分析［J］．情报理论与实践，2020，43（5）：38-44+67.

［81］魏强，吕静．快速老龄化背景下智慧养老研究［J］．河北大学学报（哲学社会科学版），2021，46（1）：99-107.

［82］王天鑫，韩俊江．我国养老服务人才培养的现状、问题与对策［J］．税务与经济，2018（6）：52-57.

［83］温晓君，赵燕，石岩，等．智慧健康养老产业发展白皮书（2020年）［N］．中国计算机报，2020-07-06（008）.

［84］王颖，王勤，陈迎东．合肥蜀山区多举措提高养老服务水平［EB/OL］．人民网，（2021-01-07）［2021-10-20］．http：//ah. people. com. cn/n2/2021/0107/c374164-34516042. html.

［85］翁银娇，马文聪，叶阳平，等．我国 LED 产业政策的演进特征、问题和对策——基于政策目标、政策工具和政策力度的三维分析［J］．科技管理研究，2018，38（3）：69-75.

［86］徐杰，魏敏，杨翼飞．中国旅游产业升级水平的测度分析［J］．统计与决策，2021，37（6）：130-133.

［87］徐玲．德国创新养老模式的文化解读［N］．中国社会报，2019-12-09（007）.

［88］徐昱东，郝帅．借鉴日本经验促进黑龙江省养老产业发展［J］．边疆经济与文化，2021（6）：4-6.

［89］杨路明，施礼．“一带一路”数字经济产业聚集发展研究［J］．中国流通经济，2021，35（3）：54-67.

［90］杨芳．智慧养老发展的创新逻辑与实践路向［J］．行政论坛，2019，26（6）：133-138.

［91］云飞．智慧养老，“小需求”要“大作为”［J］．信息化建设，2020（11）：3.

［92］杨秋红，冯缨．基于UTAUT模型的智慧养老产品使用意愿研究［J］．老龄科学研究，2020，8（1）：18-31.

［93］杨清可，段学军．基于DEA-Malmquist模型的高新技术产业发展效率的时空测度与省际差异研究［J］．经济地理，2014，34（7）：103-110.

［94］杨武．新时代智慧养老产业的发展趋势与意义［J］．人民论坛，2019（19）：66-67.

［95］杨武．新时代养老产业发展机遇及对策研究［J］．当代经济管理，2021，43（7）：86-90.

［96］姚威，胡顺顺，储昭卫．中国省域战略性新兴产业政策工具体系研究——基于政策指数统计分析［J］．科技管理研究，2020，40（7）：26-34.

［97］杨维波．日本介护保险制度运行现状及启示［J］．合作经济与科技，2019（16）：70-72.

［98］闫晓慧．中国养老产业现状、发展趋势与投资机会研究［D］．厦门：厦门大学，2008.

［99］袁渊，于凡．文化产业高质量发展水平测度与评价［J］．统计与决策，2020，36（21）：62-66.

［100］郑聪颖．“互联网+”背景下的智慧养老新模式问题和发展思路探讨［J］．中国集体经济，2018（3）：161-162.

［101］郑大庆，张赞，于俊府．产业链整合理论探讨［J］．科技进步与对策，2011，28（2）：64-68.

［102］中国电子工业标准化技术协会．中国电子工业标准化技术协会关于《基于人工智能语音交互的养老服务平台服务与技术要求》团体标准征求意见的通知［EB/OL］．全国团体标准信息平台，（2020-10-28）［2021-04-03］．http：//www. ttbz. org. cn/Home/Show/18633.

［103］中国电子科技集团公司第三研究所产业研究中心．智慧健康养老产业发展白皮书［R］．中国电子科技集团公司第三研究所，2018.

［104］张花琼，吴瑞敏．医养结合新型养老服务模式国内外研究现状［J］．海南医学，2021，32（9）：1188-1191.

［105］张寒旭，邓媚．广东省科技服务业发展环境分析与战略研究［J］．科技管理研究，2018，38（3）：134-141.

［106］郑吉友，李兆友．基于结构方程模型的农村居家养老服务供给水平分析［J］．西北人口，2017，38（5）：65-72.

［107］张雷，韩永乐．当前我国智慧养老的主要模式、存在问题与对策［J］．社会保障研究，2017（2）：30-37.

［108］左美云．智慧养老的内涵、模式与机遇［J］．中国公共安全，2014（10）：48-50.

［109］左美云．智慧养老的含义与模式［J］．中国社会工作，2018（32）：26-27.

［110］左美云，刘浏，尚进．从国家政策看智慧健康养老发展脉络［J］．中国信息界，2021（1）：72-75.

［111］赵宁，张健．国外智慧养老发展模式的经验与启示［J］．社会科学动态，2020（8）：67-71.

［112］张晓磊．新冠肺炎疫情下我国体育旅游产业困境应对与高质量发展前瞻［J］．沈阳体育学院学报，2021，40（1）：16-22+78.

# 附　录

## 附录 1　智慧健康养老产品及服务推广目录名单

### 一、智慧健康养老产品及服务推广目录名单（2018 年版）

（国家工业和信息化部、民政部、卫生健康委员会于 2018 年 7 月 31 日联合发布）

#### （一）产品名单

| 序号 | 单位名称 | 产品类别 | 产品名称 |
| --- | --- | --- | --- |
| 1 | 普天信息技术有限公司 | 健康管理类可穿戴设备 | 智能手环 V1.0 |
| 2 | 普天信息技术有限公司 | 健康管理类可穿戴设备 | 智能腕表 2.0 |
| 3 | 沈阳东软熙康医疗系统有限公司 | 健康管理类可穿戴设备 | iSleep 优睡宝睡眠监测仪 |
| 4 | 江苏盖睿健康科技有限公司 | 健康管理类可穿戴设备 | 动态心电记录仪 |
| 5 | 统捷通讯科技集团有限公司 | 健康管理类可穿戴设备 | 智能监护手表 |
| 6 | 安徽华米信息科技有限公司 | 健康管理类可穿戴设备 | 小米手环 2 |
| 7 | 湖北侨亚养老产业股份有限公司 | 健康管理类可穿戴设备 | 侨 E 脉 |
| 8 | 湖南千山制药机械股份有限公司 | 健康管理类可穿戴设备 | 智能健康监护手表 |
| 9 | 广州柏颐信息科技有限公司 | 健康管理类可穿戴设备 | 爱牵挂智能监护穿戴设备 |
| 10 | 成都麦杰康科技有限公司 | 健康管理类可穿戴设备 | 麦麦长者手表 |
| 11 | 成都云卫康医疗科技有限公司 | 健康管理类可穿戴设备 | 生命体征监护手环 |
| 12 | 宁波科强电池有限公司 | 健康管理类可穿戴设备 | 科强孝心环 |
| 13 | 天津九安医疗电子股份有限公司 | 便携式健康监测设备 | 电子血压计（智能臂式） |
| 14 | 天津九安医疗电子股份有限公司 | 便携式健康监测设备 | 智能血糖监测系统 |

续表

| 序号 | 单位名称 | 产品类别 | 产品名称 |
|---|---|---|---|
| 15 | 天津九安医疗电子股份有限公司 | 便携式健康监测设备 | iHealth Core 无线体脂秤 |
| 16 | 天津九安医疗电子股份有限公司 | 便携式健康监测设备 | iHealth Pulse Oximeter |
| 17 | 康泰医学系统（秦皇岛）股份有限公司 | 便携式健康监测设备 | 多参数生命体征监测仪 |
| 18 | 沈阳东软熙康医疗系统有限公司 | 便携式健康监测设备 | 远程心电监护仪 |
| 19 | 沈阳东软熙康医疗系统有限公司 | 便携式健康监测设备 | 熙心健康一体机 |
| 20 | 沈阳东软熙康医疗系统有限公司 | 便携式健康监测设备 | 熙心健康血糖仪 |
| 21 | 上海温尔信息科技有限公司 | 便携式健康监测设备 | 体温持续监测仪 |
| 22 | 江苏鱼跃医疗设备股份有限公司 | 便携式健康监测设备 | 臂式电子血压计 |
| 23 | 江苏鱼跃医疗设备股份有限公司 | 便携式健康监测设备 | 血糖仪 |
| 24 | 江苏康尚生物医疗科技有限公司 | 便携式健康监测设备 | 家用健康一体机 |
| 25 | 浙江好络维医疗技术有限公司 | 便携式健康监测设备 | 无线网络生理参数监测仪 |
| 26 | 浙江好络维医疗技术有限公司 | 便携式健康监测设备 | 便携式心电采集仪 |
| 27 | 浙江好络维医疗技术有限公司 | 便携式健康监测设备 | 无线传输电子测量血压计 |
| 28 | 安徽华米信息科技有限公司 | 便携式健康监测设备 | 小米体脂秤 |
| 29 | 武汉新新海健康科技有限公司 | 便携式健康监测设备 | 便携式健康监护机 |
| 30 | 武汉中旗生物医疗电子有限公司 | 便携式健康监测设备 | 动态心电图系统 |
| 31 | 桂林优利特医疗电子有限公司 | 便携式健康监测设备 | 血糖分析仪 |
| 32 | 四川长虹电器股份有限公司 | 便携式健康监测设备 | 移动公卫套装 |
| 33 | 四川长虹电器股份有限公司 | 便携式健康监测设备 | 健康一体机 |
| 34 | 康美健康云服务有限公司 | 便携式健康监测设备 | 康美健康一体机 |
| 35 | 美的智慧家居科技有限公司 | 便携式健康监测设备 | 健康秤二代 |
| 36 | 康泰医学系统（秦皇岛）股份有限公司 | 自助式健康检测设备 | 多参数生命体征监测仪 |
| 37 | 上海恩谷信息科技有限公司 | 自助式健康检测设备 | 互联网健康管理一体机 |
| 38 | 江苏康尚生物医疗科技有限公司 | 自助式健康检测设备 | 平板健康一体机 |
| 39 | 江苏盖睿健康科技有限公司 | 自助式健康检测设备 | 远程医疗工作台 |
| 40 | 武汉新新海健康科技有限公司 | 自助式健康检测设备 | 自助式健康监护机 |
| 41 | 武汉携康智能健康设备有限公司 | 自助式健康检测设备 | 生理参数传输仪 |
| 42 | 四川长虹电器股份有限公司 | 自助式健康检测设备 | 健康小站 |

续表

| 序号 | 单位名称 | 产品类别 | 产品名称 |
|---|---|---|---|
| 43 | 四川长虹电器股份有限公司 | 自助式健康检测设备 | 智能听诊器 |
| 44 | 康美健康云服务有限公司 | 自助式健康检测设备 | 康美健康一体机 |
| 45 | 深圳市前海安测信息技术有限公司 | 自助式健康检测设备 | 安测自助健康监测智能一体机 |
| 46 | 普天信息技术有限公司 | 智能养老监护设备 | 智能床垫 |
| 47 | 北京派帝东方科技有限公司 | 智能养老监护设备 | 乐老一键通 |
| 48 | 沈阳新松机器人自动化股份有限公司 | 智能养老监护设备 | 智能一体化床椅（2 型） |
| 49 | 上海迈动医疗器械股份有限公司 | 智能养老监护设备 | 智能床垫 |
| 50 | 杭州思锐信息技术股份有限公司 | 智能养老监护设备 | 照护宝居家看护设备 |
| 51 | 泰好康电子科技（福建）有限公司 | 智能养老监护设备 | 房颤精确性感统训练测试仪 |
| 52 | 泰好康电子科技（福建）有限公司 | 智能养老监护设备 | 心理评估与心能提升训练综合系统 |
| 53 | 山东亚华电子股份有限公司 | 智能养老监护设备 | 信息化医护管理通信系统 |
| 54 | 安阳市翔宇医疗设备有限责任公司 | 智能养老监护设备 | 上肢反馈康复训练系统 |
| 55 | 安阳市翔宇医疗设备有限责任公司 | 智能养老监护设备 | 智能下肢反馈康复训练系统 |
| 56 | 沈阳新松机器人自动化股份有限公司 | 家庭服务机器人 | 下肢康复训练机器人 |

## （二）服务名单

| 序号 | 单位名称 | 服务类别 | 服务名称 |
|---|---|---|---|
| 1 | 天津九安医疗电子股份有限公司 | 慢性病管理 | iHealth 共同照护管理模式 |
| 2 | 康泰医学系统（秦皇岛）股份有限公司 | 慢性病管理 | 健康信息管理 |
| 3 | 辽宁金华泽信息技术服务有限公司 | 慢性病管理 | 心脏病防治远程心电监控服务 |
| 4 | 浙江好络维医疗技术有限公司 | 慢性病管理 | 物联网智能慢性病综合管理服务 |

续表

| 序号 | 单位名称 | 服务类别 | 服务名称 |
|---|---|---|---|
| 5 | 福建健康之路信息技术有限公司 | 慢性病管理 | 健康之路“i健康”社区服务平台家庭医生慢性病管理服务 |
| 6 | 武汉新新海健康科技有限公司 | 慢性病管理 | 新海血压健康师 |
| 7 | 湖南千山制药机械股份有限公司 | 慢性病管理 | 基于互联网的基因检测、远程诊疗慢性病精准管理与服务平台 |
| 8 | 深圳市前海安测信息技术有限公司 | 慢性病管理 | 安测慢性病管理平台服务 |
| 9 | 普天信息技术有限公司 | 居家健康养老 | 居家健康养老 |
| 10 | 北京易盟天地信息服务技术股份有限公司 | 居家健康养老 | 管家帮智慧养老服务 |
| 11 | 北京千医健康管理有限公司 | 居家健康养老 | 护士上门服务 |
| 12 | 北京美鑫科技有限公司 | 居家健康养老 | 金牌护士居家护理服务 |
| 13 | 吉林省家人帮信息服务有限公司 | 居家健康养老 | 家人帮居家健康养老 |
| 14 | 上海安康通健康管理有限公司 | 居家健康养老 | 社区康养中心 |
| 15 | 南京索酷信息科技股份有限公司 | 居家健康养老 | “互联网+”智慧健康居家养老服务综合管理平台 |
| 16 | 医惠科技有限公司 | 居家健康养老 | 医养护一体化主动健康养老服务 |
| 17 | 德清海阳养老服务有限公司 | 居家健康养老 | 海阳全方位立体型居家养老服务 |
| 18 | 福州市金太阳老年综合服务中心 | 居家健康养老 | 金太阳康养服务 |
| 19 | 萍乡市都市农庄生态园开发有限公司 | 居家健康养老 | 麗林湖居家智慧健康养老服务 |
| 20 | 郑州新益华医学科技有限公司 | 居家健康养老 | 居家健康养老服务 |
| 21 | 肇庆市广域网络科技有限公司 | 居家健康养老 | 基于广域云的居家养老服务 |
| 22 | 重庆中铁任之养老产业有限公司 | 居家健康养老 | 机构养老服务 |
| 23 | 四川长虹电器股份有限公司 | 居家健康养老 | 老年人健康管理及随访服务 |
| 24 | 四川联影科技有限公司 | 居家健康养老 | 老年人家庭医生签约服务 |
| 25 | 西安海天信息工程有限公司 | 居家健康养老 | 居家健康养老服务 |

续表

| 序号 | 单位名称 | 服务类别 | 服务名称 |
|---|---|---|---|
| 26 | 北京康加科技有限公司 | 个性化健康管理 | 健康筛查检测和服务 |
| 27 | 博奥颐和健康科学技术（北京）有限公司 | 个性化健康管理 | 面向中高端人群的类经堂健康管理中心 |
| 28 | 北京老年医院 | 个性化健康管理 | 远程智慧医养结合服务 |
| 29 | 烟台五福堂网络科技有限公司 | 个性化健康管理 | 福天下健康管理系统 |
| 30 | 成都科创智远信息技术有限公司 | 个性化健康管理 | 个性化健康管理服务 |
| 31 | 西安航天恒星科技实业（集团）有限公司 | 个性化健康管理 | 面向终端用户的老人亲情管理服务系统 |
| 32 | 冠新软件股份有限公司 | 个性化健康管理 | 个性化健康管理 |
| 33 | 大连长者小镇养老发展有限公司 | 个性化健康管理 | 乐椿轩个性化健康管理服务 |
| 34 | 沈阳东软熙康医疗系统有限公司 | 互联网健康咨询 | 掌上云医院健康咨询 |
| 35 | 挂号网（杭州）科技有限公司 | 互联网健康咨询 | 微医互联网健康咨询 |
| 36 | 纳里健康科技有限公司 | 互联网健康咨询 | 纳里健康分级诊疗咨询服务 |
| 37 | 山东众阳软件有限公司 | 互联网健康咨询 | “互联网+”健康咨询 |
| 38 | 四川长虹佳华信息产品有限责任公司 | 互联网健康咨询 | 健康咨询 |
| 39 | 心医国际数字医疗系统（大连）有限公司 | 互联网健康咨询 | 互联网健康咨询 |
| 40 | 康美健康云服务有限公司 | 互联网健康咨询 | 互联网在线医疗服务 |
| 41 | 中国移动通信集团有限公司 | 互联网健康咨询 | 中国移动和医疗服务 |
| 42 | 北京爱侬养老服务股份有限公司 | 生活照护 | 智慧型养老服务 |
| 43 | 医养康（北京）健康管理有限公司 | 生活照护 | 老年人生活照护服务 |
| 44 | 苏州市姑苏区居家乐养老服务中心 | 生活照护 | 虚拟养老院服务 |
| 45 | 江苏金康信息技术服务有限公司 | 生活照护 | “十助”服务 |
| 46 | 烽火云科技有限公司 | 生活照护 | 烽火祥云智慧健康养老服务 |
| 47 | 泰好康电子科技（福建）有限公司 | 生活照护 | “互联网+智慧健康”之生活照护管理系统 |

续表

| 序号 | 单位名称 | 服务类别 | 服务名称 |
|---|---|---|---|
| 48 | 郑州大象通信信息技术有限公司 | 生活照护 | “老来护”一站式老年生活照护服务 |
| 49 | 成都麦杰康科技有限公司 | 生活照护 | 麦麦养老社区生活照料服务 |
| 50 | 成都全时云信息技术有限公司 | 生活照护 | 居家和社区养老过程监管 |
| 51 | 昆明七彩夕阳居家养老服务中心 | 生活照护 | 七彩夕阳智慧居家生活照护服务 |
| 52 | 宁波高新区小柏家护信息技术有限公司 | 生活照护 | 小柏家护智慧养老 O2O 平台 |
| 53 | 普天信息技术有限公司 | 养老机构信息化 | 养老机构信息化服务 |
| 54 | 上海恩谷信息科技有限公司 | 养老机构信息化 | 养老机构信息化服务 |
| 55 | 万达信息股份有限公司 | 养老机构信息化 | 养护机构信息技术服务 |
| 56 | 安徽晶奇网络科技股份有限公司 | 养老机构信息化 | 晶奇养老机构信息管理系统 |
| 57 | 河南爱馨养老服务集团股份有限公司 | 养老机构信息化 | 养老机构信息化平台 |
| 58 | 重庆中铁任之养老产业有限公司 | 养老机构信息化 | 社区养老服务 |
| 59 | 成都云卫康医疗科技有限公司 | 养老机构信息化 | 养老机构信息化服务 |

## 二、智慧健康养老产品及服务推广目录名单（2020 年版）

（国家工业和信息化部、民政部、卫生健康委员会于 2020 年 9 月 7 日联合发布）

### （一）产品名单

| 序号 | 单位名称 | 产品类别 | 产品名称 |
|---|---|---|---|
| 1 | 华为终端有限公司 | 健康管理类可穿戴设备 | 荣耀手环 5 |
| 2 | 北京金卫捷科技发展有限公司 | 健康管理类可穿戴设备 | “一键式”智能终端 |
| 3 | 普天信息技术有限公司 | 健康管理类可穿戴设备 | 智能定位卡 |
| 4 | 江苏创越医疗科技有限公司 | 健康管理类可穿戴设备 | 动态心电记录仪 |
| 5 | 索思（苏州）医疗科技有限公司 | 健康管理类可穿戴设备 | 穿戴式动态心电记录仪 |

续表

| 序号 | 单位名称 | 产品类别 | 产品名称 |
|---|---|---|---|
| 6 | 宁波科强智能科技有限公司 | 健康管理类可穿戴设备 | 科强孝心环 |
| 7 | 四川爱联科技有限公司 | 健康管理类可穿戴设备 | 5G 智能手环 |
| 8 | 华为终端有限公司 | 健康管理类可穿戴设备 | HONORMagicWatch 2 |
| 9 | 广州柏颐信息科技有限公司 | 健康管理类可穿戴设备 | 爱牵挂老人智能安康手表 S3 PRO |
| 10 | 宁波科强智能科技有限公司 | 健康管理类可穿戴设备 | 科强智能健康手表 |
| 11 | 安徽华米信息科技有限公司 | 健康管理类可穿戴设备 | Amazfit 米动健康手表 |
| 12 | 安达人和（北京）科技有限公司 | 健康管理类可穿戴设备 | 孝安达智能老年手表 |
| 13 | 沈阳新松机器人自动化股份有限公司 | 健康管理类可穿戴设备 | 无源外骨骼 |
| 14 | 国药（大连）医疗供应链管理有限公司 | 健康管理类可穿戴设备 | SOS 一件呼救定位服饰 |
| 15 | 安徽心之声医疗科技有限公司 | 便携式健康监测设备 | 心之声便携心电仪 |
| 16 | 浙江慧养科技有限公司 | 便携式健康监测设备 | 心冲击图记录仪 |
| 17 | 北京麦迪克斯科技有限公司 | 便携式健康监测设备 | 动态心电记录分析系统 |
| 18 | 江苏华康信息技术有限公司 | 便携式健康监测设备 | 动态心电记录仪 |
| 19 | 上海贝瑞电子科技有限公司 | 便携式健康监测设备 | 便携式带蓝牙多参数监护仪 |
| 20 | 沈阳东软熙康医疗系统有限公司 | 便携式健康监测设备 | 远程心电监护仪（12 导联移动心电仪） |
| 21 | 浙江好络维医疗技术有限公司 | 便携式健康监测设备 | 无线网络生理参数监测仪 |
| 22 | 浙江好络维医疗技术有限公司 | 便携式健康监测设备 | 便携式心电采集仪 |
| 23 | 武汉中旗生物医疗电子有限公司 | 便携式健康监测设备 | 动态心电图系统 |
| 24 | 沈阳东软熙康医疗系统有限公司 | 便携式健康监测设备 | 熙心健康智能血压计 |
| 25 | 山东中弘信息科技有限公司 | 便携式健康监测设备 | 智能血压计 |
| 26 | 天津九安医疗电子股份有限公司 | 便携式健康监测设备 | 电子血压计（智能臂式） |
| 27 | 南京老人佳智能科技有限公司 | 便携式健康监测设备 | iGuard 安佳云健康智能血压计 |
| 28 | 深圳瑞光康泰科技有限公司 | 便携式健康监测设备 | 脉搏波血压计 |
| 29 | 康泰医学系统（秦皇岛）股份有限公司 | 便携式健康监测设备 | 动态血压监护仪 |
| 30 | 浙江好络维医疗技术有限公司 | 便携式健康监测设备 | 无线传输电子测量血压计 |

续表

| 序号 | 单位名称 | 产品类别 | 产品名称 |
|---|---|---|---|
| 31 | 江苏鱼跃医疗设备股份有限公司 | 便携式健康监测设备 | 臂式电子血压计 |
| 32 | 沈阳东软熙康医疗系统有限公司 | 便携式健康监测设备 | 熙心健康血糖仪 |
| 33 | 天津九安医疗电子股份有限公司 | 便携式健康监测设备 | 智能血糖监测系统 |
| 34 | 江苏鱼跃医疗设备股份有限公司 | 便携式健康监测设备 | 血糖仪 |
| 35 | 天津超思医疗器械有限责任公司 | 便携式健康监测设备 | 指夹血氧仪 |
| 36 | 康泰医学系统（秦皇岛）股份有限公司 | 便携式健康监测设备 | 脉搏血氧仪 |
| 37 | 天津九安医疗电子股份有限公司 | 便携式健康监测设备 | iHealthPulse Oximeter |
| 38 | 广州柏颐信息科技有限公司 | 便携式健康监测设备 | 智慧防疫远程测温手环 |
| 39 | 可孚医疗科技股份有限公司 | 便携式健康监测设备 | 红外线体温计 |
| 40 | 天津九安医疗电子股份有限公司 | 便携式健康监测设备 | iHealth Core 无线体脂秤 |
| 41 | 沈阳东软熙康医疗系统有限公司 | 便携式健康监测设备 | 生命体征检测仪 |
| 42 | 南京瀚雅健康科技有限公司 | 便携式健康监测设备 | 心肺运动功能评估系统 |
| 43 | 江苏康尚生物医疗科技有限公司 | 便携式健康监测设备 | 健康一体机 |
| 44 | 新华慧谷网络科技（大连）有限公司 | 便携式健康监测设备 | 心电分析仪 |
| 45 | 江苏康尚生物医疗科技有限公司 | 便携式健康监测设备 | 多参数健康管理一体机 |
| 46 | 泰好康电子科技（福建）有限公司 | 便携式健康监测设备 | “互联网+移动”健康数据采集综合管理系统（健康一体机） |
| 47 | 康泰医学系统（秦皇岛）股份有限公司 | 便携式健康监测设备 | 多参数生命体征监测仪 |
| 48 | 杭州海康威视数字技术股份有限公司 | 便携式健康监测设备 | 热成像经济型手持测温热像仪 |
| 49 | 安徽西玛科光电科技有限公司 | 便携式健康监测设备 | 西玛科红外测温仪 |
| 50 | 天津九安医疗电子股份有限公司 | 便携式健康监测设备 | 非接触式红外体温计 |
| 51 | 沈阳东软熙康医疗系统有限公司 | 自助式健康检测设备 | 健康空间站 |
| 52 | 武汉新新海健康科技有限公司 | 自助式健康检测设备 | 智能自助式健康站 |
| 53 | 武汉新新海健康科技有限公司 | 自助式健康检测设备 | 智能健康站 |
| 54 | 江苏盖睿健康科技有限公司 | 自助式健康检测设备 | 智能诊室 |
| 55 | 北京悦琦创通科技有限公司 | 自助式健康检测设备 | 健康一体机 |

续表

| 序号 | 单位名称 | 产品类别 | 产品名称 |
|---|---|---|---|
| 56 | 泰好康电子科技（福建）有限公司 | 自助式健康检测设备 | 泰好康智慧健康管理系统（健康数据综合检测一体机） |
| 57 | 深圳市安测健康信息技术有限公司 | 自助式健康检测设备 | 安测自助健康监测智能一体机 |
| 58 | 上海恩谷信息科技有限公司 | 自助式健康检测设备 | 互联网健康管理一体机 |
| 59 | 康泰医学系统（秦皇岛）股份有限公司 | 自助式健康检测设备 | 多参数生命体征监测仪 |
| 60 | 武汉携康智能健康设备有限公司 | 自助式健康检测设备 | 生理参数传输仪 |
| 61 | 江苏盖睿健康科技有限公司 | 自助式健康检测设备 | 胶囊诊所（健康微诊室+药柜） |
| 62 | 苏州爱琴生物医疗电子有限公司 | 自助式健康检测设备 | 脑组织血氧参数评估系统 |
| 63 | 北京京东方健康科技有限公司 | 自助式健康检测设备 | 梦轨 MagiSleep 智能睡眠仪 |
| 64 | 广州中科新知科技有限公司 | 自助式健康检测设备 | 心晓悠护 Lite |
| 65 | 浙江大华技术股份有限公司 | 自助式健康检测设备 | 大华热成像人体测温仪 |
| 66 | 浙江大立科技股份有限公司 | 自助式健康检测设备 | 红外体温智能快速筛检系统 |
| 67 | 浙江大立科技股份有限公司 | 自助式健康检测设备 | 红外热成像体温快速筛检仪 |
| 68 | 浙江宇视科技有限公司 | 自助式健康检测设备 | 全自动红外测温产品 |
| 69 | 杭州海康威视数字技术股份有限公司 | 智能养老监护设备 | 三目行为分析摄像机 |
| 70 | 北京数衍科技有限公司 | 智能养老监护设备 | 智能地面 |
| 71 | 浙江嘉科智慧养老服务有限公司 | 智能养老监护设备 | 长护宝 |
| 72 | 麒盛科技股份有限公司 | 智能养老监护设备 | 智能床 |
| 73 | 江苏中科西北星信息科技有限公司 | 智能养老监护设备 | 智能居家基站 |
| 74 | 江苏中科西北星信息科技有限公司 | 智能养老监护设备 | 智能居家终端（床头机） |
| 75 | 苏州工业园区优频科技有限公司 | 智能养老监护设备 | 吸顶式无线双鉴红外探测器 |

续表

| 序号 | 单位名称 | 产品类别 | 产品名称 |
|---|---|---|---|
| 76 | 山东沃尔德生物技术有限公司 | 智能养老监护设备 | 非接触/非视觉生命体征检测系统——老年人看护系统 |
| 77 | 杭州萤石网络有限公司 | 智能养老监护设备 | 无线单体门磁传感器 |
| 78 | 无锡安康通信息技术服务有限公司 | 智能养老监护设备 | natali 智能看护系统——孝心眼 |
| 79 | 上海百芝龙网络科技有限公司 | 智能养老监护设备 | 非接触式人体行为异常监测设备 |
| 80 | 福建奇鹭物联网科技股份公司 | 智能养老监护设备 | 奇鹭智能定位宝 |
| 81 | 烽火祥云网络科技有限公司 | 智能养老监护设备 | 烽火祥云社区养老智慧岛 |
| 82 | 山东亚华电子股份有限公司 | 智能养老监护设备 | 信息化医护管理通信系统 |
| 83 | 北京美尔斯通科技发展股份有限公司 | 智能养老监护设备 | 蓝鲸 3 人工智能骨传导助听器 |
| 84 | 河南翔宇医疗设备股份有限公司 | 智能养老监护设备 | 手关节持续被动活动仪 |
| 85 | 河南翔宇医疗设备股份有限公司 | 智能养老监护设备 | 手功能综合康复训练平台 |
| 86 | 上海傅利叶智能科技有限公司 | 智能养老监护设备 | 智能上肢康复机器人 |
| 87 | 河南优德医疗设备股份有限公司 | 智能养老监护设备 | 平衡评定及训练系统 |
| 88 | 河南优德医疗设备股份有限公司 | 智能养老监护设备 | 上肢康复机器人 |
| 89 | 山东海天智能工程有限公司 | 智能养老监护设备 | 下肢外骨骼康复机器人 |
| 90 | 山东海天智能工程有限公司 | 智能养老监护设备 | 手功能康复机器人 |
| 91 | 天津市慈济康复器材厂 | 智能养老监护设备 | 智能体态运动评估与康复训练系统 |
| 92 | 天津茵诺医疗科技有限公司 | 智能养老监护设备 | 茵诺运动医生 |
| 93 | 常州市钱璟康复股份有限公司 | 智能养老监护设备 | 步态训练和评估系统 |
| 94 | 江苏苏云医疗器材有限公司 | 智能养老监护设备 | 高效型智能平衡功能评估与训练系统 |
| 95 | 常州市钱璟康复股份有限公司 | 智能养老监护设备 | 早老干预系统 |
| 96 | 石家庄渡康医疗器械有限公司 | 智能养老监护设备 | 经颅磁刺激仪 |
| 97 | 河南汇博医疗股份有限公司 | 智能养老监护设备 | 坐卧式多关节下肢康复机器人 |
| 98 | 浙江千喜车业有限公司 | 智能养老监护设备 | 电动轮椅车 |
| 99 | 山东泽普医疗科技有限公司 | 智能养老监护设备 | 下肢智能反馈训练系统 |

**续表**

| 序号 | 单位名称 | 产品类别 | 产品名称 |
|---|---|---|---|
| 100 | 河南翔宇医疗设备股份有限公司 | 智能养老监护设备 | 智能上肢反馈康复训练系统 |
| 101 | 河南翔宇医疗设备股份有限公司 | 智能养老监护设备 | 智能下肢反馈康复训练系统 |
| 102 | 泰好康电子科技（福建）有限公司 | 智能养老监护设备 | 防颤精确性感统训练测试仪 |
| 103 | 泰好康电子科技（福建）有限公司 | 智能养老监护设备 | 心理评估与心能提升训练综合系统 |
| 104 | 合肥泛米智能科技有限公司 | 智能养老监护设备 | 泛米“三心”智慧养老系统 |
| 105 | 沈阳新松机器人自动化股份有限公司 | 智能养老监护设备 | 电动护理床 |
| 106 | 沈阳新松机器人自动化股份有限公司 | 智能养老监护设备 | 智能一体化床椅（Ⅱ型） |
| 107 | 上海邦邦机器人有限公司 | 智能养老监护设备 | 邦邦可折叠智能代步机器人 |
| 108 | 国药（大连）医疗供应链管理有限公司 | 智能养老监护设备 | 智能生命体征监护床垫/褥垫/枕头 |
| 109 | 深圳市迈迪加科技发展有限公司 | 智能养老监护设备 | 智能养老看护系统 |
| 110 | 普天信息技术有限公司 | 智能养老监护设备 | 智能床垫 |
| 111 | 上海迈动医疗器械股份有限公司 | 智能养老监护设备 | 智能床垫 |
| 112 | 安徽哈工海姬尔智能科技有限公司 | 家庭服务机器人 | 海姬尔床式护理机器人 |
| 113 | 沈阳新松机器人自动化股份有限公司 | 家庭服务机器人 | 下肢康复训练机器人 |
| 114 | 山东泽普医疗科技有限公司 | 家庭服务机器人 | 全自动卧床排泄处理系统 |
| 115 | 天津市慈济康复器材厂 | 家庭服务机器人 | 智能排泄护理机 |
| 116 | 山东蓝创网络技术股份有限公司 | 家庭服务机器人 | 所依多媒体终端设备 |
| 117 | 深圳市优必选科技股份有限公司 | 家庭服务机器人 | 笑宝机器人 TD-LTE 数据终端 |
| 118 | 湖南超能机器人技术有限公司 | 家庭服务机器人 | 智能健康服务机器人 |

## （二）服务名单

| 序号 | 单位名称 | 服务类别 | 服务名称 |
|---|---|---|---|
| 1 | 洛阳恩济医院有限公司 | 慢性病管理 | 洛阳恩济医院 |
| 2 | 普天信息技术有限公司 | 慢性病管理 | “互联网+健康”慢性病管理服务 |
| 3 | 上海恩谷信息科技有限公司 | 慢性病管理 | 慢性病管理 |
| 4 | 浙江嘉科智慧养老服务有限公司 | 慢性病管理 | 企业集团员工健康管理系统 |
| 5 | 武汉麦咚健康科技有限公司 | 慢性病管理 | 高血压慢性病管理 |
| 6 | 成都医云科技有限公司 | 慢性病管理 | 医疗慢性病管理服务 |
| 7 | 江苏健康无忧网络科技有限公司 | 慢性病管理 | 慢性疾病精细化管理 |
| 8 | 沈阳东软熙康医疗系统有限公司 | 慢性病管理 | 熙心健康老年健康管理服务 |
| 9 | 天津九安医疗电子股份有限公司 | 慢性病管理 | iHealth 共同照护管理模式 |
| 10 | 新疆德福房地产开发有限公司 | 慢性病管理 | 幸福小镇智慧平台管理——慢性病管理 |
| 11 | 深圳市安测健康信息技术有限公司 | 慢性病管理 | 安测慢性病管理平台服务 |
| 12 | 浙江好络维医疗技术有限公司 | 慢性病管理 | 物联网智能慢性病综合管理服务 |
| 13 | 武汉新新海健康科技有限公司 | 慢性病管理 | 新海血压健康师 |
| 14 | 辽宁金华泽信息技术服务有限公司 | 慢性病管理 | 心脏病防治远程心电监控服务 |
| 15 | 安徽晶奇网络科技股份有限公司 | 居家健康养老 | 晶奇居家健康养老管理系统 |
| 16 | 安徽八千里科技发展股份有限公司 | 居家健康养老 | 烛光妈妈居家健康养老服务 |
| 17 | 天津乐聆智慧养老服务有限公司 | 居家健康养老 | 乐聆物联网康养大数据平台居家养老服务 |
| 18 | 浙江华数广电网络股份有限公司 | 居家健康养老 | 居家远程慢性病管理服务 |
| 19 | 西安麦邦智航智能电子科技股份有限公司 | 居家健康养老 | 智慧健康养老服务 |
| 20 | 湖南创星科技股份有限公司 | 居家健康养老 | 创星机构养老服务信息系统 |

**续表**

| 序号 | 单位名称 | 服务类别 | 服务名称 |
|---|---|---|---|
| 21 | 浙江华数广电网络股份有限公司 | 居家健康养老 | 华数大健康及本地医养应用服务 |
| 22 | 北京金卫捷科技发展有限公司 | 居家健康养老 | 一键医生 |
| 23 | 苏州普康智慧养老产业科技有限公司 | 居家健康养老 | 普康智慧居家健康养老服务 |
| 24 | 卫宁健康科技集团股份有限公司 | 居家健康养老 | 医养结合智慧健康养老服务 |
| 25 | 山东青鸟软通信息技术股份有限公司 | 居家健康养老 | 居家健康养老服务 |
| 26 | 北京普天大健康科技发展有限公司 | 居家健康养老 | 社区居家健康养老服务 |
| 27 | 江苏禾康信息技术有限公司 | 居家健康养老 | 居家养老服务 |
| 28 | 陕西金宝美养老服务有限公司 | 居家健康养老 | 虚拟养老院 |
| 29 | 新疆无界通信科技有限公司 | 居家健康养老 | 12551敬老关怀服务平台 |
| 30 | 云池网络科技（上海）有限公司 | 居家健康养老 | 云池物联智慧居家养老服务 |
| 31 | 江苏慧明智能科技有限公司 | 居家健康养老 | 慧明智能居家养老服务 |
| 32 | 四川华迪信息技术有限公司 | 居家健康养老 | 智慧医养大数据公共服务平台 |
| 33 | 辽宁希思腾科信息技术有限公司 | 居家健康养老 | 居家智慧健康养老系统 |
| 34 | 泰好康电子科技（福建）有限公司 | 居家健康养老 | “互联网+智慧健康养老”之居家健康管理系统 |
| 35 | 四川久远银海软件股份有限公司 | 居家健康养老 | 居家养老智慧管理服务 |
| 36 | 上海恩谷信息科技有限公司 | 居家健康养老 | 居家健康养老服务 |
| 37 | 湖北鄂东医养集团有限公司 | 居家健康养老 | “互联网+智慧养老”服务 |
| 38 | 青岛中康爱邻里智慧医养服务有限公司 | 居家健康养老 | 社区居家养老服务 |
| 39 | 常州市钱璟康复股份有限公司 | 居家健康养老 | 璟云长者远程康复指导服务平台 |
| 40 | 厦门老来俏养老服务有限公司 | 居家健康养老 | 老来俏养老服务 |
| 41 | 南京爱普雷德电子科技有限公司 | 居家健康养老 | “互联网+智慧家庭照护”养老床位服务 |

续表

| 序号 | 单位名称 | 服务类别 | 服务名称 |
|---|---|---|---|
| 42 | 浙江皓月朝阳科技有限公司 | 居家健康养老 | “互联网+社区居家养老”服务 |
| 43 | 上海友康信息科技有限公司 | 居家健康养老 | 友康智慧养老服务 |
| 44 | 广西金中软件有限公司 | 居家健康养老 | 居家养老 |
| 45 | 国药（大连）医疗供应链管理有限公司 | 居家健康养老 | 健康养老卫生安全监管一体化服务 |
| 46 | 湖南软神科技股份有限公司 | 居家健康养老 | 居家和社区养老服务 |
| 47 | 北京美鑫科技有限公司 | 居家健康养老 | 金牌护士居家护理服务 |
| 48 | 北京医护到家健康管理集团有限公司 | 居家健康养老 | 护士上门服务 |
| 49 | 上海安康通健康管理有限公司 | 居家健康养老 | 社区康养中心 |
| 50 | 南京索酷信息科技股份有限公司 | 居家健康养老 | “互联网+智慧健康居家养老”服务综合管理平台 |
| 51 | 郑州新益华医学科技有限公司 | 居家健康养老 | 居家健康养老服务 |
| 52 | 四川联颐科技集团有限公司 | 居家健康养老 | 老年人家庭医生签约服务 |
| 53 | 吉林省家人帮信息服务有限公司 | 居家健康养老 | 居家健康养老 |
| 54 | 北京康加科技有限公司 | 个性化健康管理 | 健康筛查检测和服务 |
| 55 | 山东五福堂健康科技有限公司 | 个性化健康管理 | 福天下健康管理系统 |
| 56 | 成都科创智远信息技术有限公司 | 个性化健康管理 | 个性化健康服务 |
| 57 | 大连长者小镇养老发展有限公司 | 个性化健康管理 | 乐椿轩个性化健康管理服务 |
| 58 | 深圳一格信息服务有限公司 | 个性化健康管理 | 李秘书私人健康管家服务 |
| 59 | 江苏盖睿健康科技有限公司 | 个性化健康管理 | 智能化主动健康管理服务 |
| 60 | 北京雪扬科技有限公司 | 个性化健康管理 | 安顿心脑监测预警服务 |
| 61 | 北京中成康华科技发展股份有限公司 | 个性化健康管理 | 康华云健康服务 |
| 62 | 新华慧谷网络科技（大连）有限公司 | 个性化健康管理 | 区域医联体个性化健康服务 |
| 63 | 甘肃百合物联科技信息有限公司 | 个性化健康管理 | 智慧健康养老服务 |
| 64 | 青岛中康爱邻里智慧医养服务有限公司 | 个性化健康管理 | 个性化健康管理服务 |
| 65 | 河源巴登新城投资有限公司 | 个性化健康管理 | 疗休养服务 |

续表

| 序号 | 单位名称 | 服务类别 | 服务名称 |
|---|---|---|---|
| 66 | 河北志晟信息技术股份有限公司 | 个性化健康管理 | 个性化健康管理 |
| 67 | 广州市巨硅信息科技有限公司 | 个性化健康管理 | 全家康智慧养老服务 |
| 68 | 山东泽普医疗科技有限公司 | 个性化健康管理 | 智慧医康养护服务平台 |
| 69 | 沈阳东软熙康医疗系统有限公司 | 互联网健康咨询 | 掌上云医院健康咨询 |
| 70 | 山东众阳健康科技集团有限公司 | 互联网健康咨询 | “互联网+”健康咨询 |
| 71 | 心医国际数字医疗系统（大连）有限公司 | 互联网健康咨询 | 互联网健康咨询 |
| 72 | 纳里健康科技有限公司 | 互联网健康咨询 | 纳里健康分级诊疗咨询服务 |
| 73 | 宁波云医院有限公司 | 互联网健康咨询 | 宁波云医院平台互联网医疗服务 |
| 74 | 创业慧康科技股份有限公司 | 互联网健康咨询 | 互联网健康咨询服务 |
| 75 | 云南白药集团股份有限公司 | 互联网健康咨询 | 云数达互联网诊疗服务 |
| 76 | 苏州德品医疗科技股份有限公司 | 互联网健康咨询 | 基于“互联网+护理服务”系统的健康管理整体解决方案 |
| 77 | 江苏曼荼罗软件股份有限公司 | 互联网健康咨询 | 医养结合的“互联网+实体服务”应用 |
| 78 | 新华慧谷网络科技（大连）有限公司 | 互联网健康咨询 | 家庭医生健康服务 |
| 79 | 北京纵横无双科技有限公司 | 互联网健康咨询 | 有来医生在线诊疗服务平台 |
| 80 | 北京爱依养老科技发展股份有限公司 | 生活照护 | 智慧型养老服务 |
| 81 | 江苏金康信息技术服务有限公司 | 生活照护 | “十助”服务 |
| 82 | 成都全时云信息技术有限公司 | 生活照护 | 居家和社区养老过程监管 |
| 83 | 宁波高新区小柏家护信息技术有限公司 | 生活照护 | 小柏家护智慧养老O2O平台 |
| 84 | 郑州大象通信信息技术有限公司 | 生活照护 | “老来护”一站式老年生活照护服务 |
| 85 | 北京特米科技有限公司 | 生活照护 | 基于区块链的“时间银行”社区养老互助服务 |
| 86 | 中山爱科数字科技股份有限公司 | 生活照护 | 关爱铃居家养老服务 |

续表

| 序号 | 单位名称 | 服务类别 | 服务名称 |
|---|---|---|---|
| 87 | 泰康养老保险股份有限公司 | 生活照护 | 泰照护智能管理平台 |
| 88 | 北京寸草关爱管理咨询有限公司 | 生活照护 | 寸草居家养老服务 |
| 89 | 武汉炎黄创新科技服务股份有限公司 | 生活照护 | “互联网+”智慧养老融合服务 |
| 90 | 合肥九久夕阳红新海护理院有限公司 | 生活照护 | 九久夕阳红居家智慧健康生活照护服务 |
| 91 | 智慧华川养老（北京）有限公司 | 生活照护 | 智慧健康养老服务 |
| 92 | 苏州市姑苏区居家乐养老服务中心 | 生活照护 | 虚拟养老院服务 |
| 93 | 北京七心云科技有限公司 | 生活照护 | 居家照护服务 |
| 94 | 江苏悦心养老产业有限公司 | 生活照护 | 悦心家庭照护床位 |
| 95 | 福建微尚生活服务有限公司 | 生活照护 | 微尚我家智慧健康养老服务 |
| 96 | 北京普天大健康科技发展有限公司 | 生活照护 | “互联网+综合养老”服务平台 |
| 97 | 上海海阳互联网养老服务集团股份有限公司 | 生活照护 | 基于“海阳智慧云”平台的养老生活照护 |
| 98 | 北京金卫捷科技发展有限公司 | 生活照护 | 一键便民 |
| 99 | 杭州思锐信息技术股份有限公司 | 生活照护 | 智慧养老生活照护服务 |
| 100 | 上海天与养老服务有限公司 | 生活照护 | 智慧养老线上服务 |
| 101 | 厦门智宇信息技术有限公司 | 生活照护 | 智宇智慧健康养老服务 |
| 102 | 泰好康电子科技（福建）有限公司 | 生活照护 | “互联网+智慧健康”之生活照护管理系统 |
| 103 | 合肥盛东信息科技有限公司 | 养老机构信息化 | 盛东机构智慧养老平台 |
| 104 | 安徽晶奇网络科技股份有限公司 | 养老机构信息化 | 晶奇养老机构信息管理系统 |
| 105 | 上海恩谷信息科技有限公司 | 养老机构信息化 | 养老机构信息化服务 |
| 106 | 万达信息股份有限公司 | 养老机构信息化 | 养老机构信息技术服务 |
| 107 | 河南爱馨养老服务集团股份有限公司 | 养老机构信息化 | 养老机构信息化平台 |
| 108 | 普天信息技术有限公司 | 养老机构信息化 | 养老机构信息化 |
| 109 | 江苏中科西北星信息科技有限公司 | 养老机构信息化 | 中科西北星智慧健康养老云服务 |

**续表**

| 序号 | 单位名称 | 服务类别 | 服务名称 |
|---|---|---|---|
| 110 | 南京索酷信息科技股份有限公司 | 养老机构信息化 | 索酷智慧健康机构养老服务云平台 |
| 111 | 江苏禾康信息技术有限公司 | 养老机构信息化 | 机构养老服务 |
| 112 | 北京悦享数字科技有限公司 | 养老机构信息化 | 数字化养老解决方案 |
| 113 | 无锡镜子信息技术有限公司 | 养老机构信息化 | 镜子信息智慧健康养老云服务 |
| 114 | 山东亚华电子股份有限公司 | 养老机构信息化 | 养老机构信息化管理平台 |
| 115 | 咸阳秦云信息技术有限公司 | 养老机构信息化 | 智慧健康养老管理服务平台 |
| 116 | 湖南软神科技股份有限公司 | 养老机构信息化 | 机构养老服务管理与运营 |
| 117 | 深圳一格信息服务有限公司 | 养老机构信息化 | 李秘书机构智慧照护服务 |
| 118 | 甘肃尚福佳苑老年服务有限责任公司 | 养老机构信息化 | 智慧健康养老中心 |
| 119 | 北京寸草关爱管理咨询有限公司 | 养老机构信息化 | 寸草机构养老服务 |
| 120 | 广州柏颐信息科技有限公司 | 养老机构信息化 | “互联网+智慧养老”信息化服务平台 |

# 附录2　全国智慧健康养老应用试点示范名单

## 一、第一批全国智慧健康养老应用试点示范名单

（国家工业和信息化部、民政部、国家卫生计生委于 2017 年 11 月 24 日联合发布）

### （一）企业名单

| 序号 | 省份 | 企业名称 |
|---|---|---|
| 1 | 北京市 | 普天信息技术有限公司 |
| 2 | 北京市 | 北京爱侬养老服务股份有限公司 |
| 3 | 北京市 | 博奥颐和健康科学技术（北京）有限公司 |
| 4 | 天津市 | 天津九安医疗电子股份有限公司 |
| 5 | 天津市 | 天津津旅泊泰投资发展有限公司 |
| 6 | 河北省 | 康泰医学系统（秦皇岛）股份有限公司 |
| 7 | 辽宁省 | 沈阳东软熙康医疗系统有限公司 |
| 8 | 辽宁省 | 大连长者小镇养老发展有限公司 |
| 9 | 吉林省 | 吉林省家人帮信息服务有限公司 |
| 10 | 吉林省 | 通化市好帮养老服务有限公司 |
| 11 | 黑龙江省 | 哈尔滨航天恒星数据系统科技有限公司 |
| 12 | 上海市 | 上海恩谷信息科技有限公司 |
| 13 | 上海市 | 万达信息股份有限公司 |
| 14 | 上海市 | 上海安康通健康管理有限公司 |
| 15 | 江苏省 | 江苏金康信息技术服务有限公司 |
| 16 | 江苏省 | 太仓市康辉科技发展有限公司 |
| 17 | 浙江省 | 浙江好络维医疗技术有限公司 |
| 18 | 浙江省 | 杭州思锐信息技术股份有限公司 |
| 19 | 浙江省 | 医惠科技有限公司 |

续表

| 序号 | 省份 | 企业名称 |
|---|---|---|
| 20 | 浙江省 | 宁波高新区小柏家护信息技术有限公司 |
| 21 | 安徽省 | 安徽静安健康产业发展股份有限公司 |
| 22 | 安徽省 | 安徽晶奇网络科技股份有限公司 |
| 23 | 安徽省 | 安徽天云峰生态旅游开发有限公司 |
| 24 | 福建省 | 九牧厨卫股份有限公司 |
| 25 | 福建省 | 恒锋信息科技股份有限公司 |
| 26 | 福建省 | 福州市金太阳老年综合服务中心 |
| 27 | 江西省 | 萍乡市都市农庄生态园开发有限公司 |
| 28 | 山东省 | 山东亚华电子股份有限公司 |
| 29 | 山东省 | 山东众阳软件有限公司 |
| 30 | 山东省 | 山东诺安诺泰信息系统有限公司 |
| 31 | 山东省 | 青岛言林健康产业管理有限公司 |
| 32 | 河南省 | 河南爱馨养老服务集团股份有限公司 |
| 33 | 湖北省 | 武汉新新海健康科技有限公司 |
| 34 | 湖南省 | 湖南千山制药机械股份有限公司 |
| 35 | 湖南省 | 湖南怡康养老服务管理有限公司 |
| 36 | 湖南省 | 湖南省健缘医疗科技有限公司 |
| 37 | 广东省 | 东莞市龙信数码科技有限公司 |
| 38 | 广东省 | 肇庆市广域网络科技有限公司 |
| 39 | 广东省 | 康美健康云服务有限公司 |
| 40 | 广东省 | 深圳市前海安测信息技术有限公司 |
| 41 | 重庆市 | 重庆中铁任之养老产业有限公司 |
| 42 | 重庆市 | 重庆市云顶酒店有限公司 |
| 43 | 四川省 | 四川久远银海软件股份有限公司 |
| 44 | 四川省 | 绵阳同益养老服务有限公司 |
| 45 | 四川省 | 四川长虹电器股份有限公司 |
| 46 | 贵州省 | 贵州信邦制药股份有限公司 |
| 47 | 云南省 | 科海电子股份有限公司 |
| 48 | 陕西省 | 咸阳秦云信息技术有限公司 |
| 49 | 陕西省 | 西安航天恒星科技实业（集团）公司 |

续表

| 序号 | 省份 | 企业名称 |
| --- | --- | --- |
| 50 | 陕西省 | 西安海天信息工程有限公司 |
| 51 | 甘肃省 | 兰州飞天网景信息产业有限公司 |
| 52 | 新疆维吾尔自治区 | 冠新软件股份有限公司 |
| 53 | 福建省 | 易联众信息技术股份有限公司 |

## （二）街道（乡镇）名单

| 序号 | 省份 | 街道（乡镇）名称 |
| --- | --- | --- |
| 1 | 天津市 | 天津市河东区东新街道 |
| 2 | 河北省 | 沧州市泊头市解放街道 |
| 3 | 河北省 | 廊坊市固安县固安工业区街道 |
| 4 | 河北省 | 廊坊市固安县固安镇 |
| 5 | 河北省 | 廊坊市固安县牛驼镇 |
| 6 | 河北省 | 唐山市路北区乔屯街道 |
| 7 | 辽宁省 | 沈阳市苏家屯区湖西街道 |
| 8 | 辽宁省 | 沈阳市苏家屯区临湖街道 |
| 9 | 辽宁省 | 沈阳市苏家屯区解放街道 |
| 10 | 辽宁省 | 大连市沙河口区春柳街道 |
| 11 | 辽宁省 | 大连市沙河口区白山路街道 |
| 12 | 辽宁省 | 大连市瓦房店市文兰街道 |
| 13 | 辽宁省 | 大连市西岗区北京街道 |
| 14 | 辽宁省 | 大连市西岗区白云街道 |
| 15 | 黑龙江省 | 鸡西市鸡冠区南山街道 |
| 16 | 黑龙江省 | 绥化市青冈县祯祥镇 |
| 17 | 黑龙江省 | 绥化市北林区宝山镇 |
| 18 | 黑龙江省 | 大庆市高新区黎明社区工作站 |
| 19 | 上海市 | 上海市静安区共和新路街道 |
| 20 | 上海市 | 上海市长宁区江苏路街道 |
| 21 | 上海市 | 上海市长宁区新华路街道 |
| 22 | 上海市 | 上海市长宁区周家桥街道 |

续表

| 序号 | 省份 | 街道（乡镇）名称 |
|---|---|---|
| 23 | 上海市 | 上海市黄浦区老西门街道 |
| 24 | 上海市 | 上海市黄浦区南京东路街道 |
| 25 | 上海市 | 上海市闵行区古美路街道 |
| 26 | 上海市 | 上海市闵行区江川路街道 |
| 27 | 浙江省 | 杭州市江干区闸弄口街道 |
| 28 | 浙江省 | 湖州市吴兴区朝阳街道 |
| 29 | 浙江省 | 嘉兴市桐乡市乌镇 |
| 30 | 浙江省 | 嘉兴市嘉善县姚庄镇 |
| 31 | 浙江省 | 嘉兴市嘉善经济技术开发区（惠民街道） |
| 32 | 浙江省 | 嘉兴市嘉善县罗星街道 |
| 33 | 浙江省 | 嘉兴市平湖经济技术开发区（钟埭街道） |
| 34 | 浙江省 | 嘉兴市平湖市曹桥街道 |
| 35 | 浙江省 | 嘉兴市平湖市当湖街道 |
| 36 | 安徽省 | 安庆市迎江区孝肃路街道 |
| 37 | 安徽省 | 安庆市宜秀区大桥街道 |
| 38 | 安徽省 | 安庆市大观区玉琳路街道 |
| 39 | 江西省 | 宜春市樟树市阁山镇 |
| 40 | 江西省 | 宜春市上高县南港镇 |
| 41 | 江西省 | 鹰潭市月湖区梅园街道 |
| 42 | 山东省 | 济南市历下区燕山街道 |
| 43 | 山东省 | 济南市历下区甸柳新村街道 |
| 44 | 山东省 | 济南市历下区大明湖街道 |
| 45 | 山东省 | 淄博市博山区城东街道 |
| 46 | 山东省 | 淄博市博山区城西街道 |
| 47 | 山东省 | 淄博市博山区山头街道 |
| 48 | 山东省 | 威海市环翠区鲸园街道 |
| 49 | 山东省 | 泰安市新泰市小协镇 |
| 50 | 山东省 | 济宁市任城区仙营街道 |
| 51 | 河南省 | 郑州市管城回族区紫荆山南路街道 |
| 52 | 河南省 | 洛阳市涧西区郑州路街道 |

续表

| 序号 | 省份 | 街道（乡镇）名称 |
|---|---|---|
| 53 | 河南省 | 洛阳市涧西区珠江路街道 |
| 54 | 河南省 | 洛阳市西工区唐宫路街道 |
| 55 | 河南省 | 新乡高新区振中街街道 |
| 56 | 河南省 | 焦作市城乡一体化示范区李万街道 |
| 57 | 河南省 | 焦作市武陟县龙源街道 |
| 58 | 河南省 | 焦作市山阳区艺新街道 |
| 59 | 湖北省 | 赤壁市蒲纺工业园区 |
| 60 | 湖南省 | 娄底市双峰县青树坪镇 |
| 61 | 四川省 | 成都市武侯区玉林街道 |
| 62 | 四川省 | 成都市武侯区金花桥街道 |
| 63 | 四川省 | 成都市武侯区晋阳街道 |
| 64 | 四川省 | 成都市温江区柳城街道 |
| 65 | 四川省 | 成都市温江区万春镇 |
| 66 | 四川省 | 成都市温江区永宁镇 |
| 67 | 四川省 | 攀枝花市东区炳草岗街道 |
| 68 | 四川省 | 攀枝花市仁和区前进镇 |
| 69 | 四川省 | 攀枝花市米易县草场乡 |
| 70 | 云南省 | 玉溪市江川区大街街道 |
| 71 | 云南省 | 玉溪市华宁县宁州街道 |
| 72 | 云南省 | 玉溪市峨山县双江街道 |
| 73 | 云南省 | 昆明市官渡区关上街道 |
| 74 | 陕西省 | 咸阳市渭城区中山街道 |
| 75 | 陕西省 | 咸阳市渭城区新兴路街道 |
| 76 | 陕西省 | 咸阳市渭城区渭阳路街道 |
| 77 | 陕西省 | 咸阳市渭城区文汇路街道 |
| 78 | 陕西省 | 汉中市汉台区汉中路街道 |
| 79 | 甘肃省 | 平凉市泾川县王村镇 |
| 80 | 新疆维吾尔自治区 | 阿勒泰地区福海县福海镇 |
| 81 | 新疆维吾尔自治区 | 昌吉州昌吉市绿洲路街道 |
| 82 | 广东省 | 深圳市龙华区观湖街道 |

### （三）基地名单

| 序号 | 省份 | 基地名称 |
|---|---|---|
| 1 | 河北省 | 廊坊市固安县智慧健康养老示范基地 |
| 2 | 辽宁省 | 沈阳市苏家屯区智慧健康养老示范基地 |
| 3 | 辽宁省 | 大连市沙河口区智慧健康养老示范基地 |
| 4 | 黑龙江省 | 大庆市萨尔图区智慧健康养老示范基地 |
| 5 | 上海市 | 上海市长宁区智慧健康养老示范基地 |
| 6 | 浙江省 | 嘉兴市嘉善县智慧健康养老示范基地 |
| 7 | 浙江省 | 嘉兴市平湖市智慧健康养老示范基地 |
| 8 | 浙江省 | 绍兴市智慧健康养老示范基地 |
| 9 | 安徽省 | 安庆市智慧健康养老示范基地 |
| 10 | 山东省 | 济南市历下区智慧健康养老示范基地 |
| 11 | 山东省 | 淄博市博山区智慧健康养老示范基地 |
| 12 | 河南省 | 洛阳市智慧健康养老示范基地 |
| 13 | 河南省 | 焦作市智慧健康养老示范基地 |
| 14 | 四川省 | 成都市温江区智慧健康养老示范基地 |
| 15 | 四川省 | 成都市武侯区智慧健康养老示范基地 |
| 16 | 四川省 | 攀枝花市智慧健康养老示范基地 |
| 17 | 云南省 | 玉溪市智慧健康养老示范基地 |
| 18 | 陕西省 | 咸阳市渭城区智慧健康养老示范基地 |
| 19 | 新疆维吾尔自治区 | 昌吉州玛纳斯县智慧健康养老示范基地 |

## 二、第二批全国智慧健康养老应用试点示范名单

（国家工业和信息化部、民政部、卫生健康委员会于 2018 年 11 月 23 日联合发布）

## （一）企业名单

| 序号 | 省份 | 企业名称 |
|---|---|---|
| 1 | 北京市 | 华录健康养老发展有限公司 |
| 2 | 内蒙古自治区 | 内蒙古国讯富通科技有限公司 |
| 3 | 内蒙古自治区 | 赤峰云集社会公共服务中心 |
| 4 | 上海市 | 卫宁健康科技集团股份有限公司 |
| 5 | 上海市 | 上海市友康信息科技有限公司 |
| 6 | 上海市 | 颐家（上海）老年服务有限公司 |
| 7 | 江苏省 | 江苏盖睿健康科技有限公司 |
| 8 | 江苏省 | 南京福康通健康产业有限公司 |
| 9 | 江苏省 | 常州市钱璟康复股份有限公司 |
| 10 | 浙江省 | 浙江杭佳科技发展有限公司 |
| 11 | 浙江省 | 浙江椿熙堂养老服务管理有限公司 |
| 12 | 浙江省 | 宁波科强电池有限公司 |
| 13 | 安徽省 | 安徽八千里科技发展股份有限公司 |
| 14 | 山东省 | 荣成盛泉养老服务有限公司 |
| 15 | 山东省 | 山东海天智能工程有限公司 |
| 16 | 山东省 | 烟台汇通佳仁医疗科技有限公司 |
| 17 | 山东省 | 青岛中康国际医疗健康产业股份有限公司 |
| 18 | 山东省 | 青岛融贯汇众软件有限公司 |
| 19 | 河南省 | 安阳市翔宇医疗设备有限责任公司 |
| 20 | 湖南省 | 湖南软神科技股份有限公司 |
| 21 | 四川省 | 成都科创智远信息技术有限公司 |
| 22 | 四川省 | 四川华迪信息技术有限公司 |
| 23 | 甘肃省 | 甘肃百合物联科技信息有限公司 |
| 24 | 宁夏回族自治区 | 宁夏宁居通养老服务有限公司 |
| 25 | 福建省 | 厦门智宇信息技术有限公司 |
| 26 | 广东省 | 深圳普门科技股份有限公司 |

## （二）街道（乡镇）名单

| 序号 | 省份 | 街道（乡镇）名称 |
| --- | --- | --- |
| 1 | 上海市 | 上海市长宁区程家街道 |
| 2 | 上海市 | 上海市普陀区长征镇 |
| 3 | 上海市 | 上海市徐汇区田林街道 |
| 4 | 上海市 | 上海市奉贤区青村镇 |
| 5 | 上海市 | 上海市奉贤区南桥镇 |
| 6 | 上海市 | 上海市奉贤区庄行镇 |
| 7 | 上海市 | 上海市静安区石门二路街道 |
| 8 | 江苏省 | 扬州市广陵区东关街道 |
| 9 | 江苏省 | 常州市新北区河海街道 |
| 10 | 浙江省 | 杭州市拱墅区米市巷街道 |
| 11 | 浙江省 | 杭州市西湖区北山街道 |
| 12 | 浙江省 | 杭州市江干区笕桥街道 |
| 13 | 浙江省 | 湖州市南浔区南浔镇 |
| 14 | 浙江省 | 湖州市吴兴区环渚街道 |
| 15 | 浙江省 | 湖州市长兴县龙山街道 |
| 16 | 安徽省 | 合肥市蜀山区井岗镇 |
| 17 | 安徽省 | 合肥市蜀山区南七街道 |
| 18 | 安徽省 | 马鞍山市花山区湖东路街道 |
| 19 | 安徽省 | 滁州市天长市天长街道 |
| 20 | 安徽省 | 阜阳市颍州区颍西街道 |
| 21 | 江西省 | 赣州市章贡区赣江街道 |
| 22 | 江西省 | 赣州市章贡区解放街道 |
| 23 | 江西省 | 赣州市章贡区南外街道 |
| 24 | 江西省 | 抚州市临川区上顿渡镇 |
| 25 | 江西省 | 抚州市南丰县琴城镇 |
| 26 | 山东省 | 济南市天桥区宝华街街道 |
| 27 | 山东省 | 济南市天桥区制锦市街道 |
| 28 | 山东省 | 济南市天桥东街街道 |
| 29 | 山东省 | 青岛市崂山区沙子口街道 |

续表

| 序号 | 省份 | 街道（乡镇）名称 |
|---|---|---|
| 30 | 山东省 | 青岛市崂山区王哥庄街道 |
| 31 | 山东省 | 青岛市崂山区金家岭街道 |
| 32 | 山东省 | 青岛市崂山区中韩街道 |
| 33 | 河南省 | 许昌市鄢陵县陈化店镇 |
| 34 | 河南省 | 许昌市鄢陵县马栏镇 |
| 35 | 河南省 | 许昌市鄢陵县安陵镇 |
| 36 | 湖北省 | 武汉市汉阳区四新街 |
| 37 | 湖南省 | 娄底市双峰县花门镇 |
| 38 | 四川省 | 成都市邛崃市宝林镇 |
| 39 | 四川省 | 成都市邛崃市临邛街道 |
| 40 | 四川省 | 成都市邛崃市文君街道 |
| 41 | 四川省 | 成都市邛崃市夹关镇 |
| 42 | 四川省 | 成都市邛崃市冉义镇 |
| 43 | 四川省 | 成都市金牛区西安路街道 |
| 44 | 四川省 | 成都市金牛区金泉街道 |
| 45 | 宁夏回族自治区 | 银川市兴庆区凤凰北街街道 |
| 46 | 宁夏回族自治区 | 吴忠市利通区金星镇 |
| 47 | 辽宁省 | 大连市西岗区日新街道 |
| 48 | 辽宁省 | 大连市沙口区马栏街道 |

## （三）基地名单

| 序号 | 省份 | 基地名称 |
|---|---|---|
| 1 | 上海市 | 上海市奉贤区智慧健康养老示范基地 |
| 2 | 浙江省 | 杭州市智慧健康养老示范基地 |
| 3 | 浙江省 | 湖州市智慧健康养老示范基地 |
| 4 | 江西省 | 赣州市章贡区智慧健康养老示范基地 |
| 5 | 山东省 | 济南市天桥区智慧健康养老示范基地 |
| 6 | 山东省 | 青岛市崂山区智慧健康养老示范基地 |
| 7 | 河南省 | 许昌市鄢陵县智慧健康养老示范基地 |

续表

| 序号 | 省份 | 基地名称 |
|---|---|---|
| 8 | 四川省 | 成都市邛崃市智慧健康养老示范基地 |
| 9 | 四川省 | 成都市金牛区智慧健康养老示范基地 |
| 10 | 辽宁省 | 大连市西岗区智慧健康养老示范基地 |

## 三、第三批全国智慧健康养老应用试点示范名单

（国家工业和信息化部、民政部、卫生健康委员会于 2019 年 12 月 24 日联合发布）

### （一）企业名单

| 序号 | 省份 | 企业名称 |
|---|---|---|
| 1 | 北京市 | 太极计算机股份有限公司 |
| 2 | 北京市 | 北京派帝东方科技有限公司 |
| 3 | 北京市 | 北京康加科技有限公司 |
| 4 | 河北省 | 中科恒运股份有限公司 |
| 5 | 山西省 | 中科同昌大数据股份有限公司 |
| 6 | 内蒙古自治区 | 包头市钢兴实业（集团）有限公司 |
| 7 | 辽宁省 | 沈阳市华研电子有限公司 |
| 8 | 辽宁省 | 沈阳万佳宜康养老服务有限公司 |
| 9 | 辽宁省 | 大连慧心源健康管理有限公司 |
| 10 | 吉林省 | 通化海恩达高科技股份有限公司 |
| 11 | 黑龙江省 | 哈尔滨沐霖科技有限公司 |
| 12 | 上海市 | 上海迈动医疗器械股份有限公司 |
| 13 | 上海市 | 上海海阳互联网养老服务集团股份有限公司 |
| 14 | 江苏省 | 江苏中科西北星信息科技有限公司 |
| 15 | 江苏省 | 南京康龙威康复医学工程有限公司 |
| 16 | 江苏省 | 江苏曼荼罗软件股份有限公司 |
| 17 | 浙江省 | 杭州高厚智能科技有限公司 |
| 18 | 浙江省 | 浙江华数广电网络股份有限公司 |

续表

| 序号 | 省份 | 企业名称 |
|---|---|---|
| 19 | 浙江省 | 杭州在水一方养老服务集团 |
| 20 | 安徽省 | 安徽易康达光电科技有限公司 |
| 21 | 安徽省 | 讯飞智元信息科技有限公司 |
| 22 | 安徽省 | 中冶华天工程技术有限公司 |
| 23 | 福建省 | 泰好康电子科技（福建）有限公司 |
| 24 | 福建省 | 福建微尚信息科技有限公司 |
| 25 | 山东省 | 山东孝之源养老服务产业发展有限公司 |
| 26 | 山东省 | 山东泽普医疗科技有限公司 |
| 27 | 山东省 | 山东青鸟软通信息技术股份有限公司 |
| 28 | 湖北省 | 武汉炎黄创新科技服务股份有限公司 |
| 29 | 湖南省 | 湖南创星科技股份有限公司 |
| 30 | 广东省 | 广州海格通信集团股份有限公司 |
| 31 | 广东省 | 景宜控股（广州）有限公司 |
| 32 | 广东省 | 深圳壹零后信息技术有限公司 |
| 33 | 重庆市 | 百龄帮（重庆）康养产业集团有限公司 |
| 34 | 重庆市 | 四联优侍科技养老产业有限公司 |
| 35 | 云南省 | 云南昆钢养生敬老有限公司 |
| 36 | 陕西省 | 西安麦邦智航智能电子科技股份有限公司 |
| 37 | 陕西省 | 陕西瑞泉养老服务有限公司 |
| 38 | 陕西省 | 陕西全天候智能居家养老有限公司 |

## （二）街道（乡镇）名单

| 序号 | 省份 | 街道（乡镇）名称 |
|---|---|---|
| 1 | 北京市 | 北京市海淀区西三旗街道 |
| 2 | 北京市 | 北京市朝阳区望京街道 |
| 3 | 山西省 | 晋中市榆次区西南街街道 |
| 4 | 山西省 | 太原市万柏林区万柏林街道 |
| 5 | 内蒙古自治区 | 巴彦淖尔市临河区车站街道 |
| 6 | 辽宁省 | 抚顺市新抚区千金街道 |

**续表**

| 序号 | 省份 | 街道（乡镇）名称 |
| --- | --- | --- |
| 7 | 辽宁省 | 大连市沙河口区李家街道 |
| 8 | 上海市 | 上海市静安区天目西路街道 |
| 9 | 上海市 | 上海市长宁区虹桥街道 |
| 10 | 上海市 | 上海市普陀区甘泉路街道 |
| 11 | 上海市 | 上海市长宁区北新泾街道 |
| 12 | 上海市 | 上海市长宁区天山路街道 |
| 13 | 上海市 | 上海市闵行区浦锦街道 |
| 14 | 上海市 | 上海市闵行区颛桥镇 |
| 15 | 上海市 | 上海市徐汇区斜土路街道 |
| 16 | 上海市 | 上海市静安区静安寺街道 |
| 17 | 上海市 | 上海市徐汇区康健新村街道 |
| 18 | 江苏省 | 常州市天宁区茶山街道 |
| 19 | 江苏省 | 苏州市吴中区长桥街道 |
| 20 | 江苏省 | 苏州市吴中区光福镇 |
| 21 | 江苏省 | 苏州市吴中区临湖镇 |
| 22 | 江苏省 | 苏州市吴中区木渎镇 |
| 23 | 江苏省 | 徐州市丰县王沟镇 |
| 24 | 浙江省 | 杭州市西湖区三墩镇 |
| 25 | 浙江省 | 杭州市西湖区双浦镇 |
| 26 | 浙江省 | 杭州市拱墅区和睦街道 |
| 27 | 浙江省 | 杭州市拱墅区小河街道 |
| 28 | 浙江省 | 杭州市拱墅区祥符街道 |
| 29 | 浙江省 | 温州市瓯海区丽岙街道 |
| 30 | 浙江省 | 温州市瓯海区郭溪街道 |
| 31 | 浙江省 | 温州市瓯海区娄桥街道 |
| 32 | 浙江省 | 湖州市吴兴区织里镇 |
| 33 | 浙江省 | 嘉兴市南湖区新嘉街道 |
| 34 | 浙江省 | 宁波市鄞州区东柳街道 |
| 35 | 浙江省 | 宁波市鄞州区东胜街道 |
| 36 | 浙江省 | 宁波市鄞州区白鹤街道 |

续表

| 序号 | 省份 | 街道（乡镇）名称 |
| --- | --- | --- |
| 37 | 安徽省 | 合肥市蜀山区五里墩街道 |
| 38 | 安徽省 | 铜陵市铜官区幸福社区 |
| 39 | 安徽省 | 铜陵市郊区大通镇 |
| 40 | 安徽省 | 铜陵市铜官区西湖镇 |
| 41 | 江西省 | 抚州市广昌县盱江镇 |
| 42 | 江西省 | 赣州市信丰县嘉定镇 |
| 43 | 山东省 | 淄博市张店区体育场街道 |
| 44 | 山东省 | 淄博市张店区科苑街道 |
| 45 | 山东省 | 淄博市张店区和平街道 |
| 46 | 山东省 | 潍坊市寿光市圣城街道 |
| 47 | 山东省 | 潍坊市寿光市孙家集街道 |
| 48 | 山东省 | 泰安市泰山区岱庙街道 |
| 49 | 山东省 | 泰安市泰山区泰前街道 |
| 50 | 山东省 | 青岛市崂山区北宅街道 |
| 51 | 河南省 | 郑州市郑东新区商都路 |
| 52 | 河南省 | 郑州市金水区北林路街道 |
| 53 | 河南省 | 开封市兰考县兰阳街道 |
| 54 | 湖北省 | 武汉经济技术开发区军山街 |
| 55 | 湖北省 | 武汉经济技术开发区沌阳街 |
| 56 | 湖北省 | 武汉经济技术开发区（汉南区）沌口街 |
| 57 | 湖北省 | 武汉市武昌区首义路街 |
| 58 | 湖北省 | 武汉市武昌区水果湖街 |
| 59 | 湖南省 | 株洲市天元区泰山路街道 |
| 60 | 广东省 | 广州市越秀区建设街道 |
| 61 | 广东省 | 广州市越秀区白云街道 |
| 62 | 广东省 | 广州市越秀区农林街道 |
| 63 | 广东省 | 惠州市博罗县罗阳街道 |
| 64 | 广东省 | 惠州市龙门县龙城街道 |
| 65 | 广东省 | 惠州市仲恺高新区陈江街道 |
| 66 | 广东省 | 惠州市惠城区龙丰街道 |

续表

| 序号 | 省份 | 街道（乡镇）名称 |
|---|---|---|
| 67 | 广东省 | 惠州市惠城区桥东街道 |
| 68 | 广东省 | 惠州市惠城区桥西街道 |
| 69 | 广东省 | 惠州市惠城区河南岸街道 |
| 70 | 广东省 | 深圳市龙华区民治街道 |
| 71 | 广东省 | 深圳市龙岗区平湖街道 |
| 72 | 广东省 | 深圳市盐田区海山街道 |
| 73 | 广东省 | 深圳市龙岗区布吉街道 |
| 74 | 广东省 | 深圳市龙华区福城街道 |
| 75 | 广西壮族自治区 | 桂林市恭城瑶族自治县平安镇 |
| 76 | 四川省 | 成都市武侯区望江路街道 |
| 77 | 四川省 | 成都市锦江区莲新街道 |
| 78 | 四川省 | 成都市锦江区盐市口街道 |
| 79 | 四川省 | 成都市锦江区成龙路街道 |
| 80 | 四川省 | 成都市锦江区牛市口街道 |
| 81 | 四川省 | 成都市青羊区东坡街道 |
| 82 | 四川省 | 成都市青羊区苏坡街道 |
| 83 | 四川省 | 成都市青羊区黄田坝街道 |
| 84 | 四川省 | 成都市金堂县赵镇街道 |
| 85 | 四川省 | 成都市金堂县淮口镇 |
| 86 | 贵州省 | 贵阳市云岩区贵乌社区服务中心 |
| 87 | 陕西省 | 宝鸡市金台区中山西路街道 |
| 88 | 陕西省 | 西安市碑林区太乙路街道 |
| 89 | 陕西省 | 汉中市城固县莲花街道 |
| 90 | 陕西省 | 西安市碑林区张家村街道 |
| 91 | 陕西省 | 西安市新城区解放门街道 |
| 92 | 陕西省 | 西安市碑林区文艺路街道 |
| 93 | 甘肃省 | 兰州市城关区临夏路街道 |
| 94 | 甘肃省 | 兰州市城关区团结新村街道 |
| 95 | 甘肃省 | 兰州市城关区盐场路街道 |

### （三）基地名单

| 序号 | 省份 | 基地名称 |
|---|---|---|
| 1 | 山西省 | 太原市智慧健康养老示范基地 |
| 2 | 上海市 | 上海市闵行区智慧健康养老示范基地 |
| 3 | 上海市 | 上海市徐汇区智慧健康养老示范基地 |
| 4 | 江苏省 | 苏州市吴中区智慧健康养老示范基地 |
| 5 | 浙江省 | 杭州市西湖区智慧健康养老示范基地 |
| 6 | 浙江省 | 杭州市拱墅区智慧健康养老示范基地 |
| 7 | 浙江省 | 温州市瓯海区智慧健康养老示范基地 |
| 8 | 浙江省 | 宁波市鄞州区智慧健康养老示范基地 |
| 9 | 安徽省 | 铜陵市智慧健康养老示范基地 |
| 10 | 江西省 | 抚州市智慧健康养老示范基地 |
| 11 | 山东省 | 淄博市张店区智慧健康养老示范基地 |
| 12 | 山东省 | 潍坊市寿光市智慧健康养老示范基地 |
| 13 | 湖北省 | 武汉市武汉经济技术开发区智慧健康养老示范基地 |
| 14 | 湖北省 | 武汉市武昌区智慧健康养老示范基地 |
| 15 | 湖南省 | 株洲市智慧健康养老示范基地 |
| 16 | 广东省 | 广州市越秀区智慧健康养老示范基地 |
| 17 | 广东省 | 惠州市智慧健康养老示范基地 |
| 18 | 广东省 | 深圳市龙华区智慧健康养老示范基地 |
| 19 | 四川省 | 成都市锦江区智慧健康养老示范基地 |
| 20 | 四川省 | 成都市青羊区智慧健康养老示范基地 |
| 21 | 四川省 | 成都市金堂县智慧健康养老示范基地 |
| 22 | 陕西省 | 西安市碑林区智慧健康养老示范基地 |
| 23 | 甘肃省 | 兰州市城关区智慧健康养老示范基地 |

## 四、第四批全国智慧健康养老应用试点示范名单

（国家工业和信息化部、民政部、卫生健康委员会于2020年11月5日联合发布）

## （一）企业名单

| 序号 | 省份 | 企业名称 |
|---|---|---|
| 1 | 北京市 | 北京诚和敬驿站养老服务有限公司 |
| 2 | 北京市 | 北京普天大健康科技发展有限公司 |
| 3 | 北京市 | 北京美鑫科技有限公司 |
| 4 | 北京市 | 联通系统集成有限公司 |
| 5 | 天津市 | 天津爱德励科技有限公司 |
| 6 | 天津市 | 天津果实科技有限公司 |
| 7 | 河北省 | 河北志晟信息技术股份有限公司 |
| 8 | 山西省 | 山西凯森健康管理集团有限公司 |
| 9 | 内蒙古自治区 | 内蒙古寿康智慧养老服务有限公司 |
| 10 | 辽宁省 | 沈阳新松机器人自动化股份有限公司 |
| 11 | 辽宁省 | 沈阳海龟医疗科技有限公司 |
| 12 | 上海市 | 上海市爱护网健康管理有限责任公司 |
| 13 | 上海市 | 上海傅利叶智能科技有限公司 |
| 14 | 上海市 | 建信金融科技有限责任公司 |
| 15 | 江苏省 | 江苏禾康信息技术有限公司 |
| 16 | 江苏省 | 南京索酷信息科技股份有限公司 |
| 17 | 江苏省 | 苏州久久春晖养老服务有限公司 |
| 18 | 浙江省 | 创业慧康科技股份有限公司 |
| 19 | 浙江省 | 湖州普康智慧养老产业科技有限公司 |
| 20 | 浙江省 | 浙江嘉科智慧养老服务有限公司 |
| 21 | 浙江省 | 宁波云医院有限公司 |
| 22 | 安徽省 | 合肥泛米智能科技有限公司 |
| 23 | 安徽省 | 合肥盛东信息科技有限公司 |
| 24 | 福建省 | 福建环宇通信息科技股份公司 |
| 25 | 江西省 | 新余美天科技有限公司 |
| 26 | 山东省 | 山大地纬软件股份有限公司 |
| 27 | 山东省 | 东营市美年大健康健康管理有限公司 |
| 28 | 山东省 | 青岛中康爱邻里智慧医养服务有限公司 |
| 29 | 河南省 | 郑州大象通信信息技术有限公司 |

续表

| 序号 | 省份 | 企业名称 |
|---|---|---|
| 30 | 河南省 | 河南优德医疗设备股份有限公司 |
| 31 | 河南省 | 郑州新益华医学科技有限公司 |
| 32 | 湖北省 | 湖北华颐爱晚养老产业发展有限公司 |
| 33 | 湖南省 | 三诺生物传感股份有限公司 |
| 34 | 湖南省 | 湖南睦邻健康养老服务有限公司 |
| 35 | 湖南省 | 娄底泓和健康养老服务有限责任公司 |
| 36 | 广东省 | 广州市巨硅信息科技有限公司 |
| 37 | 广东省 | 广州柏颐信息科技有限公司 |
| 38 | 广东省 | 广东颐寿医疗养老有限公司 |
| 39 | 广东省 | 深圳和而泰家居在线网络科技有限公司 |
| 40 | 广东省 | 深圳一格信息服务有限公司 |
| 41 | 广西壮族自治区 | 太和自在城股份有限公司 |
| 42 | 四川省 | 四川联颐科技集团有限公司 |
| 43 | 四川省 | 泰康之家蜀园成都健康服务有限公司 |
| 44 | 贵州省 | 贵州省广播电视信息网络股份有限公司 |
| 45 | 云南省 | 云南珂珂物业服务有限公司 |
| 46 | 西藏自治区 | 林芝梦航文化培训有限责任公司 |
| 47 | 陕西省 | 荣华养老服务有限责任公司 |
| 48 | 陕西省 | 陕西省水务集团全乐养老服务股份有限公司 |
| 49 | 陕西省 | 西安中星测控有限公司 |
| 50 | 宁夏回族自治区 | 固原银海科技有限责任公司 |

## （二）街道（乡镇）名单

| 序号 | 省份 | 街道（乡镇）名称 |
|---|---|---|
| 1 | 北京市 | 北京市西城区西长安街街道 |
| 2 | 北京市 | 北京市石景山区八角街道 |
| 3 | 山西省 | 太原市万柏林区下元街道 |
| 4 | 吉林省 | 长春市二道区东站街道 |
| 5 | 吉林省 | 长春市二道区长青街道 |

续表

| 序号 | 省份 | 街道（乡镇）名称 |
| --- | --- | --- |
| 6 | 吉林省 | 长春市二道区荣光街道 |
| 7 | 上海市 | 上海市长宁区仙霞新村街道 |
| 8 | 上海市 | 上海市长宁区新泾镇 |
| 9 | 上海市 | 上海市长宁区华阳路街道 |
| 10 | 上海市 | 上海市徐汇区虹梅路街道 |
| 11 | 上海市 | 上海市普陀区曹杨新村街道 |
| 12 | 上海市 | 上海市宝山区高境镇 |
| 13 | 江苏省 | 南京市江宁区汤山街道 |
| 14 | 浙江省 | 杭州市滨河区浦沿街道 |
| 15 | 浙江省 | 杭州市滨河区长河街道 |
| 16 | 浙江省 | 杭州市西湖区西溪街道 |
| 17 | 浙江省 | 杭州市滨河区西兴街道 |
| 18 | 浙江省 | 杭州市拱墅区半山街道 |
| 19 | 浙江省 | 嘉兴市南湖区南湖街道 |
| 20 | 浙江省 | 杭州市下城区潮鸣街道 |
| 21 | 浙江省 | 杭州市江干区九堡街道 |
| 22 | 浙江省 | 嘉兴市南湖区东栅街道 |
| 23 | 浙江省 | 宁波市鄞州区百丈街道 |
| 24 | 安徽省 | 合肥市包河区万年埠街道 |
| 25 | 安徽省 | 合肥市庐阳区逍遥津街道 |
| 26 | 安徽省 | 滁州市琅琊区丰山街道 |
| 27 | 安徽省 | 合肥市包河区方兴社区服务中心 |
| 28 | 安徽省 | 合肥市庐阳区三孝口街道 |
| 29 | 安徽省 | 滁州市琅琊街道 |
| 30 | 安徽省 | 合肥市庐阳区大杨镇 |
| 31 | 安徽省 | 马鞍山市博望区丹阳镇 |
| 32 | 安徽省 | 合肥市瑶海区七里站街道 |
| 33 | 安徽省 | 滁州市琅琊区清流街道 |
| 34 | 山东省 | 济南市泉城路街道 |
| 35 | 山东省 | 东营市东营区文汇街道 |

续表

| 序号 | 省份 | 街道（乡镇）名称 |
| --- | --- | --- |
| 36 | 山东省 | 济南市市中区七里山街道 |
| 37 | 山东省 | 青岛市西海岸新区张家楼街道 |
| 38 | 山东省 | 胶州市里岔镇 |
| 39 | 河南省 | 新乡市卫滨区胜利路街道 |
| 40 | 河南省 | 新乡市红旗区洪门镇 |
| 41 | 河南省 | 郑州市金水区丰产路街道 |
| 42 | 河南省 | 郑州市金水区花园路街道 |
| 43 | 河南省 | 新乡市辉县市胡桥乡 |
| 44 | 湖北省 | 武汉市武昌区杨园街道 |
| 45 | 湖北省 | 武汉市武昌区粮道街道 |
| 46 | 四川省 | 成都市成华区保和街道 |
| 47 | 四川省 | 成都市成华区双桥子街道 |
| 48 | 四川省 | 成都市武侯区火车南站街道 |
| 49 | 四川省 | 成都市龙泉驿区十陵街道 |
| 50 | 四川省 | 成都市龙泉驿区大面街道 |
| 51 | 四川省 | 彭州市致和街道 |
| 52 | 四川省 | 成都市郫都区郫筒街道 |
| 53 | 四川省 | 成都市龙泉驿区同安街道 |
| 54 | 西藏自治区 | 林芝市鲁朗旅游小镇（鲁朗镇） |
| 55 | 陕西省 | 西安市莲湖区青年路街道 |
| 56 | 陕西省 | 西安市莲湖区土门街道 |
| 57 | 陕西省 | 西安市莲湖区桃园路街道 |
| 58 | 陕西省 | 榆林市靖边县张家畔街道 |
| 59 | 陕西省 | 汉中市汉台区老君镇 |
| 60 | 陕西省 | 安康市岚皋县城关镇 |
| 61 | 陕西省 | 宝鸡市太白县咀头镇 |
| 62 | 甘肃省 | 兰州市城关区靖远路街道 |
| 63 | 宁夏回族自治区 | 石嘴山市大武口区青山街道 |
| 64 | 辽宁省 | 大连市沙河口区星海湾街道 |
| 65 | 辽宁省 | 大连市沙河口区黑石礁街道 |

续表

| 序号 | 省份 | 街道（乡镇）名称 |
| --- | --- | --- |
| 66 | 辽宁省 | 大连市沙河口区西安路街道 |
| 67 | 辽宁省 | 大连市沙河口区南沙河口街道 |
| 68 | 广东省 | 深圳市龙华区观澜街道 |
| 69 | 广东省 | 深圳市宝安区新桥街道 |
| 70 | 广东省 | 深圳市宝安区西乡街道 |
| 71 | 广东省 | 深圳市龙岗区横岗街道 |
| 72 | 广东省 | 深圳市光明区马田街道 |

## （三）基地名单

| 序号 | 省份 | 基地名称 |
| --- | --- | --- |
| 1 | 吉林省 | 长春市二道区智慧健康养老示范基地 |
| 2 | 浙江省 | 杭州市滨江区智慧健康养老示范基地 |
| 3 | 浙江省 | 嘉兴市南湖区智慧健康养老示范基地 |
| 4 | 浙江省 | 湖州市吴兴区智慧健康养老示范基地 |
| 5 | 安徽省 | 合肥市智慧健康养老示范基地 |
| 6 | 安徽省 | 滁州市智慧健康养老示范基地 |
| 7 | 山东省 | 济南市市中区智慧健康养老示范基地 |
| 8 | 山东省 | 潍坊市奎文区智慧健康养老示范基地 |
| 9 | 河南省 | 郑州市金水区智慧健康养老示范基地 |
| 10 | 河南省 | 新乡市智慧健康养老示范基地 |
| 11 | 湖北省 | 武汉市江汉区智慧健康养老示范基地 |
| 12 | 四川省 | 成都市成华区智慧健康养老示范基地 |
| 13 | 四川省 | 成都市郫都区智慧健康养老示范基地 |
| 14 | 四川省 | 成都市龙泉驿区智慧健康养老示范基地 |
| 15 | 云南省 | 昆明市官渡区智慧健康养老示范基地 |
| 16 | 陕西省 | 西安市莲湖区智慧健康养老示范基地 |
| 17 | 广东省 | 深圳市宝安区智慧健康养老示范基地 |

# 附录 3　调研方案

## “智慧健康养老产业与人口发展”调研方案

为推进陕西省智慧健康养老产业高质量发展，受陕西省工信厅的支持，课题组拟进行一项关于智慧健康养老产业发展状况的调查，您的大力帮助将会极大地促进我们课题的研究。非常感谢您的支持！

### 一、调研意义

本次调研以陕西省城镇老年人为研究对象，探寻老年人对智慧健康养老产品和服务的适用性，以及子女对智慧健康养老的态度及其对老年人智慧健康养老接受度的影响，从而丰富智慧健康养老产业的研究，并为促进陕西省智慧健康养老产业发展提供理论依据。本报告对于研究智慧健康养老产业的推进、提升智慧健康养老产品和服务的应用水平、推动高质量养老环境的发展具有重要的现实意义。

### 二、调研目标

本次调研利用在陕西省开展的“智慧健康养老产业发展”专项调查数据，旨在了解智慧健康养老产业发展现状，探究老年人及其子女的基本信息情况、健康状况以及对智慧健康养老产品和服务的满意度及需求度等方面的差异，分析社区基本环境、智慧健康养老开展等方面的情况，以发现智慧健康养老产业发展过程中存在的问题。

### 三、调查方案的确定

本次调研主要是围绕智慧健康养老产业发展进行的专项调查，目的是了解陕西省智慧健康养老产业的发展现状，以便提出合理化建议，提高智慧健康养老产业的发展质量。

根据陕西省工信厅、陕西省民政厅、陕西省卫健委联合出台的《陕西省智慧健康养老产业发展实施方案》（陕工信发〔2019〕174 号），选取了陕西省城镇作为调查地点。在西安财经大学招募自愿参加的、户籍地为城镇的在校学生为调查员。经过严格的调查前动员和培训，安排其利用寒假返乡时间回家调查本社区或邻社区的基本情况，并安排联络员统一回收问卷及相关资料。

此次调查分为个人问卷和社区问卷两套问卷。个人问卷主要对老年人及其子女进行调查。社区问卷主要对社区的社区干部进行调查。作为对问卷调查的补充，本次调查还开展了与当地政府相关政府部门的座谈，就陕西省智慧健康养老产业的发展情况进行了解和讨论，并整理为文字资料。

## 四、调查内容

问卷调查包括“智慧健康养老产业个人问卷”和“智慧健康养老产业社区问卷”。个人问卷主要包括老年人基本信息、经济状况、健康状况、智慧健康养老产品及服务的满意度和感知情况。社区问卷主要包括社区基本信息、社区养老情况和智慧健康养老产业发展情况三个部分。具体调查内容如附表 1 和附表 2 所示。

**附表 1　个人问卷主要内容**

| 组成部分 | 主要内容 |
| --- | --- |
| 老年人基本信息 | 性别、出生年月、民族、受教育程度、婚姻状况、职业 |
| 经济状况 | 是否有经济支持、是否有商业保险、收入来源、月收入 |
| 健康状况 | 身体情况，是否可以完成吃饭、洗澡等行为 |
| 智慧健康养老产品或服务感知 | 是否使用过智慧健康养老产品或服务，对智慧健康养老产品或服务的满意度、需求度以及关注要素 |
| 子女基本信息 | 性别、受教育程度、婚姻状况、职业、与父母的亲近程度、对智慧健康养老产品或服务的态度 |

附表 2　社区问卷主要内容

| 组成部分 | 主要内容 |
|---|---|
| 社区基本信息 | 社区名称、地址、总人口、老年人口数量 |
| 社区养老设施情况 | 是否有养老院、是否有休闲健身设施、是否需要改进 |
| 社区养老情况 | “八助”服务如何、文化娱乐服务有哪些、老年人服务有哪些问题 |
| 智慧健康养老情况 | 是否有智慧健康养老企业、智慧健康养老企业有哪些类别、宣传推广有哪些方式、是否有智慧健康养老产品或服务、智慧健康养老产品或服务的使用情况与使用效果如何 |

## 五、调查执行

此次调查在 2020 年 1—12 月进行，由西安财经大学“智慧健康养老”课题组组织，按照人口数量和经济高低程度在陕西省选择调查的城市，并尽量能够覆盖到各个城市的区县。在西安财经大学统计学院共招募和选取了 57 名户籍地为城镇的大学生作为调查员，被选中的大学生调查员利用寒假时间回自己所在社区进行调查。

## 六、调查时间

第一次调查为 2020 年 1—5 月。

第二次调查为 2020 年 10—12 月。

要求：学生经过培训后，寒假期间和节假日返家期间在自己所在街道（社区）调查。

## 七、调查方式和地点

（1）问卷调查：每位调查员拟做 10 份老年人问卷（本街道或/和邻街道）。调查对象为本街道或邻街道的 60 岁及以上的老年人及其子女。

（2）调查员选取原则。

招募认真、负责、自愿参与调查的学生为调查员。

调查员所在的街道（社区）尽可能地分布于全市范围，兼顾街道的分布以及经济发展水平（东中西或南中北都有涉及）。

联络老师自己根据本市街道（社区）分布和学生生源情况，先自己逐个筛选学生，尽可能地分布于全市范围。可多选学生，然后看学生是否愿意，一定要学生自愿做调查，强调调查意义及守信，尽量不交空白问卷甚至把问卷丢失。

## 八、数据质量控制与评价

为了保证问卷调查质量，课题组从问卷调查的整个过程对数据质量进行严格的控制，以确保数据的真实有效。

（1）招募调研员的自愿原则。强调自愿参加，要求学生要有责任感和认真负责的态度。

（2）调查前的培训。在开展调查之前，对所招募的调查员进行动员和培训。培训的主要内容包括调查目的、调查方法、调查对象、各个题项的含义、调查中可能遇见的问题及其解决办法等。并给每位调查员印发问卷说明，对调查中可能遇到的问题进行解释和说明。

（3）调查中的随时咨询。为解决其他不可预知情况，课题组为调查员建立了一个联络群，并安排专门的小组组长负责调研咨询，调查员在调研过程中如遇到不明白的地方，可以随时在线咨询或者打电话咨询。

（4）问卷的回收与审核。调查员统一把问卷交给小组的负责人，由小组的负责人初步审核后把回收的问卷交回课题组。课题组在收到问卷后，对回收问卷进行审核，审核内容包括填写方式、编码、逻辑关系等。

（5）数据录入及逻辑检验。数据由参与调查的调查员录入 SPSS 数据库。然后由课题组成员编制程序来检验问卷中存在的逻辑问题。检测出逻辑问题的问卷，寻找原始问卷进行核对，根据问卷内容进行修改，并一一记录问卷的错误。

# 附录4 问卷

根据《统计法》第三章第十四条，本资料“属于私人、家庭的单项调查资料，非经本人同意，不得泄露”。

**智慧健康养老产业老年人问卷**

**（节选）**

问卷编码：□□□□□□□□

（问卷编码位数：1 市　2~3 区/县　4~5 街道　6~7 受访者编码）

您好！受陕西省工信厅的支持，我们正在做一项有关智慧健康养老产业的社会调查，特邀请您参加本次调查，谢谢您的合作！我们会问您一些个人和家庭的基本信息、健康状况、您家庭的生活条件及环境卫生状况、智慧健康养老产业中产品与服务的满意度及知晓程度等问题。本次调查收集到的信息将严格保密，谢谢您的支持！

智慧健康养老课题组

2019 年 12 月 20 日

**一、老年人基本信息及家庭情况**

101. 您的性别：1. 男　　2. 女□

102. 您的出生年月：□□□□年□□月

103. 您属于哪个民族？1. 汉族　　2. 其他________（请注明）□

104. 您的受教育程度如何？□

1. 小学及以下　　2. 初中　　3. 高中或中专　　4. 大专及以上

118. 您在生活中使用社交软件（如微信、QQ 等）的频率是怎么样的？□

1. 从不使用　　2. 偶尔使用　　3. 经常使用

119. 您入住本社区的时间多久？□

1. 1 年以下　　2. 2~5 年　　3. 5 年以上　　4. 一直居住

120. 您是否愿意入住养老机构？1. 是 2. 否□

**二、智慧健康养老服务（或产品）**

201. 您所在社区/养老机构是否提供智慧健康养老服务（或产品）？□

1. 是 2. 否 3. 不清楚

202. 您对智慧健康养老服务（或产品）的了解程度如何？□

1. 不了解（跳问 210） 2. 一般了解 3. 了解

203. 您主要通过什么渠道了解到智慧健康养老服务（或产品）？

1. 网络媒体□ 2. 社区宣传□ 3. 亲戚朋友介绍□ 4. 医院□ 5. 其他 ________（请注明）□

204. 您是否听说过以下智慧健康养老服务（或产品）种类？（1. 是 2. 否）

1. 慢性病管理□ 2. 居家健康养老□

3. 个性化健康管理□ 4. 互联网健康咨询□

5. 生活照护□ 6. 养老机构信息化服务□

7. 健康管理类可穿戴设备□ 8. 便捷式健康监测设备□

9. 自助式健康检测设备□ 10. 智能养老监护设备□

11. 家庭服务机器人□

214. 您是否愿意学习使用电子设备以便于更好地获取智慧健康养老服务？1. 愿意 2. 不愿意□

215. 您是否愿意接受政府和社区提供的智慧养老服务宣传讲座？1. 愿意 2. 不愿意□

216. 您是否愿意接受政府和社区提供的智慧养老服务技能培训？1. 愿意 2. 不愿意□

218. 您是否支持子女购买智慧健康养老服务？1. 支持 2. 不支持（跳问 221）□

219. 您是否支持子女购买智慧健康养老产品？1. 支持 2. 不支持（跳问 221）□

**三、子女基本信息**

301. 您的性别：1. 男　　2. 女□

302. 您的出生年月：□□□□年□□月

303. 您的受教育程度如何？1. 小学及以下　2. 初中　3. 高中或中专　4. 大专及以上□

304. 您目前的婚姻状况如何？1. 未婚　2. 初婚　　3. 丧偶　　　4. 离婚　　5. 再婚□

311. 您是否了解智慧健康养老产品或服务？□

1. 不了解　　　　2. 一般　　　　3. 了解

312. 您是否支持老人购买智慧健康养老服务或产品？1. 是　2. 否　3. 看情况__________（请注明情况）□

313. 您是否会购买智慧健康养老产品或服务？1. 是　2. 否　3. 看情况__________（请注明情况）□

调查员：__________调查日期：____________________

## 智慧健康养老产业社区调查问卷

## （节选）

问卷编码：□□□□□□□

您好！受陕西省工信厅的支持，我们正在做一项有关智慧健康养老产业的社会调查，特邀请您参加本次调查，需要了解您所在街道的一些情况。您所提供的信息将严格保密，您的支持和参与将为陕西省智慧健康养老产业发展提供重要依据。谢谢您的合作！

智慧健康养老课题组

2019年12月20日

**一、街道基本信息**

101. 本街道具体地址：________市________区（县）__________街道

102. 本街道的总人口大约有多少人？□□□□（万人）

103. 本街道的老人大致有：□□□□（万人）

104. 本街道商品房均价大致是多少？□□□□□（元/平方米）

113. 本街道提供的老年人活动场所使用情况如何？□

1. 用的人很多　　2. 用的人很少

3. 设施基本已坏，无法使用　　4. 不太清楚

5. 其他 ________（请注明）

114. 本街道举办老年文体活动吗？1. 经常　2. 偶尔　3. 从不□

115. 本街道举办的老年文体活动，参加的老年人多吗？□

1. 非常多　　2. 比较多

3. 一般　　4. 比较少

5. 非常少

**二、街道养老情况**

201. 您认为以下哪些服务是本街道老人所需的？（按重要程度最多选 3 个）□□□

1. 助餐服务　2. 精神慰藉　3. 助洁服务　4. 助浴服务

5. 助行服务　6. 助急服务　7. 助医服务　8. 康乐服务

202. 助餐服务以哪种形式开展会更受老人欢迎？□

1. 集中用餐　2. 送餐上门　3. 上门做餐

203. 助洁服务中老人最常使用的形式是哪种？□

1. 集中洗衣　　2. 人个卫生（理发等）

3. 上门洗衣　　4. 室内清洁

204. 助浴服务以哪种形式开展更受老人欢迎？□

1. 外出助浴　　2. 上门助浴

213. 本街道是否有智慧健康养老产品与服务？□

1. 是　　2. 否

214. 本街道如果没有智慧健康养老产品或服务，是否听说或了解过？□

1. 是　　2. 否

215. 本街道何时有智慧健康养老产品与服务？□□□□年

# 附录 5　访谈提纲

## 陕西省智慧健康养老产业发展调研访谈提纲

## （养老企业或机构）

尊敬的被访者：

您好！我们现在正在进行陕西省“智慧健康养老产业发展”的调研，主要目的是了解陕西省智慧健康养老产业发展的概况与存在问题，分析原因并探索推进陕西省养老产业发展的对策，需要您的参与和帮助。

此次访谈采取不记名方式，以问答形式进行，将会耽误您 60 分钟左右的时间。访谈内容仅用于学术研究，我们对此将会严格保密。衷心感谢您的参与！祝您身体健康，工作顺利！

企业名称：____________________

企业地址：____________________

联系人：____________电话：____________邮箱：____________

1. 贵单位在智慧健康养老产业发展中有什么特色和优势？

2. 贵单位的养老运营主要模式是什么？

3. 贵单位与养老机构、社区、个人之间有着怎样的连接？

4. 贵单位针对老年人的产品推广方式有哪些？

5. 贵单位是否有大数据信息平台？有哪些分析应用？

6. 贵单位在老年人心理辅导、精神慰藉、医疗护理等方面做出了哪些工作？

7. 贵单位对智慧健康养老产品的研发投入占比是多少？

8. 贵单位是如何响应老年人个性化的消费需求的？

9. 贵单位对养老人才队伍建设有什么举措？

10. 贵单位认为如何更好地发挥好试点示范作用？

11. 贵单位在智慧健康养老产业发展中遇到了怎样的困难?
12. 贵单位希望相关政府部门提供什么样的扶持政策?
13. 贵单位在今后的养老产业发展中有什么计划和打算?
14. 贵单位对建立智慧健康养老产业联盟有什么建议?
15. 贵单位如何做好医养结合工作?

## 陕西省智慧健康养老产业发展调研访谈提纲
## (政府部门)

尊敬的被访者:

您好！我们现在正在进行“陕西省智慧健康养老产业发展”的调研，主要目的是了解陕西省智慧健康养老产业发展的概况与存在问题，分析原因并探索推进陕西省养老产业发展的对策，需要您的参与和帮助。

此次访谈采取不记名方式，以问答形式进行，将会耽误您 60 分钟左右的时间。访谈内容仅用于学术研究，我们对此将会严格保密。衷心感谢您的参与！祝您身体健康，工作顺利！

市政府部门名称：________________

1. 2010—2019 年，本市老龄人口数量及老龄人口中贫困、空巢、失能半失能、计划生育特殊家庭老年人数量有多少?

2. 陕西省出台了一系列的文件，如陕西省工业和信息化厅、陕西省民政厅、陕西省卫生健康委员会出台的《陕西省智慧健康养老产业发展实施方案》(陕工信发〔2019〕174 号)，这些政策对于本市发展智慧健康养老产业会有哪些方面的帮助?

3. 本市对智慧健康养老企业、机构有哪方面的政策支持?

4. 本市对老年人在购买智慧健康养老服务或产品方面有什么费用减免政策?

5. 目前本市是否有养老服务信息平台和健康养老数据管理平台？与没有

信息平台相比，有了什么方面的改善？

6. 政府针对数据信息平台制定了怎样的法律法规或信息标准？

7. 本市对智慧健康养老产业所需的专业技术人才、复合型护理人员等是否有专业的培养方案？为智慧健康养老服务提供了哪些就业岗位？待遇及发展空间如何？

8. 本市智慧健康养老产业目前提供了哪类产品和服务？主要对应了老年人的哪种需求？

9. 本市哪些智慧健康养老产品和服务的使用效果较好？

10. 本市目前如何根据老年人的需求信息来定制个性化的产品和服务？

11. 本市是否积极开展“互联网+养老”服务？老年人的健康和医疗方面会有什么改善？

12. 本市是否有已经进入国家智慧健康养老应用试点示范的企业、街道和基地？如果有，目前发展如何？

13. 陕西省已经进入国家智慧健康养老的应用试点示范单位对本市的智慧健康养老基地、街道和企业的发展有什么借鉴作用？

14. 本市政府相关部门（民政、工信、卫健等）对发展智慧健康养老产业下一步的工作安排是什么？